Johann Christian Friedrich Wetzel

Erklärende Anmerkungen zu Cicero's Brutus

Johann Christian Friedrich Wetzel

Erklärende Anmerkungen zu Cicero's Brutus

ISBN/EAN: 9783744700429

Hergestellt in Europa, USA, Kanada, Australien, Japan

Cover: Foto ©Thomas Meinert / pixelio.de

Weitere Bücher finden Sie auf **www.hansebooks.com**

Erklärende
Anmerkungen

zu

Cicero's Brutus

———

Herausgegeben

von

M. Joh. Christian Fried. Wetzel
Rector in Prenzlau.

————

Braunschweig
in der Schul-buchhandlung. 1796.

Erklärende
Anmerkungen

zu

der Encyclopädie

der

lateinischen Classiker

Achter Theil.

Herausgegeben

von

M. Joh. Christian Fried. Wetzel

Rector in Prenzlau.

Braunschweig
in der Schul-buchhandlung. 1796.

Vorrede.

Der Herr Schulrath *Campe* hatte wegen meiner Bearbeitung des Ciceronischen Cato, Lälius und Brutus das gütige Zutrauen zu mir, dass ich auch die für seine Schulencyklopädie bestimmten Ciceronischen Schriften seinem Plan und Zwecke gemäss würde bearbeiten können. So ehrenvoll ein solcher Antrag von einem so allgemein geschätzten und um Deutschlands Jugend so sehr verdienten Manne auf der einen Seite für mich ist, so sehr fühle ich auch zugleich auf der andern, in welche Gesellschaft ich mich dadurch wage, da so viele würdige Schulmänner die vorhergehenden Theile bearbeitet haben.

An

An meinem guten Willen wenigstens habe ich es
nicht fehlen lassen, mit ihnen gleichen Schritt
zu halten, da ich seit dem Jun. des vorigen
Jahrs, da ich diesen Antrag erhielt, meine ganze von meinen übrigen bestimmten Geschäften
mir übriggebliebene Zeit gern meinem Cicero
widmete.

Nach dem allgemeinen, im ersten Theile der
erklärenden Anmerkungen vom Herrn Prior
Schulze, und nach dem speciellern, von dem se-
ligen *Köppen* in der Vorrede zum vierten Theile
vorgezeichneten, Plane sind für die beiden letzten Jahre, in welchen Jünglinge auf gelehrten
Schulen sich für die Universität vorbereiten, folgende Schriften des Cicero ausgewählt:

1) von seinen rhetorischen Schriften

   a) de oratore und Brutus in 1 B.

   b) eine Auswahl von Reden und Briefen
     in 2 B.

2) von seinen philosophischen, und zwar

   a) von den theoretischen, quaestiones
     acad. und de nat. deorum in 1 B.

b)

b) von den praktischen, de fin. und de officiis in 1 B.

3) eine philosophische Chrestomathie aus den übrigen philosophischen Schriften des Cicero, dem Seneca und andern Römischen Philosophen in 2 B.

Die Bearbeitung dieser sämmtlichen Schriften, die Briefe und Reden ausgenommen, welche schon ihren Bearbeiter haben, habe ich übernommen, und ich liefere hiermit den ersten und zweiten Band des ersten Theils mit den erkl. Anmerkungen.

Was nun diesen ersten Theil betrift, so wird man hier gleich selbst bemerken, dass wir den, bei den vorhergebenden Theilen befolgten, Plan in so fern verlassen haben, dass wir diese beiden Schriften, wie auch schon bei Virgils Aeneide geschehen ist, *ganz* liefern, welches auch bei den beiden unter Nr. 2 genannten Theilen geschehen soll. Der würdige Herausgeber nämlich liess sich diesen meinen Vorschlag deswegen gefallen, weil bei *diesen* Schriften nicht von Weglassung des *Schädlichen*, sondern nur des *Entbehrlichen* die Rede seyn konnte. Da nun

a 3

aber

aber des letztern so viel nicht ist, dass durch
Weglassung desselben dieser Band merklich zum
Vortheil der Käufer würde kleiner geworden
seyn; so glaubten wir um so eher diese Schriften *ganz* liefern zu können, da auf der einen
Seite unsern *bestimmten* Lesern dadurch nichts
abgeht, auf der andern aber dies auch keinen
andern Leser vom Ankauf dieser Ausgabe ab-
schrecken darf. Man sieht aber auch zugleich
hieraus von selbst, dass wir damit nicht sagen
wollen, dass deswegen diese Bücher ganz
durchgelesen werden sollen; sondern es ist al-
lerdings Manches *entbehrliche* für *unsere* Leser darin, welches deswegen in der Erklärung übergangen, oder nur kurz des Zusammenhangs wegen angezeigt worden ist. Dies ist z. B. Kap.
18 — 24, wo blos vom Wortstreite und Sekten-
geiste die Rede ist: ferner K. 35 u. 36-45, wo be-
wiesen wird, dass ein Redner auch Jurist seyn
müsse. Eben so 2, 26 streitige Worterklärung;
K. 31, 6 — K. 33 Abfertigung der Rhetoren:
so wie 3, 28 — 30. 1 — 5 mögliche Fälle bei
Privat - und Staatsprozessen; K. 43 — 55, wo
die Abhandlung von Ton, Metrik, Stellung der
Worte, Redefigur schon mehr voraussetzt, als
man bei unsern Lesern voraussetzen kann. So
sind

sind 1, 21. 3 — c. 24, 4 blosse Kompli-
mente.

Bei unsern Lesern ist es genung, blos mit An-
zeige des Zusammenhangs und Inhalts jener Abschnitte sie zu überschlagen und für die Zukunft
zur eigenen Bearbeitung zu empfehlen.

Wenigstens also diese Abschnitte können
ganz überschlagen werden; indess wird auch
mancher Lehrer deren noch mehrere finden,
nach dem Plane nämlich, welchen er beim Lesen
dieser Bücher hat, und nach dem Zwecke, welchen er dadurch erreichen will. Wäre nun dieser vorzüglich oder einzig auf die Redekunst
hingerichtet; so würden freilich noch weit mehrere Abschnitte überschlagen werden können,
da z. B.

1, 1 — 24 blosse Einleitung ist. Denn mit
K. 25 fängt Crassus seinen Vortrag erst an. Eben
so 2, 1 — 7. Denn c. 7, 6 fängt Antonius erst
an. Eben so 3, 1 — c. 5, 6, da mit §. 7 Crassus erst fortfährt.

Eben so mehrere Absprünge, welche die
Sache zwar erläutern, aber wobei man, wenn
man kriklich seyn will, sagen kann, dass sie

we-

wenigstens gesucht sind , und, wenn man auf
die Sache sieht, zu weitläuftig erzählen , z. B.
die Abschweifung auf den Rutilius, und besonders
der Sprung von diesem auf den Socrates 1,
53 — 54; so wie die Erzählung von den Sophisten 3, 32 und Philosophen 3, 16 — 19, da er
doch mit 1, 51 — 54 weiter nichts sagt, noch
sagen will, als: der Römische Redner braucht,
um zu rühren, keine Griechische Philosophie und
Seelenlehre studirt zu haben; er darf sie nicht
einmal nach Stoischen, nach Sokratischen Grundsätzen, anbringen.   Eben so der dort gar nicht
nöthige Beleg zu dem Satze: Alles in der Natur
ist Eins; alle Wissenschaften also sollten auch
Eins bleiben, und nicht der eine blos diese,
der andere blos jene treiben 3, 15 — 19, 1. Und
so würden noch weit mehrere Abschnitte und
Einschaltungen überschlagen werden müssen,
wenn man blos jenes bezweckte.   Allein dies
wird wol der Fall nicht seyn; und ausserdem
sind jene Abschnitte in andern Hinsichten sehr
lehrreich, und, wenn man auf Sprache und
Einkleidung sieht, gerade die schönsten, weil
sie so leicht und fliessend erzählt sind, dass man
deutlich sieht und es herzlich fühlt, Cicero erzählte sie recht con amore.

Ein

Ein gleicher Fall ist es mit den nebenbei eingestreuten Abhandlungen im Brutus; z. B. nach
dem Eingange von den Griechischen Rednern
c. 7, 13, welches Cic. selbst fühlt, und c. 13, 10
auch anmerkt: von dem richtigen Gefühl des grossen Haufens in Absicht des Werths eines Redners
c. 49, 8 — c. 54; vom Richtigsprechen, wenn
man zu Hause von Kindheit an so sprechen hört
c. 58, so wie von der Reinheit der Sprache c.
73 — 75; von den Stoischen Rednern c. 31.
Alles dies gehört nicht hierher, da er, wie ich
an Ort und Stelle angemerkt habe, davon in
den Büchern vom Redner handelt, hier aber blos
erzählen sollte, wer zeichnete sich unter den Römern als Redner aus? und wann? c. 5, 9. und wodurch zeichnete er sich aus? c. 93, 1. Allein es gilt
auch von diesen eingestreuten Bemerkungen, was
von den obigen galt. Also möchte ich diese nicht
gern überschlagen sehen; dagegen aber braucht
man mehrere Kapitel von unbekannten und un-
bedeutenden Personen nur zu lesen und nicht
zu erklären. Verfährt man so bei diesen beiden Werken; so wird man nach dem Plan
dieser Encyklopädie (Köppens Vorrede zum
4 Th. der ersten Abth. S. 6) die so übrig blei-
benden 272 Kapitel neben den ausgewählten

Re-

Reden und Briefen in 4 wöchentlichen, für die Prosaiker bestimmten Stunden in einem Jahre bequem durchlesen können, da die Leser schon ein Jahr in der ersten Classe gesessen haben sollen.

Nun noch ein Paar Worte von meiner Bearbeitung deiser beiden Werke.

Was hier

erstens den Text anbetrift, so liegt *Ernestis* Recension dabei zum Grunde, von der ich aber in einigen Stücken abgegangen bin; z. B. darin, dass ich

Die Kapitel auch noch in *Paragraphen* abtheilte, welches bei Schulbüchern das Nachschlagen in der Schule so sehr erleichtert. Daher konnten und mussten denn auch die längern, von Alexander Scot eingeführten und in der Gruterschen, Gronovschen und Verburgschen, und aus der Gruterschen auch in der Ernestischen Ausgabe beibehaltenen Paragraphen, wegbleiben. Zu einer gleichen Erleichterung und zur schnellern Uebersicht habe ich in dem ausgezogenen Inhalt weitläuftiger und genauer den Gang des Gesprächs zu zeigen gesucht. Ferner darin, dass ich

Die

Die *Schreibart* in einigen Wörtern änderte;
da ich z. B. lacryma, sylva, stylus mit einem y,
und nicht, wie Ernesti, mit einem i schreibe,
weil jenes die Griechische Abstammung von δακευ,
ὑλ3, στυλ35 verlangt; so wie ich den Genitiv der
dritten Biegungsart bei Eigennamen immer in
is, und nicht bald in is, bald in i gemacht,
mithin nicht bald Themistoclis, bald wieder Pe-
ricli geschrieben habe. Ernesti, der das letzte
selbst in der einen Stelle (Brut. 7, 7) als einen Ar-
chaismus verwirft, behält es in andern Stellen bei
(or. 2, 22. 10. c, 74, 5. Brut. 15, 5). Das lange â und û habe ich immer bezeichnet. Wenigstens erleichtert dies das Lesen in vielen Stellen, und es ist doch wol so nothwendig, wie
der Griechische Circumflex.

Eben so habe ich in mehrern Stellen die
Abtheilungen lateinischer gemacht und dadurch
selbst die Erklärung erleichtert. Wenn Ernesti
z. B. Brut. 23, 1 so abtheilt: suspicari licet,
cum — sint, —: elegantiam fuisse; so dachte
er deutsch, und nicht lateinisch. Denn nach
der lat. Wortfügung hängt der letzte Infinitiv
von suspicari ab, bildet also keinen Nachsatz,
wie man aus dem ihm vorgesetzten *Kolon* schliessen

sen muss, und die Worte: cum — sint, und multoque — proficiat, machen keinen Vorder-, sondern einen Zwischensatz. Eben dies ist der Fall in dem noch mehr verschlängelten Satze Brut. 80, 4: memini, cum — dedisset, — idque — diceret, deque eo — disputavisset; me — , cum essem — ; — posuisse. Hier macht ebenfalls cum mit seinen drei nachfolgenden Zeitwörtern keinen Vorder-, sondern einen Zwischensatz; mithin darf me von seinem regierenden Zeitworte memini durch kein, hinter disputavisset stehendes, Semikolon getrennt werden, so wenig wie von seinem posuisse durch ein anderes hinter *ferebat* stehendes Semikolon. Eben so wenig darf ein durch que mit dem vorhergehenden verbundenes Wort durch ein Komma getrennt werden, da die Natur der Sache selbst zeigt, dass diese Partikel weit schneller ihr Wort an das vorhergehende angeknüpft wissen will, als ein anderes, welches et oder wol gar das pathetische atque verbindet. Ferner verlangt der Sinn, dass das Unterscheidungszeichen nicht vor der Parenthese, die ganz genau zur Erklärung des Vorhergehenden, nicht des Nachfolgenden, gehört, sondern hinter derselben stehen muss.

Wa

Wo ich den *Text* selbst geändert habe, da habe ich es in den Anmerkungen jedesmal angezeigt. Hier kann ich im Allgemeinen soviel sagen, dass selbst der von mir zur O. M. 1793 besorgte Brutus, theils nach einem nochmaligen genauen Durchlesen, theils wegen der von meinem scharfsinnigen Freunde voranstehenden epist. crit., welche ich damals noch nicht benutzen konnte, hier einige Veränderungen erhalten hat; und die in den andern Büchern aufgenommenen Veränderungen haben theils Handschriften, theils Ernestis Beifall, und durchgängig die Zustimmung meines biedern Freundes für sich, dessen kritisches Schreiben jene Ausgabe des Brutus ziert.

Was *zweitens* die. Anmerkungen betrift; so nahm ich mir dabei den Schulzischen Gesichtspunkt (Vorrede zu den Anm. des ersten Th. der ersten Abth. S. 32 und 33). Und dazu habe ich von meinen Vorgängern benutzt, was mir die Zeit und meine Lage davon zu benutzen erlaubten. Von den Ausgaben sämmtlicher Schriften des Cicero, und der kritischen und philologischen Hülfe, welche sie dem Leser gewähren, ist hier nicht die Rede, wohl aber

von

von Ernesti, in so fern seine Ausgabe die beste
und treflichste Handausgabe ist, welche für die
Kritik in den Anmerkungen gesorgt hat, so wie
für Wort- und Sacherklärung in den philologischen, historischen und geographischen Regi-
stern der Clavis.b)

Was das erste anbetrift; so habe ich davon
schon vorher gesprochen. Es wird Ernestin kein Leser des Cicero ein feines Gehör,
richtiges Gefühl, welches er sich durch ge-
naues und öfteres Lesen seines Schriftstellers ei-
gen gemacht hatte, absprechen. Nach dem
Lambin hat er hierdurch seinem Cicero am meisten und am wesentlichsten genutzt. Aber nicht
so zufrieden kann man mit seiner Clavis seyn.
Logische Ordnung, ohne welche das Sprachstu-
dium, ausserdem dass es äusserst mühsam und
zeitraubend wird, ein blosses mechanisches
Machwerk ist, und einem denkenden Menschen
keine Ehre macht und wenig Vortheile gewährt;
ohne welche also ein Wörterbuch die zwar
mühsame, aber undankbare Arbeit eines Hand-
langers und Packträgers ist: logische Ordnung,
sag' ich, vermisst man doch durchaus in dem
philosophischen Theile seiner Clavis. Hätte sie
die-

diese, so könnte man seine Leser weit öfter
auf sie hinweisen, und sich dadurch viele Anmerkungen ersparen, welche jetzt bei jenem Mangel
nothwendig werden, um seine Leser denken
zu lehren. Noch auffallender ist dies in dem
historischen Theile seiner Clavis, wie ich dies
mit mehrern Beispielen in der Vorrede zu der vorigen Ausgabe des Brutus hinlänglich gezeigt habe, und auch in der jetzigen hier und da in
den Anmerkungen habe thun müssen, um meine Leser, welche jene nachschlagen, vor Verirrungen zu sichern, welches im Brutus um so
nothwendiger ist, da des Verfassers Zweck
dahin geht, zu zeigen, *qui et quando* oratores Romae esse coeperint. Beide Zwecke werden ver-
fehlt, sobald zwei Personen gleiches Namens mit
einander verwechselt werden. Und was Gellius
(17, 21) an einem unwissenden Sophisten seiner Zeit rügt, welcher gesagt hatte, Panaetius
habe mit Scipio dem *ältern* Afrikaner zugleich
gelebt, das thut Ernesti gleich in der ersten, bei
diesem Römer in der Clavis angeführten, Stelle
(Acad. 2, 2).

So viel von Ernesti, welcher die *sämmtli-*
chen Schriften des Cicero bearbeitet hat; dar-

b   aus

aus sieht man, vgl. mit den Anmerkungen, zur
Genüge, wie und wo er mir hat nützlich werden können.　Nun noch Etwas von denen, welche diese Bücher einzeln bearbeitet haben.

Dies sind bei den drei Büchern vom Redner Jac. Ludw. *Strebäus* und Zach. Pearce. Des
erstern Ausgabe, welche zu Paris 1557, 4. erschien, ist für die Kritik so wichtig nicht, weil
er nach seinem Gefühl jedesmal die beste Lesart wählte; und Ernesti erzeigt ihm zu viel Ehre, wenn er von ihm sagt: commentario egregio
textum illustravit, und H. H. Harles setzt gar
hinzu: commentario locupletissimo textum ornavit ac vestivit (dies soll wol nach der bekannten
Gradation heissen: vestivit et ornavit, vgl. 1, 31,
7; 2, 28, 5).　Dieser letztere sagt auch von
ihm (praefat. p. 10): inprimis opera eius et
diligentia in eo versata est, ut luculentam daret
paraphrasin, sensum verborum accurate et diligenter explicaret, exemplis, ut plurimum ex Cicerone ipso et Quintiliano, sed more illius sae-
culi leviter excitatis, et sententias illustraret et
praecepta, nihilque fere intactum relinqueret,
quod aliqua egeret interpretatione, ita ut copia
saepius laboraret (laboret).

Pear-

Pearce dagegen, dessen Ausgabe 1716, und
verbessert 1732 zu Cambridge erschien, zeigt
sich in Benutzung seiner drei Handschriften und
der zwei ältern Ausgaben, der zu Mailand, 1498,
und der zu Venedig, 1478, welche er verglich,
als einen gelehrten und feinen Kritiker, wie Ernesti mit Recht von ihm rühmt, der daher auch
seine Arbeit vorzüglich benutzt hat. Auch hat
H. H. *Harles* noch ausserdem mehrere verschiedene Lesarten, die Ernesti nach seinem Plane
mit Stillschweigen überging, daraus in seiner
Ausgabe mit angemerkt.

Dieser Gelehrte besorgte auch, von dem
Buchhändler dazu aufgefodert, eine Ausgabe davon zu Nürnberg 1776, 8. 1 Thlr. Er selbst
sagt mit Cicero (3, 61, 7): edidi, quae potui,
non ut volui, sed ut me temporis angustiae coë-
gerunt, und setzt dann sehr bescheiden hinzu:
atqui facile feram, si quis ea, quae bene, egregie
utiliterque scripta sint, ingenio, studio et ele-
gantiae Ernesti, Pearcii, Strebaei aliorumque;
ea vero, quae minus recte pleneque aut leviter
disputata videantur, meae paupertati atque te-
nuitati attribuat. Aber besser wäre es freilich
auf alle Fälle für seine Leser gewesen, sein Ver-

leger hätte ihm mehr Zeit gelassen, damit er
mehr für den Nutzen seiner Leser und für seine
eigne Ehre hätte sorgen können. Denn abgese-
hen von so manchen Verstössen gegen Gramma-
tik und Latinität, welche gewiss ein solcher
Professor der Beredtsamkeit und Dichtkunst
sich nicht würde haben zu Schulden kommen
lassen, wenn er seine Arbeit zum zweiten Male
übergelesen hätte, hat ihn diese FlüchtigkeitFehl-
tritte gegen die Geschichte thun lassen, die gar
zu auffallend und unverzeihlich sind.

Zum Beweise, dass ich dies Urtheil nicht
blos hinwerfe und diesen Gelehrten nicht durch
einen Machtspruch verächtlich behandle, sondern seine Ausgabe gehörig verglichen habe,
mögen hier von beiden einige Beispiele stehen.

Was sagt man z. B. zu *sibi* in dieser Verbindung: Pearcii exempla a paucis parari sibi pos-
sunt (praef. p. 11)? Wie würden es die Exem-
plare wol anfangen, *sich* etwas zu kaufen? Eben
so in der Anm. S. 222: Pearcius, quoniam codi-
ces *sui* quoque variant, rescripsit. Die Partikel
quoque hat durchgängig bei ihm einen unrech-
ten Platz. Wer sagt z. B., wie er bei 2, 71, 9:
quae diversitas quoque est apud Graecos? Soll

quo-

quoque diversitas oder Graecos verbinden? den Unterschied zwischen *ipse* in casu recto und obliquo hat er nicht gefasst. Denn bei 1, 21, 6 führt er Graevius Auctorität bei Justin. 12, 8, 15 an, welcher die sinnlose Grille hat, blos jenes sey schön und richtig: und nun setzt H. Harles sehr bescheiden hinzu, gegen Handschriften wage er jedoch nicht zu entscheiden. Aber soll denn ein unwissender Abschreiber mehr gelten, als richtiges Gefühl, u. mehr, als Vernunft? welche, wie Ernesti im Clav. richtig angemerkt hat, hier verlangt dies nach dem *Gegensatze* zu beurtheilen. Dies that aber der H. Hofrath hier nicht, weil — es Ernesti hier nicht sagt; denn da, wo dieser es bei c. 26, 11 anmerkt, schreibt er es ihm nach, ohne sich aber übrigens etwas dabei zu denken. Denn sonst könnte er unmöglich hier wieder auf jene Anm. bei c. 21, 6 zurückweisen. Und denkt man sich den Gegensatz so bei 3, 12, 8, wie er sich ihn mit Ernesti denkt; so kann er nicht hinzusezzen: quare non *necesse est*, cum Pearcio corrigere *ipse.* - Dies im Gegentheile (ipsum) würde ja falsch seyn: und dies vermeiden heisst blos, non necesse est? In welchem Wörterbuche findet man wol, dass labefactare soviel sey,

als labare, propemodum labi, wie er bei 1, 46,
4 meint? Ist ein Neutrum und ein Activum bei
ihm einerlei? Sah er bei seinen Erklärungen
von se dare alicui, 1, 55, 1 und divinitus loqui,
1, 7, 8 im geringsten auf den Zusammenhang?
Wer sagt, wie er bei 3, 61, 2: haec quoque
non repugnat latinitati, statt zu sagen: nec haec
repugnat latinitati? So giebt man Regeln über
Latinität in Barbarismen! Welcher Lateiner versteht ihn, wenn er bei 2, 55, 8 sagt: impuberes
tantum poterant lavare? zwischen possum also
und licet mihi kennt 'sein feines Gefühl keinen
Unterschied, so wenig, wie zwischen lavare
und lavari (Off. 1, 35, 13). Daher auch sein
Kurfürst von Baiern in seiner Zuschrift an ihn
iussit, auctores Graecos Romanosque in scholis
explicare. In welcher Zeitung hat denn dieses
Rescript des Kurfürsten an die Griechischen und
Römischen Schriftsteller gestanden, dass sie erklären sollten? (Was denn? vermuthlich sich
selbst, weil mancher, der sie erklären will,
selbst sie nicht versteht). Was für eine *Eleganz*
liegt denn wol in aller Welt in der Redensart:
inest *in* re, die feiner seyn sollte, wie er bei 2,
23. 7 meint, als wenn ich sage: inest *rei?* Was
für ein *ornatus* ist es, wenn man 2, 87. 6 findet

det, formae atque corpora st. formae corpo-
reae? Eben so strauchelt er bei 2, 82. 2, wo er
sagt: oratores ut ingenio excellant, nec ingenii
suspicionem vitent, Cicero saepius inculcat.
Reimt sich das mit c. 84, 10? Das macht die
liebe Flüchtigkeit, die ihn auch nicht sehen liess,
dass man unmöglich sich etwas dabei denkt,
wenn man zwei verschiedenen Erklärungen zugleich seinen Beifall giebt, wie er bei 2, 23. 2
Ernestin sowohl als Ruhnken beistimmt, da jener
veritas erklärt durch vera et una probandi ratio
dicendi,' dieser aber es als Gegensatz von inanis
ostentatio nimmt: eben so, wenn er 2, 57. 8 u. 9
in den Worten: foenum alios *esse* oportet, nicht
einmal aus dem folgenden: ambrosia *alendus est*
sieht, dass *esse* hier *essen*, und nicht *seyn* heisse.
Was für Begriffe zeigt er von der constructio ob-
liqua, wenn er bei dem coniunct. imitetur 2, 23,
5 blos sagt: ferri potest? Lambin und Pearce
haben geradezu Unrecht mit ihrem imitatur.
Denn die Wortfolge ist diese: intelligemus, sic
semper *fuisse* aliquem, cuius se similes plerique esse *vellent*, ut hodie Meneclem tota *imitetur* Asia. Ernesti setzt so viel Gefühl bei
seinen Lesern voraus, merkt also die Lambinische Lesart nicht erst an. Ist denn dies

aber

aber hier nicht völlig der Fall, wie §. 8: quasi non ea praecipiam aliis, quae mihi ipsi
desint? Hier stimmt er Ernestin bei, dass er jenes
statt *desunt* aus der Erl. Hdsr. aufgenommen hat,
und setzt mit ihm hinzu: pendet enim a *praecipiam*. Also hier, meint er, *muss* es so heissen; dort ferri potest! Daher schreibt er denn
auch selbst bei 2, 54. 15: ego vidi homines, qui
potius inimicitias non detrectarunt, quam ut
salsa verba *tenuissent* — und zu diesen gram-
matischen Eleganzen noch eine Tautologie oben
ein: nec ore emisissent? So wenig denkt er
sich bei seinem eigenen Ausdrucke, und sagt
denn doch bei 2, 89, 4 fore, ut ignosceremus,
sey rarior consecutio temporum; welches nicht
einmal der Fall ist. Denn man muss dort nicht
blos auf fore, sondern auf das vorherg. dixisti
sehen. Auf diese Art meinte er durch die Ausgabe und durch das öftere Lesen dieser Bücher der
jetzigen verderbten Schreibart Einhalt zu thun
(Vorrede S. 15) — Was für ein Gefühl von Latinität zeigt er, wenn er dem steifen Gruter bei
2, 50. 3 Recht giebt, dass er *dicere* wegstreichen will, weil seine Pfälzer Hdsr. es nicht haben? Aber wie in aller Welt soll Cicero geschrieben haben: illud tenuisti, te pro quaesto-

re

re tuo [dicere]? Dabei weist er seinen Leser auf 2, 15. 11 zurück, wo seine Erl. Hdsr. dies dicere auch ganz widersinnig weglässt; und doch will er mit seinem conferatur, wenn dies anders einen Sinn haben soll, sagen, es sey hier ein ähnlicher Fall, und könne dort, wie hier, wegbleiben. Wer verstände denn aber den Cicero, wenn man nun mit seiner Hdsr. läse: oratoris est, quaecunque res infinite posita sit, de ea posse? Steht dieser Unsinn im Sanctius, den er dabei anführt, so mag dessen Minerva mir nimmer hold seyn!

Wenn man aber besonders bei den berühmtern Römischen Familien, bei denen auch mehrere einerlei Vornamen haben, nicht auf Zeit und Umstände sieht, so macht man ja aus der Römischen Geschichte ein wirkliches Chaos: und für diese sollte man denn doch durchs Lesen und Erklären solcher Bücher, wie diese Ciceronischen sind, auch im Einzelnen Aufklärung erwarten. Man lese aber einmal s. Anm. bei 1, 13. 5. War der dortige Marcell damals (662) aedilis, also etwa 38 J. alt, so war er im J. 702, als er Cs. war, 78 J. alt! Wenn er ferner bei dem Geschichtschreiber L. Piso 2, 12. 6 (trib. pl. 604 Cs. 620. s. die Stellen im Ind. und

Frshem. suppl. Liv. 57, 19) uns auf Brut. 67
verweist, wo M. Piso als Cs. 692 vorkommt; so
ist hier das Versehen in mehrern Rücksichten
noch auffallender, als dort: welches ein jeder
sich selbst deutlich machen wird, wenn er sich
mit jenen beiden Männern näher bekannt machen will.

Eben so wenig traut man seinen Augen bei
2, 28. 10. Denn da soll der dort vorkommende Q. Rex, Cs. 635 (Frshem. 62, 1), welchen
Antonius einmal vertheidigt hatte, nach ihm
eben der seyn, an welchen Cicero ad div. 13,
52 schreibt, woraus man sieht, dass dieser Rex
unter Cäsars Dictatur Prätor von Sicilien gewesen seyn muss. Also eine und eben dieselbe
Person Cs. 635 und Prätor 707!

Wie sonderbar ferner bei 2, 70. 5, wenn
von einem Appius maior die Rede ist, welcher
den nach dem Thorischen Gesetze (gegeben
646) verklagten Lucilius lächerlich macht, aus
dem guten Strebäus anzumerken, es sey jener
Appius nicht der Decemvir (im J. 303 Liv.
3, 33. 3); nicht Appius Coecus, der den Frie-
den mit Pyrrhus widerrieth (473, s. bei Brut.
14, 4)! Wer in aller Welt kann sich denn bei

nüch-

nüchternen Sinnen einfallen lassen, nur daran
zu denken, dass ein Decemvir im J. 303, oder
ein alter blinder Mann im J. 473 noch nach dem
J. 646 gelebt und auf dem forum gespasst haben
sollte? — Also nicht jene beiden! nun, wer
denn? — Appius Claudius, socer Ti. Gracchi,
qui lectus est Triumvir ad dividendum agrum
publicum. Recht so! Aller guten Dinge sind
drei: also auch der Fehlgriffe bei *einem* in dem
Glückstopfe drei! denn schon a priori, welche
Wahrscheinlichkeit, dass der Schwiegervater
des 620 als Volkstribun ermordeten Gracchus
noch nach dem J. 646 so spassen soll! Wie
passt es zu dem Charakter eines Mannes, der
mit den beiden Gracchen dem ganzen Senat und
der ganzen Ritterschaft Trotz geboten hatte und
sich zum Triumvir im J. 620 von seinem Schwie-
gersohne hatte wählen lassen, noch ums J. 650
ein dicax und scurrilis zu heissen 2, 60, 8? Diese Bedenklichkeiten, sag' ich, würden einem
denkenden Kopfe schon a priori aufgestossen
seyn. Aber er brauchte auch nur Ernestis Clavis nachzuschlagen: schon diese sagte ihm, wer
jener Appius sey. Dafür giebt er uns aber lieber einen 90jährigen Geck, und das in der Person des ehrwürdigen Schwiegervaters eines Ti.
Grac-

Gracchus.' Vellej. (2, 2) sagt ja ausdrücklich vom Ti. Gracchus, dem Volkstribun im J.
620 (Scaevola et Pisone css.): triumviros agris
dividundis coloniisque deducendis creavit se *so-*
cerumque suum consularem Appium et Gracchum
fratrem. Da ihn dieser Schriftsteller in jenem
Jahre consularis nennt, so kann es kein anderer
seyn, als der, welcher 610 Cs. gewesen war.
Dieser wäre also, wie gesagt, ums J. 660 (denn
c. 60, 8 spricht Cäsar im J. 662 noch: *est di-*
cax, delabitur in vitium scurrile) ein 90jähriger
Geck!! O edler Schatten des Gracchus, zürne
nicht, dass man deinen Schwiegervater dazu
macht!

Hätte er bei 3, 2, 6 sich nur wieder an 1,
7, 1 erinnert, so würde er dort die falsche Erklärung Ernesti'n nicht nachgeschrieben haben;
eben so wenig wie Pearcen bei 3, 3, 8, dass
Cotta im J. 662 Volkstribun gewesen sey,
wenn er sich an 1, 7, 2 erinnert hätte.

Eben so macht er 3, 3, 6 aus einem Carbo drei.

Das kommt aber, wie man an allen bisherigen Beispielen nur zu deutlich sieht, daher,
weil

weil er bei solchen Namen in seiner Flüchtigkeit — die hier Herr Felsecker in Nürnberg
verantworten mag — nach dem ersten besten
im Glückstopf greift, und getrost den behält,
welchen er zuerst gegriffen hat. Daher ist der
Urgrossvater desjenigen P. Scipio, welcher des
Redners Crassus Schwiegersohn war (3, 33, 5),
frisch weg Scipio der ältere Afrikaner. Welcher
andre aber hatte dies Hrn. Harles gesagt, als
der gute Heinze? Wo hatte er denn je gelesen, dass jener Held ein so vorzüglicher Rechtskenner und allgemeiner Rathgeber, und pontifex maximus gewesen war? Das war Scipio
Corculum, nicht Africanus maior. M. s. bei
Brut. 58, 8, wo man es deutlich genug mit ge-
sunden Augen im Cicero selbst lesen kann, ohne die Wandsprache zu verstehen.

Was in den Anmerkungen noch etwa vergessen seyn möchte, das wird in dem angehäng-
ten historischen Index nachgeholt. Ich sehe
zwar aus der Vorrede, dass ein M. Jacobi V.
Cl., candidatus Norimbergensis dignissimus dieses Register verfertigt habe; allein da der Herr
Hofrath ausdrücklich Fleiss, Genauigkeit und
Einsicht an diesem, seinem Gehülfen, rühmt, so
wird

wird er sich hoffentlich nicht schämen, alle Ehre mit ihm zu theilen, zumal, da auch ein Herausgeber wissen muss, von wem er sich helfen
lässt, und dies, wie man an jener Charakteri-
stik dieses Gehülfen sieht, der Herr Hofrath
auch wusste.

Hier also findet man unter *einem* P. Crassus
folgende Stellen angeführt: 1, 37, 3; c. 50, 2;
c. 56, 5. Soweit gut. Denn in diesen drei Stellen ist der Cs. gemeint, vgl. Ind. und Brut. 26.
Aber 3, 3, 6 ist der Cs. 656. des Triumvirs Vater;
und endlich 3, 33, 5 ist er Cs. 547. Also wieder
3 in einem Kessel gekocht, und ein 547 gewesener Cs. muss sich noch 666 ermorden lassen.
Ein schönes Alter von etwa 503 bis 666! Aber
es steht schon so beim Hrn. Heinze.

So muss ihm Diogenes (denn er giebt ihm
das Beiwort Cynicus) noch einmal, 598 aus seiner Tonne heraus und als Athenischer Gesandter nach Rom wandern; er lässt also diesen
genügsamen Sonderling auch nicht einmal in
der Unterwelt in Ruhe, welche er mit dem
Weltstürmer Alexander zugleich im J. 431 betreten hatte.

Eben

Eben so getrost trägt er mit dem guten
Heinze in seinen Index den M. Marcellus Lucius
ein (soll heissen L. Manlius Acidinus; denn
dieser Cs. 573 ist 2, 64, 9 gemeint) und verei-
nigt mit diesem wieder durch seine Metempsy-
chose den M. Marcellus, den Aedilis vom J.
662 nach 1, 13, 5, welchen der H. Hofrath in
den Anm., wie wir oben gesehen haben, gar
bis ins J. 701 vorrückt, wo er ihn von Cicero
vertheidigen lässt. Ein junger Leser, der diesem Index des Hrn. M. Jacobi und den Anm.
des Hrn. Hofrath Harles folgt, sieht so wieder
in der Zauberlaterne dieser Zweimänner den
Cs. 573 noch einmal im J. 707 vertheidigt. Also wieder ein Leben von etwa 530 bis 707.
Solche politische Rechenmeister könnten wir
bei unsern jetzigen kriegerischen Zeiten gut
brauchen: die zauberten uns die ganze Armee
des heillosen Eroberers Ludwigs des 14ten von
seinem ersten bis 72sten Regierungsjahre auf
die Oberwelt zurück!

Noch bunter gehts unter Q. Metellus zu.
Alle folgende Stellen gehen nach ihm auf *ei-*
nen Metellus, welchen er selbst nicht kennt,
da

da er ihm gar keinen Beinamen giebt.
Aber

A) 1, 48, 7 und c. 49, 6 ist *Macedonicus*,
Cs. 610.

B) 2, 66, 11, *Caprarius*, dessen Sohn, Cs.
640.

C) 3, 18, 8 *Numidicus*, ein Bruderssohn des
Macedonikers, Cs. 644.

D) 2, 68, 4 *Nepos*, ein Sohn des Balearicus
und Enkel des Macedonikers, Cs. 655,
und

E) 2, 40, 1 *Pius*, Cs. 673, ein Sohn des
Numidikers.

Also in einer Person sähe man hier, wie in
dem Guckkasten eines Savoyarden, den Mace-
doniker mit seinem Sohne und Enkel, wie auch
mit seines Bruders Sohn und Enkel! In einer
Person den Cs. 610 und 673! Aber alles dies
hatte auch der gute Heinze; und dem nachzu-
schreiben war dem fleissigen, genauen und ein-
sichtsvollen Nürnberger Hrn. Kandidaten leichter, als die Stellen selbst nachzuschlagen. Man
schlage sich nur die Stellen und meine Bemerkungen dabei nach, und vergleiche die Tabelle

von

von dieser Familie, vor dem 5ten Buche der Briefe des Cicero nach meiner Ausgabe vom J. 794.

Und eben, weil es Heinze so vorgeschrieben hat, schreibt er es nach, dass L. Mummius, nach 2, 66, 14 Censor 611, eine Person ist mit dem, von welchem ein anderer bei Cato 2, 67. 6. sagt, er sey cuivis tempori homo. Diesen Charakter reime einmal einer mit dem, welchen Vellejus (1, 13, 4) von jenem Kollegen des Africanus entwirft! Ihm ist es genug, dass beide Mummius heissen. Auch verschiedene Vornamen stören ihn dabei nicht. Denn sonst würde es ihm aufgefallen seyn, dass Opimius 2, 68, 7 Q. heisst, nicht L., wie in den übrigen Stellen.

So gehören von den unter Scipio Africanus dem ältern angeführten Stellen nur 3 diesem zu, die andern 10 dem jüngern; und die Stelle 2, 20. 6. die er dem jüngern Afrikaner giebt, gehört dem Scipio Serapio.

Heinze selbst, dem jener so getrost nachschreibt, übersetzte diese 3 Bücher vom Redner,

c   Helm-

Helmstädt, 1762, 8. 16 Ggr. An Fleiss, sieht
man überall, hat er es nicht fehlen lassen.
Wenn er also gefehlt hat — welches freilich
oft genug geschehen, von mir aber nur dann und
wann mit angemerkt ist — so ist das nicht
seine Schuld. Ein Bearbeiter und Uebersetzer
eines alten Schriftstellers kann zwar von seinem
Leser nicht, wie Cicero von seinem Brutus, ver-
langen, dass er nicht auf seine Fähigkeiten, son
dern auf seine Mühe sehe; aber hätte es der Hr.
Hofrath an dieser letztern nicht fehlen lassen;
gewiss wir würden etwas seiner würdigers erhalten haben; so wie Heinze auch eine solche U-
bersetzung nicht würde geliefert haben, wenn er
sich selbst vorher ernstlich gefragt hätte, ob
er denn selbst auch seinen Cicero verstände.

Das waren also meine Vorgänger in den 3
Büchern vom Redner; und man sieht selbst zur
Genüge daraus, dass ich mich ihrer Leitung
nicht anvertrauen durfte, sondern meinen eignen Gang gehen musste. Denn H. Harles hat
unter zehn kritischen Anm. jedesmal — hundert
gegen eins gewettet — neun aus Ernesti'n abge-
schrieben, und die zehnte setzt er selbst aus
Stre-

Strebäus, Pearce oder seiner Erlanger Handschrift hinzu. Seiner Sacherklärungen sind nicht
viele; man findet sich bei drei Stellen, wo man
Belehrung erwartet, wenigstens zweimal ge-
täuscht; und wo er sie dann anbringt, da sind
sie, wie sich das von solcher Flüchtigkeit auch
nicht anders erwarten lässt, ohne allen Plan
angebracht; dass man unter zehn mit Fug und
Recht bei neunen fragen muss: *für wen* steht
diese Anmerkung hier? oder *warum* steht sie
hier? Wenigstens könnte man denn doch ver-
langen, dass er seinen Lesern den Strebäus und
Pearce, deren öfters lange Anmerkungen er hat
mit abdrucken lassen, entbehrlich machte: aber
wie oft findet man sich auf jene hin verwiesen!
Sollen denn aber seine Leser sich jene Ausgaben
anschaffen? können sie es? Er selbst, S. 11 der
Vorrede, sagt ja nein.

Unter den Bearbeitern des Brutus steht Seb.
Corradus ganz allein da, welcher ihn 1552 zu
Florenz herausgab, ein Mann, der viel Wesens
von sich macht, aber bei dem vielen Guten, was
er für die nähere Kenntniss der Geschichte der
erwähnten Römer zusammengetragen hat, keinen

Plan

Plan hatte, weil er hier *alles* zusammentrug,
was er fand, ohne zu fragen, ob man es *hier*
brauche. Aber er hatte sich ihn zu seinem
Lieblingskinde erwählt, und glaubte es daher
nicht bunt genug ausputzen zu können, da er,
wie er selbst sagt, (in quaestura p. 35 ed. Lips.),
den Brutus fast Wort für Wort auswendig
gelernt hatte Ausserdem darf man sich nicht
wundern, dass er hier mehr Fehltritte gethan
hat, da er zu seiner Zeit sich fast ganz allein
seinen Weg bahnen musste, weshalb man ihm
die Verirrungen darauf nicht so übel nehmen
darf, als einem Ernesti und Harles.

Mein jetziger Kommentar über dieses Buch
kann im Ganzen von dem vorigen nicht sehr verschieden seyn, weil ich mir dort ungefähr eben
die Leser dachte, die ich mir hier denken
musste. Allein einmal kann es beim fortgesetz-
ten Studium nicht fehlen, dass man bald eine
Sache aus einem etwas andern Gesichtspunkte
ansieht, als vorher; bald seine ganze Ueberzeugung ändert. Daher kann man diese Ausgabe
als eine verbesserte und abgekürzte von jener
betrachten: *abgekürzt* nämlich in so fern, weil

ich

ich meinem Zwecke gemäss hier durchaus
nichts anmerken wollte, was nicht meinen Lesern der zwiefachen oben angegebenen Art
nützlich werden konnte, mithin mehreres ins
kürzere zog und so auch aus dem, was ich unter dem Texte gesagt, und mein Freund, der H.
Professor Schneider, in seinem vorgesetzten
Schreiben noch hinterher angemerkt hatte, ein
Ganzes machte; ferner in der Kritik hier nach
dem Grundsatze verfuhr, nicht jede Abwei-
chung von der gewöhnlichen Lesart anzumerken, wie sie Ernesti immer anmerkt, wenn
er von seinem Gruterschen Texte abweicht,
sondern dies nur dann zu thun, wenn ich
bei meinen Lesern dadurch das kritische
Gefühl zu verfeinern glaubte, da, wenn
man einmal nach Auctorität einer Handschrift
oder einer Ausgabe eine Lesart annimmt oder
verwirft, es einem einerlei seyn kann, ob eine
Florentinische oder Pfälzer Handschrift sie hatte, ob sie einem Victorius und Gruter gefiel,
ob Ernesti einer andern ältern Ausgabe folgte,
oder eine später verglichene Handschrift ihm
die bessere Lesart zu haben schien. Ein anderes ist es, wenn er entweder eines andern Kriti-
kers oder seine eigene Vermuthung aufnahm, oder

wenn

wenn ich seine vorgeschlagene Lesart aufgenommen habe, weil man hier dem Verfasser und dem
Leser Unrecht thun kann, wenn man ihm stillschweigend selbst seine festeste Ueberzeugung
aufdringt, ohne ihn in den Stand zu setzen,
Gründe und Gegengründe selbst gegen einander abzuwägen.

Verbessert aber ist diese Ausgabe zugleich
eben durch jene getroffene Veränderung, und
auch dadurch, dass ich hier theils mehrere,
besonders für Kritik treffliche Bemerkungen meines Freundes gleich nützen konnte, theils auch
manches hinzusetzte, wodurch ich meinen Lesern die Einsicht in dieses Buch zu erleich-
tern glaubte. Uebrigens habe ich auch hier die,
jener Ausgabe angehängte, Zeittabelle und das
Sachregister beibehalten, aber beides, vorzüglich das letztere, mit den aus den 3 Büchern
vom Redner ausgezogenen Stellen vermehrt;
und zwar das letztere *lateinisch*, weil es dabei
vorzüglich darauf ankommt, dass man beim
Nachschlagen schnell übersehen kann, *wo* und
wie es Cicero sagt! Dies aber lässt sich genauer lateinisch als deutsch sagen; ausserdem,
dass

dass ich so mich auch kürzer ausdrücken konnte, als im Deutschen, ohne der Deutlichkeit zu
schaden, möglich gewesen wäre.

Uebrigens rathe ich meinen jüngern sowohl
als ältern Lesern, ehe sie zu diesen Büchern
meine Anmerkungen in die Hand nehmen, es
selbst vorher mit eignen Kräften zu versuchen,
und sich durch ein schnelles Durchlesen selbst
einen Ueberblick zu verschaffen. Dies gewöhnt
an Selbstdenken und verwahrt vor Nachbeterei,
welche selbst bei manchen sogenannten Vetera-
nen sichtbar bleibt, wenn sie sich hinter zehn
gelehrt seyn sollenden Citationen verstecken
oder verschanzen.

Dies erinnert mich zugleich noch an einen
Umstand bei meinem Commentar, nämlich an
das Vergleichen des Cicero mit seinen Vorgängern und Nachfolgern, vorzüglich dem Aristoteles und Quintilian. Dass er jenen vor Augen
gehabt habe, sagt er selbst ad Div. 1, 9, 67
und Or. 2, 36, 2. Indessen habe ich theils selbst
gelegentlich an mehrern Stellen bemerkt, dass
Cicero seinen eignen Gang geht, mehr praktisch
als theorotisch; theils zeigt schon eine allge-
mei-

meine Vergleichung beider Schriftsteller, selbst
nach dem hier ausgezogenen, und nach dem der
Reizischen Ausgabe (Leipzig, 1772) der Aristote-
lischen Rhetorik vorgesetzten Inhalt, dass beide blos im Einzelnen zusammentreffen, im
Ganzen aber ihren ganz eignen Gang nehmen, und auch nehmen müssen, dieser als
Staatsmann und Redner, jener als Philosoph
und Rhetor. Daher kann die Vergleichung in
einzelnen Stellen zu nichts helfen: wer von beiden Nutzen haben will, muss sie beide ganz
lesen. Eben dies ist der Fall mit Quintilian,
seinem Nachfolger, welcher wieder vorzüglich
diese beiden, seine Vorgänger, benutzte; wiewohl ich diesen bei Beurtheilung der Alten von
ihm (B. 10, K. 1) und Cicero angeführten
Schriftsteller da verglichen habe, wo diese Vergleichung für meine Leser offenbaren Nutzen
hatte.

Erklärende

Anmerkungen

zu

Ciceros Brutus.

A

K a p. 1.

Cilicia decedens] hier war er im J. 702 Proconsul gewesen; er verliess diese Provinz den
3osten Jul. 703, und kam den 14ten Oct. zu
Athen an, ad div. 14, 5. 1; weil er sich aber
theils hier, theils an andern Orten unterweges
länger aufhielt, so kam er erst den 4ten Jan.
704 vor Rom an, ad div. 16, 11. 3.

Rhodum] Rhodum, schreibt er ad div. 2, 17. 2,
Ciceronum puerorum (er meint seinen und
seines Bruders Sohn, die hier studirten) causa accessurum puto.

allatum] schon Coelius ad div. 8, 13. 5 hatte
ihm geschrieben: Q. Hortensius, cum has literas scripsi, animam agebat. Wegen des

Hort.

Hort. selbst vgl. man unten die Anm. bei 88,
1 und 64, 3.

opinione omnium] quam omnium erat opinio, quam
quisquam opinabatur; warum? sagt er §. 4.
Doch ist dies Geständniss hier aufrichtig.
Denn er macht es Freunden, vor denen er
nicht zu heucheln brauchte, und er hatte auch
schon vorher an seinen Atticus ad Att. 6, 6. 5
geschrieben: de Hortensio (Hortensii morte)
te certo scio dolere: equidem excrucior; de-
creram enim cum eo valde familiariter vi-
vere.

„Denn theils sah ich mich selbst durch den Verlust dieses Freundes eines angenehmen Gesell-
schafters und dienstwilligen Freundes beraubt;
theils betrübte mich auch der Verlust, welchen unser C. durch den Tod eines solchen
A. erlitt."

2) *ab eo*] von ihm, und dem Cn. Pompeius, wie
er Phil. 2, 2 näher bestimmt: me augurem
a toto collegio expetitum Cn. Pomp. et Q. Hortensius nominarunt, und zwar an die Stelle
des jungen P. Crassus, der mit seinem Vater
im Kriege gegen die Parther geblieben war, c.
81, 8-11, also in der Mitte des Jahrs 700; vgl.
Ovid. fast. 6, 465.

in-

iuratus, iureiurando *iudicium fecerat*, indicave-
rat, *dignitatis meae*, me dignum esse, qui
cooptarer. So ehrwürdig übrigens Cic. hier
seine Augurwürde macht, und so sehr er
darnach als Staatsmann auch gestrebt hatte,
wie er selbst sagt, ad div. 15, 4. 33; so frei-
müthig äussert er sich dagegen als Philosoph
in den bei or. 1, 10. 1 angeführten Stellen,
und er sagt ausdrücklich divin. 2, 33: retinetur
et ad opinionem vulgi et ad magnas utilitates
reipublicae mos, religio, disciplina, ius augurum, collegii auctoritas. Die Worte aber:
in parentis — debebam erläutert er selbst uns
am besten, wenn er an den Appius, welcher
auch augur war, ad div. 3, 10. 29 schreibt
und ihm vorstellt, warum jener nicht glauben dürfe, dass er sein Feind sey, da er
unter andern auch diesen Grund anführt:
amplissimi sacerdotii (augurum) collegium,
in quo non modo amicitiam violari apud maiores fas non erat, sed ne cooptari quidem sa-
cerdotem licebat, qui cuipiam ex collegio esset inimicus.

3) Dazu kam noch ein dritter Grund, der mich
bekümmerte; dass nämlich der Staat an ihm
einen so treflichen Mann, einen Weisen und Pa-

trioten verlor, und dies gerade zur ungelegen-
sten Zeit, nämlich beim Ausbruch des bürgerlichen Kriegs zwischen Cäsar und Pompeius,
der mit dem folgenden Jahre anfing, wie man
aus dem Cäsar weiss, u. aus dem Cicero, der an
seinen Tiro schreibt, ad div. 16, 11. 3: „ad úr-
bem accessi pridie nonas Ianuarias — incidi
in ipsam flammam civilis discordiae, vel potius belli. Hier also hätte sein Wort (auctoritas) und sein kluger Rath (prudentia) nützen
können; wiewohl er freilich eben so wenig,
wie ich würde ausgerichtet haben," §. 7 u. ô
2, 2. Denn auch Cicero, welchem Balbus ad
Att. 8, 15 ein Gleiches zutrauete, musste hinterher sagen, ad div. 6, 6. 9: quid praetermi-
si aut monitorum aut querelarum, cum vel
iniquissimam pacem iustissimo bello anteser-
rem? Victa est auctoritas mea, non tam a
Pompeio, quam ab iis, qui duce Pompeio freti
peropportunam et rebus domesticis et cupiditatibus suis illius belli victoriam fore putabant.

4) *ut plerique putabant*] ein blosser Wahn war es
gleichwohl nicht. Denn mehr als einmal war
jener diesem entgegen gewesen, und bei seiner Verweisung sogar treulos und heimtük-
kisch,

kisch, wie er seinem Bruder klagt ad fr. 1, 3.
Ausserdem war jener ein viel zu eigennützi-
ger Mann, so dass dieser schon deswegen
nie sein Herzensfreund hätte werden können;
der Staatsverhältnisse gar nicht einmal zu ge-
denken; wiewohl dies sich seit der Zeit mil-
derte, da sie beide die höchste Stufe erstie-
gen hatten, seit welcher Zeit sie, jenen Vorfall und einige andere Auftritte abgerechnet,
wenigstens äusserlich gute Staatsfreunde geblieben waren, so dass in dieser Rücksicht
das wahr war, was Brutus unten c. 51
und 94 davon rühmt. M. lese unter andern
ad Att. 2, 25, wo er im J. 694 schreibt: Hor-
talus (Hortensius) quam plena manu, quam
ingenue, quam ornate nostras laudes in astra
sustulit, cum de consulatu meo diceret? Sic
habeto, nec amantius, nec honorificentius,
nec copiosius potuisse dici. vgl. hier bei 94, 2.

gloriosi laboris] bei der Staatsverwaltung sowohl
(denn §. 3 sagte er consiliorum omnium societate coniunctus), als besonders bei meinen
Rednergeschäften, vgl. c. 64, 8, und hier
§. 5.

5) *leviorum - poëtas*] bei Dichtern, die doch weit
geringer sind, als Redner — die er über alles erhebt c. 6, 9. vgl. or. 1, 5. 6.

6) vgl. unten c. 51, 1 und bei c. 94, 2.

7) *perpetua felicitate*] denn er war reich (s. bei
c. 88), und hatte vorzüglich seit 685 sein
Glück recht gemächlich zu geniessen gesucht;
er war als Staatsmann im Ganzen glücklich
durchgekommen (vgl. ad div. 2, 16. 12: memini gloriari solitum esse familiarem nostrum,
Q. Hortensium, quod nunquam bello civili in-
terfuisset), u. hatte auch als Redner bis zuletzt
immer Beifall gehabt, ad div. 8, 2.5, und das
in einem so langen Zeitraume, v. J. 662-703.
c. 96, 3.

,,Es war also *sein* Glück, dass er jetzt starb;
nur *unser* Unglück.'' Völlig wie er Lael. 3, 4
den Lälius sich beim plötzlichen Tode seines
Afrikaners trösten lässt: nihil mali accidisse
Scipioni puto: *mihi* accidit, si quid accidit:
und so wie jener hinzusetzt: *suis* incommo-
dis graviter angi, non amicum, sed se ipsum
amantis est, so hier §. 8. Mithin *prosequamur
illius mortis opportunitatem,* illum tempore tam
opportuno mortuum (vgl. or 3, 3. 2) *benivol.
pot.*

pot. q. mis., oder illum prosequentes gra-
tulemur potius ei amice de mortis tempore
tam opportuno, quam misereamur.

8) *sin — angimur*] ängstigt uns aber dabei *sein*
Unglück, was ihn getroffen haben soll; so
handeln wir undankbar (gegen die Götter),
dass wir das ihm beschiedene Glück für sein
Unglück auslegen. Diese Erklärung rechtfertigt die ganz ähnliche Stelle von Crassus Tode kurz vor dem Ausbruch des ersten bürgerlichen Kriegs or. 3, 2. 7: non erepta illi *a
diis immortalibus* vita, sed donata mors esse
videtur, und c. 3, 10: ego te, Crasse, mortis
opportunitate, *divino consilio* exstinctum esse
arbitror. Vgl. hier c. 96, 7.

Kap. 2.

praeter ceteros] das *et*, welches gewöhnlich vor
praeter noch steht, hat Ern. weggestrichen;
denn es folgt ja kein anderes *et*, sondern *aut*.

cum paucis, mit wenigen (Rednern). Denn deren lebten ausser Cicero und Brutus nur noch
sehr wenige, c. 6, 1. 97, 1.

forum — orbatum] denn im bürgerlichen Kriege
ruhten die Gerichte grösstentheils; theils woll-

A 5   ten

ten sie nichts gelten, da der dictator Cäsar
alles galt. Daher schreibt er auch noch in
dem folgenden J. an Cornificius ad div. 12,
17. 3: Romae summum est; sed ita, ut malis
salubre aliquod et honestum negotium, und
ep. 18, 5: hic (Romae) pax est consecuta;
sed tamen eiusmodi pax, in qua, si adesses,
multa te non delectarent.

Dieses forum wäre dann doch dieses gelehrten Redners beraubt, der sich mit Ehren
vor Römern und Griechen hören lassen konnte:
vor Römern, quorum est urbanitas, Brut. 46, 10.
vor Griechen, Athenern, quorum aures tere-
tes sunt et religiosae, or. 9. quorum semper
fuit prudens sincerumque iudicium, nihil ut
possent nisi incorruptum audire et elegans;
quorum religioni cum serviret orator, nullum
verbum insolens, nullum odiosum ponere au-
deret, vgl. hier c. 88, 6.

2) mich kränkt es, dass der Staat non eget armis,
d. i. uti non vult, ea non desiderat, dass man
jetzt mit dergleichen Waffen nichts ausrich-
ten kann als ein einsichtsvoller Mann (consilii, prudentiae c. 1, 3), Redner (ingenii) und
Consular durch sein Wort und durch seinen
Rath (auctoritatis §. 5 und c. 1, 3).

be-

bene moratae — civit.] civitatis bonis moribus constitutae, in qua valent leges et maiorum instituta, non exstinctus est senatus, non deleta iudicia, wie er über die Zeiten des Antonius klagt off. 3, 1. 7.

3) vgl. c. 1, 3.

boni civis — oratio] ein angesehener, gewichtvoller und beredter Patriot. Das folgende lernt man aus Caesar de b. civ. kennen, und selbst Cicero schreibt im Anfange des J. 704 an seinen Tiro (vgl. mit der bei c. 1, 3 angef. Stelle): ut veni ad urbem, non destiti omnia et sentire et dicere et facere, quae ad concordiam pertinerent: sed mirus invaserat furor non solum improbis, sed etiam his, qui boni habentur, ut pugnare cuperent, me clamante, nihil esse bello civili miserius, ad div. 16, 12. 2.

4) vgl. or. 1, 1. 2-5, wo §. 1 otium cum dignitate stebt, was hier heisst *honestum — rebus*, honoribus, wie auch sonst häufig, da dies so allgemeine Wort immer erst durch den Zusammenhang bestimmt werden muss; was also cod. Gud. noch nach *ampl.* hinzusetzt, *honoribus*, ist eine erklärende Glosse.

canescit oratio, die Rede, Sprache wird weiss-
lich, graulich, wie unser greisendes Haar,
mithin sanfter, schwächer, wie Quintil. 11,
1. 31 es auch erklärt: eloquentiae genus alios
aliud decet. Nam neque tam plenum et erectum, et audax et petulcum senibus convenit,
quam pressum et mite, et limatum, et quale
intelligi vult Cicero, cum dicit orationem
suam coepisse canescere. Cicero selbst war
beim Anfange jenes Krieges 57 J. alt.

illi ipsi] Pompeius und Caesar, die beiden ersten Helden ihrer Zeit und die Anführer in diesem Kriege, deren Grösse im Kriege Cic. selbst
uns rednerisch in seiner Manilischen Rede geschildert hat, c. 11-12 und in der Rede für
den Marcell c. 2.

Kap. 3.

inter se coniuncti] besonders nach Cäsars Ermordung, sagt Cornel. in Att. 8, 1 sic M.
Bruto usus est Atticus, ut nullo ille adolescens
aequali familiarius, quam hoc sene uteretur, neque solum eum principem consilii haberet,
sed etiam in convictu. Von Cicero's Vertrau-
lichkeit mit beiden habe ich in d. Einl. gesprochen

chen; auch zeigen sie hinlänglich Cic. Briefe
an beide und Cornels Leben des letztern.

aura considit, wie fluctus considunt, nach der
Metapher c. 2, 4 in portum confugere, vgl.
c. 24, 5.

3) *audire velis*] die du zu hören wünschtest, eine
dir erfreuliche Nachricht.   Daher §. 4 non
venimus, ut te afficeremus ulla molestia. Denn
was sich jetzt vom Staate und von Staatssachen
sagen lässt, ist ein von Bürgern über Bürger
erfochtener Sieg.

5) *vestris — revocavi*] denn, sagt er in der Zuschrift der Tusculanischen Unters. an seinen
Brutus c. 1 : retuli me, Brute, te hortante maxime, ad ea studia (philosophiae), quae re-
tenta animo, remissa temporibus, longo intervallo intermissa revocavi.

6) die historische Erläuterung dieser Worte s.
in d. Einl. und vgl. besonders c. 96, 9, Von
dem Tode seiner Tochter Tullia lässt es sich
also nicht, wie Corradus will, erklären,
da jener Brief ins J. 706, dieser aber erst
ins J. 708 fällt.

7) *ex diut. pert. tot. valit.*] ex valitudine diu iam
perturbata. Denn zu dem Gram über die Lage des

Staats

Staats kam auch noch sein häuslicher, wie seine Briefe ad Att. 11, 9 ff. zeigen. Alles dies,
will er sagen, die traurige Lage des Staats,
die noch trübere Aussicht in die Zukunft, die
schlechte Wirthschaft meiner Frau, endlich
die traurige Lage meiner zärtlich geliebten
Tochter bei einer solchen Mutter und bei einem Manne, wie Dolabella, hatten mich so
niedergeschlagen gemacht, dass ich mich gar
nicht mehr sehen liess und das Tageslicht
hasste: daher vos revocastis me ad adspicien-
dam lucem.

8) *Cannensem calam.*] unter den Consuln Varro
und Paulus im J. 536. Liv. 22, 44, der auch
c. 4,9 15 sagt, quadraginta millia peditum,
duo millia septingenti equites, et tanta prope
civium sociorumque pars caesi dicuntur.

Marcelli ad Nolam proelio] worin nach Liv. 23,
16. 14 der Feind 2800, die Römer aber nur
500 verloren haben sollen. Es fiel in eben
dem Jahre vor.

nostrarum domesticarum, *communium*, reipublicae *casus*] daher sagt er ad div. 4, 14. 5: in redi-
tu (bei meiner Rückkehr aus dem Felde nach
der Pharsalischen Schlacht im J. 705) nihilo
me-

meliores res domesticas, quam rempublicam offenderam.

nihil quod vellem, wie §. 3 nichts erwünschtes, erfreuliches.

allevare, wie vorher *erigere*, weil das Unglück schwer, *drückend* (casus gravissimi) ist.

9) *id efficere* kann füglich wegbleiben, wie schon Guilielm. meinte.

12) „konnte mir einer ein Kompliment machen, das mehr meinen Dank verdiente, mehr für meine jetzige Lage passte, als wenn mir jener ein Buch züeignete, wodurch etc.“ Das Buch selbst führt auch Cornel. in Att. 18 an: antiquitatem adeo diligenter habuit Atticus cognitam, ut eam totam in eo volumine exposuerit, quo magistratus ordinavit. Nulla enim lex, neque pax, neque bellum; neque res illustris est populi Romani, quae non in eo suo tempore sit notata: et quod difficillimum fuit, sic familiarum originem subtexuit, ut ex eo virorum clarorum propagines possimus cognoscere. M. s. auch unten c. 5, 6 c. 10, 9. 11, 5. 19, 1. Eben deswegen fragte Cic. bei aufstossenden Schwierigkeiten in der

Ge-

Geschichte bei ihm nach. M. s. z. B. ad Att.
12, 5, hier bei c. 23, 2.

K a p. 4.

2) *utilitatem attulit*] dies letzte Zeitwort habe
ich aus cod, Gud. aufgenommen. Denn es ist
hart, sich aus dem vorherg. hier *habuit* zu
ergänz en.

illud Hesiodium] in dessen Tageswerken v. 349:

Miss dem Nachbar, von dem du geborgt, mit dem
nämlichen Maasse

Wieder zurück, und, wenn du es kannst, so miss ihm
noch besser —

wie es Wieland übersetzt.

3) *remetiar*] diese Verbesserung des Lambin
und Rivius st. emetiar habe ich gleich aufgenommen, wie §. 2 remunerari. „An meinem
guten Willen fehlt mir es nicht; den messe
ich dir wenigstens zurück.‟

4) *ex novis fructibus*] von der eben erst einge-
brachten Ernte, auf die sie geborgt hatten. „Es
ist kein neues Product meines Geistes. Denn
dessen ganze Fruchtbarkeit oder treibende
Säfte sind unterdrückt, sind zurückgetre-
ten,

ten, et flos veteris ubertatis exustus siti exa-
ruit (denn dies ist die Construct. dieser Worte) mein sonst so fruchtbarer, und schöne Blü-
ten treibender Geist ist ganz vertrocknet.

ex conditis] int. libris, quos scriptos, sed nondum editos habeo. *Ern.*

ad quos paene solis nobis aditus patuit, quos prope nemini legendos dedimus. Illo, quo scripsit, tempore, ab istis libris aberat, ut ipse
eos legere aut aliis dare non posset. *Ern.*

5) „Ich besäe also hiermit ein bis jetzt ganz ver-
lassenes und unbebauetes Feld.

6) *neque exigam, nisi tuo commodo*] „doch werde
ich dich darum nicht mahnen. Trage mir es
ab, wenn dir es bequem und gefällig ist.

7) *expectanda*] das gewöhnlich vor diesem stehende *et* habe ich weggestrichen. Man wiederholte es hier nach Ern. Bemerkung aus
Versehen, weil es vorher hiess *et expectabo*.

incommodo tuo] *tuo* habe ich mit Lambin aus §. 6
dazugesetzt.

Kap. 5.

petitio] s. clav. Ern. in *petitio*,

2) *ausim*] st. *ausus sim* habe ich aus einer Pariser Hdsr. u. dem cod. Gud. aufgenommen, da hier das praesens stehn muss; wiewohl man jenes mit *dixerim* c. 50, 5, *confirmaverim* o. 6, 10 rechtfertigen kann.

3) *longo intervallo*] s. oben c. 3, 7.

6) *ut*, ex quo tempore, nämlich seit dem J. 698, in welchem er seine Bücher de republica, die Πολιτικα nach Platons Muster geschrieben hatte, ad Att. 4, 16. ad Q. fr. 2, 14. 3, 5. Ein bekanntes Bruchstück davon ist Scipio's Traum.

annalium] st. dessen lesen einige Hdsr. des Victorius und auch cod. Gud. *rerum naturalium*, welches mit Weglassung des letztern einen guten Sinn giebt: *ad veterum rerum memoriam*: dass man sagen könnte, es habe einer hier das allgemeine *rerum* sich aus c. 3, 13 durch *annalium* erklärt.

7) *potes* st. des unpassenden *possis* habe ich als Ern. Vorschlag aufgenommen; wenn man nicht lieber mit Schneider *ut possis opto* lesen will.

10) *vacuum*, otiosum c. 3, 1.

11) *potero*] als Vorschlag Ernestis st. *potuero* habe ich aufgenommen: denn dies fodert der Sinn.

Sinn. M. vgl. Ernestis Anm. bei ad div. 3, 2
not. 4. ep. 4 not. 8, or. 2, 20 not. 61. Att.
2, 15. not. 100. off. 3, 23. not. 16.

plane st. sane habe ich als eigene Vermuthung
aufgenommen; wie ad div. 7, 1. 16: propter
molestissimas occupationes meas; quibus si me
relaxaro (nam plane ut exsolvam, non postu-
lo), te ipsum docebo.

12) Deiotari] dieser König hatte es mit dem Pompeius gehalten; Brutus vertheidigte ihn deswegen beim Cäsar im J. 706 zu Nicea in Bithynien,
ad Att. 14, 1. 2. vgl. de bello Alex. 68, 3,
in einer hernach auch herausgegebenen Rede, welche Tacit. or. 21, 11 lentam ac tor-
pentem nennt. Cicero's Rede aber für eben
diesen König fällt erst ins J. 708. Die Erge-
benheit dieses Königs gegen das Röm. Volk,
und seinen Patriotismus rühmt er auch sonst
sehr warm, z. B. ad div. 15, 4. 9, wo er aus
der Provinz (s. oben bei c. 1, 1) an den Cato schreibt: vir cum benevolentia et fide erga
populum Rom. singulari, tum praesentis mag-
nitudine et animi et consilii. Und noch im
J. 710 sagt er Phil. 11, 13: eius benevolentia
in populum Rom. est ipsius aequalis aetati.
Vgl. auch ad div. 15, 2. 4. u. ep. 4, 15.

et copios.] cod. Gud. liest *atque* cop., welches
diese Superlative stärker verbindet.

Kap. 6.

iudiciorum vastitatem et fori] iudicia et forum
vastatum, oder, wie er oben c. 2, 1 sagte:
spoliatum atque orbatum.

2) Von den hier gerühmten Eigenschaften des
Brutus vgl. die Einleitung.

3) *in maximis causis*] von denen er selbst, z. B.
c. 5, 12 die Vertheidigung des Dejotarus und
c. 94, 4 die seines Schwiegervaters Appius
anführt.

tibi aetas nostra cederet] denn Cicero war 647
(c. 43, 12); Brutus 668 (c. 94, 4) geboren.

5) vgl. besonders Or. 1, 6, 2 und 3, 6, 6.

6) wirkliche Beredtsamkeit studiren, heisst
Philosophie studiren; und diese, oder dieje-
nigen Kenntnisse, die sie uns gewährt, kann
selbst ein Feldherr nicht wohl entbehren.

7) *cetera — pulch.*] d. i. Ehrenstellen, Komman-
do's in den Provinzen, da errungene Siege
und erworbene Triumphe.

9) *laudare eloquentiam*] dies thut er z. B. Or.
1, 8; Off. 2, 19, 7 — 9.

10)

10) Wegen der Sache vgl. man Or. 1, 2, 3.

difficillimam] dies zeigt er weitläufiger Or. 1, 4, 9 — c. 6, 2.

quinque rebus] diese sind bei Or. 1, 31, 7 angeführt.

11) hae igitur quinque artes maximae concurrentes quam graves sint quamque difficiles, ex illo existimari potest.

habeat st. habeant habe ich nach Ern. Rath aufgenommen; denn es hängt von *concursus* ab, und kann nicht auf *artes*, welches blos im Genitiv steht, bezogen werden.

Kap. 7.

Vgl. über Griechenland Or. 1, 3 — c. 4, 1 und über Athen (§. 2) Or. 1, 4, 1 wo es heisst Athenae: omnium doctrinarum inventrices, in quibus summa dicendi vis et inventa est et perfecta.

dicendi vis atque copia] facultas graviter atque copiose dicendi, eloquentia.

2) *Athenae tuae*] denn diese Stadt, in welcher sich Pomponius vom J. 666 bis 688 nach Cornel. in Att. 2, 2 aufgehalten hatte, hatte ihm

B 3

den

den Beinamen Atticus erworben. Daher seis
Freund sagt: te non cognomen solum Athenis deportasse, sed humanitatem et pruden-
tiam, intelligo, *Caton.* 1, 2.

monumentis et literis] monumentis literarum, in
schriftlichen Denkmälern.

3) *Periclem*] welcher im J. R. 326 starb. Die
Stellen von seiner hinreissenden und doch ge-
fälligen Beredtsamkeit s. im Ind. Wenn Cic. diesem Redner in seinen Schriften ornatum aliquem beilegt, so sagt Quintil. 3, 1. 12: equidem non reperio quidquam tanta eloquentiae
fama dignum: ideoque minus miror, esse, qui
nihil ab eo scriptum putent, haec autem, quae
feruntur, ab aliis esse composita.

Thucydides ward geb. im J. R. 283, nach Dod-
well, welcher ihn in seinem 80sten Jahre
sterben lässt; er starb 363: seine Griechische
Geschichte führte er bis aufs Jahr 344: Ueber
die Schreibart dirses Geschichtschreibers vgl.
Or. 2, 13, 4 und c. 22, 8, wo er sagt: Pericles,
Alc. Thuc. subtiles, acuti, breves, sententiis
magis quam verbis abundantes: und hier §. 7
und c. 17, 4; 83, 4.

Athe-

Athenis iam adultis] denn Cecrops kam mit einer Egyptischen Kolonie ungefähr 1230 Jahre vor Perikles Tode nach Attika.

4) *multis annis ante hos*] denn er starb im J. R. 227, also 100 Jahre vor Perikles. Wegen der Sache vgl. Or. 3, 34. 3.

paulo seniorem Solonem] denn dieser starb 196, in seinem 80sten Jahre, nach Laert. 1, 62, oder in seinem 100sten Jahre, nach Lucian, Long. 18. Von seiner Beredtsamkeit übrigens führt Plutarch unter andern den Umstand an, dass er dadurch die Athener vermocht habe, Salamis wieder zu erobern.

Clisthenem] welcher, nach Isokrates (Areop. p. 338 ed Wolf minor.) τας τυραννης εκβαλων και τον δημον καταγαγων παλιν εξ αρχης κατιστειν την δημοκρατιαν. Er vertrieb nämlich den Tyrannen Hippias und machte mehrere neue Einrichtungen in Athen, unter andern die, dass die Namen der Stämme geändert und vermehrt wurden. M. s. Herodot. 5, 66 und 69, und Heyne in der Guthryschen Geschichte Th. 2, S. 541.

ut temporibus illis] nach der damaligen Zeit; wie c. 10, 2.

5) *Atticis*] die andere Lesart *Attici* ist falsch;
sie würde sich auf c. 3, 13 beziehen. Allein
in jenem Werke hatte ja Atticus blos die Römische, nicht auch die Athenische Geschichte abgehandelt.

post aliquot annis] denn er starb 288. Vgl. c.
11, 1. Von seinen hier gerühmten Eigenschaften vgl. die Stellen im Ind.

post Pericles] denn er starb 38 Jahr nach dem
Themistokles.   S. bei §. 3.

omni genere virtutis] denn doctrina, consilio,
eloquentia excelluit. Or. 3, 33, 7.

6) *Cleonem*] welchen Aristophanes in mehrern
Stellen seiner Lustspiele, besonders in seinen
Wolken, Fröschen, Wespen und Acharnern,
auch als einen unruhigen Volksverführer, wie
hier Cicero, aufführt.

7) Ueber den Charakter der Beredtsamkeit dieser Männer vgl. die bei §. 3 angeführten Stellen, und vom Critias und Alcibiades, die sich
in der Schule des Sokrates als Redner bilde-
ten, Or. 3, 34, 8. *Alcibiades* selbst starb 351,
in seinem 40 Jahre, nach Cornel. 10, 6, *Critias*, einer von den berüchtigten 30 Tyrannen,
welchen Xenophon (Mem. 1, 2, 12) den hab-
such-

süchtigsten und gewaltthätigsten Unterdrük-
ker nennt, blieb in eben dem Jahre in der
Schlacht gegen den Thrasybul. Cornel. in
Thrasyb. 2, 7 u. Justin 6, 9, 15. *Theramenes*
war auch einer von den 3o Tyrannen (Xen.
Hist. graec. 2, 3, 2), aber der einzige gute,
den deswegen seine Kollegen selbst hinrich-
teten. Justin. 5, 9. Cic. Tusc. 1, 39.

K a p. 8.

facta] s. bei or. 3, 48. 3.

Gorgias] ein Schüler des Tisias, 12, 4. und des
Empedocles, Laert. 8, 58. ein Lehrer des Iso-
krates Caton. 5, 2. or. 52.   Man vgl. die im
Ind. angeführten Stellen. Nach Diodor 12, 53
kam er zuerst als Gesandter aus Sicilien nach
Athen ol. 88, 2, d. i. im J. R. 328.

Thrasymachus] der, wie die andern Sophisten,
mit der Philosophie Beredtsamkeit verband,
or. 3, 16. 1; und c. 32, 5, nach Suidas, mehrere Erfindungen in der Rhetorik machte, besonders den Periodenbau, (vgl. Cic. or. 13
und hier bei §. 7,) und nach Plato vorzüglich
die Kunst zu rühren oder Leidenschaften zu
erregen lehrte, was unter den Römern Galba
zuerst that c. 21, 6.

B 5   *Pro-*

Protagoras, welcher, nach Plato, vgl. Xen. symp. 1, 5, von dem man ein Gespräch seines Namens hat, zuerst um Lohn lehrte, (vgl. unten bei 12, 5 und or. 3, 32. 5,) war ein Schüler Demokrits, Gell. 5, 3 und zweifelte an dem Daseyn der Götter. nat. deor. 1, 23.

Prodicus] welchen man aus der schönen Erzählung: Herkules am Scheidewege, beim Xen. mem. 2, 1. 21. kennt.

Ceus] s. bei or. 3, 32. 5.

Hippias] von dem er or. 3, 32. 3 eine auffallende Pralerei erzählt.

docere quemadmodum c. inf. d. f. s. posset, d. i. wie er c. 12, 6 spricht, rem augere laudando, vituperando affligere, oder τω ἧττω λογω κρειττω ποιειν. wie Aristoph. dem Sokrates, den er zum Sophisten macht, vorwirft in s. Wolken Vs. 112. Aristoteles nennt dies rhet. 2, 24 το Πρωταγορος επαγγελμα; Isokrates endlich, des Gorgias Schüler macht es zum Erforderniss eines Redners. paneg. c. 1 p. 6 ed. Mor. τα τε μεγαλα ταπεινα ποιησαι και τοις μικροις μεγεθος περιθειναι.

2) Wegen der Sache vgl. or. 2, 67. 3, 3. 16. 1 — 3, und hier c. 85, 3; und von seinen Schü-
lern

lera 3, 16. 6 — c. 17. 1 — 4, von deren verschiedenen Meinungen er dort, wie Tusc. 5, 4
spricht: multiplex Sokratis ratio disputandi,
rerumque varietas et ingenii magnitudo, Platonis memoria et literis consecrata, plura genera effecit dissentientium philosophorum.
Und wenn er ihm selbst subtilitas disputandi
und uberrimi sermones beilegt; so lässt er
dies den Crassus 3, 16. 3 noch rednerischer
sagen: cum prudentia et acumine et venustate et subtilitate, tum vero eloquentia, varieta-
te, copia, quam se cunque in partem dedisset, omnium facile princeps.

verbis, welches keinem Herausgeber aufgefallen ist, aber neben disputandi subtilitate müs-
sig und lästig ist, habe ich eingeklammert.

3) *de natura*] nämlich rerum, d. i Physik, Na-
turkunde. S. bei or. 1, 3. 1. diese war *anti-
quior*; denn ab antiqua philosophia (Thaletis)
usque ad Socratem, qui Archelaum Anaxagorae discipulum audierat, numeri motusque
tractabantur, et unde omnia orirentur, quo-
ve recederent.

haec, in qua — disputatur] Moral. Warum er
aber jene fahren liess und diese ganz vorzüglich

lich trieb, und Alles, auch alle nützliche für das
gesellschaftliche Leben zu erwerbende Kentnis-
se darauf zurückführte, s. beim Xenoph. mem.
1, 1. 11. 1, 2. 64. 4, 7. 6. Bildlich druckt
Cic. Tusc. 5, 4 dies so aus: *Sokrates war der erste,*
der die Philosophie vom Himmel wegrief (mit
dem und mit dessen Sternen sie sich bisher be-
schäftigt hatte — res coelestes oder divinae),
sie in die Städte versetzte, auch in die Häuser
einführte, (er bildete durch sie gute Staatsbür-
ger und Hausväter, oder, wie sein liebens-
würdiger Schüler mem. 1, 2. 64 sich ausdruckt,
flösste seinen Gesellschaftern Liebe zu der
schönsten und erhabensten Tugend ein, welche sie zu guten Staatsbürgern und Hausvä-
tern machte) *und sie Leben, Charakter, Gutes*
und Böses untersuchen liess. Vgl. bei or. 1, 10. 6.

5) *senibus illis*] denn nach or. 52 audivit in Thes-
salia adolescens senem iam Gorgiam. Jener
war im J. R. 319 geboren, und 328 kam Gorgias nach Athen. §. 1; ihn überlebte aber
Isokrates lange, da er erst 417, in seinem
92sten J. (Cic. Caton. 5, 2) starb. So sehr er
übrigens hier und in vielen andern Stellen
(s. mehrere im Ind.) seinen Isokrates lobt, so
sehr verliert dieser Stubenredner, wenn man

                                        ihn

ihn, ganz wie er ist, aufs forum bringt. Welchen Eindruck kann z. B. eine Lobrede machen, in deren Eingang ich selbst sage, ein
Redner muss dass Grosse erniedrigen und das
Kleine vergrössern können? Und das thut jener
in den bei §.11 angeführten Worten, welche deswegen Longin. 38, 3 mit Recht verwirft und für
eine fehlerhafte Uebertreibung erklärt, die
den Eindruck, den der Redner machen wolle, vorher schwäche.

forensi luce caruit] trat nie auf dem forum, nie
als öffentlicher Redner auf, in causis foren-
sibus non versatus est, wie er c. 9, 1 von Lysias sagt. Daher kam es, dass er, so sich
selbst überlassen und öfters viele Jahre lang
über eine Rede brütend, nach allen rednerischen Schönheiten gierig haschte, wie Quintil.
10, 1. 79 sagt; er ist sagt er, in compositione
adeo diligens, ut cura eius reprehendatur.
Warum er aber nie öffentlich auftrat, davon
s. den Grund in den bei or. 2, 3. 2 angeführten Stellen. Desto berühmter wurde er durch
seine Schüler. S. im Ind.

postea] ist die alte richtige Lesart, welche Lip-
sius var. lect. 3, 14 durch sein sonderbares
poëta verdrängt hat. Ihm folgte Gruter und
still-

stillschweigend Ernesti.   Aber warum einen
Rhetor mit einem Dichter vergleichen?

6) *etiam in soluta* — *servari*] Weitläufiger erklärt er sich hierüber or 13, und 51 und c. 52,
wo er sagt, verbis solutis numeros primus adiunxit Isocrates.   Vgl. auch, was er den Crassus darüber sagen lässt or. 3, 43 — 5o. besonders c. 44, 7. Isocrates selbst (in orat. ad Phil.
p. 260 ed min. Wolf.) nennt dies ταις περι την
λεξιν ευρυθμιαις και ποικιλιαις κοσμειν τον λογον, was
er selbst in seiner Jugend gethan und andern
gezeigt habe, δι ων τυς λογυς ηδιυς θ' αμα και
πιστοτερης ποιειν.   Vgl. Cic. or. 56 und 61 und
de or. 3, 14. 6.

dum versum effugeres] in den angeführten Stellen findet man dies erklärt und mit Beispielen
erläutert.   Gleichwohl hat Cicero selbst nicht
überall sich hierin beobachtet, weil man wirkliche Verse bei ihm findet, ganze und halbe,
als: *Teucris promissa patravit* Att 1, 14; *scire
necesse est; domus te tota salutat; spectare videntur.* Ausser diesen von Corradus angeführten Stellen zeigen es auch noch diese, z.
B. Arch. 1: *in qua me non inficior mediocriter
esse;* eben so der Anfang der Jahrbücher des Ta-
ci-

citus : *urbem Romam a principio reges habuere,* und Livius im Anfange seiner Geschichte, welches schon Quintil. 9, 1 i. 74 bemerkt hat, *facturusne operae pretium sim.* Ja, Cic. hat sogar Verse or. 3, 5. 9, in einem Buche, wo er Regeln dagegen giebt: complexi plus multo etiam vitiose videntur, quam quantum nostrorum ingeniorum acies, so wie ad div. 16, 14. 13: nunc opus est, te animo valere, ut corpore possis. Beim Isokrates konnte dies viel weniger fehlen: daher wir auch finden, dass Hieronymus, ein Peripatetiker, dergleichen Verse geflissentlich in dem Isokrates aufgesucht und gerügt hatte. Cic. or. 56.

7) *ante hunc — nulla erat*] zwar *Thrasymachus* et *Gorgias* (§. 1) primi traduntur arte quadam verba vinxisse, or. 13. und princeps inveniendi fuit *Thrasymachus,* cuius omnia nimis etiam exstant scripta numerose, or. 52. und paria paribus adiuncta et similiter definita, itemque contrariis relata contraria, quae sua sponte cadunt plerumque numerose, *Gorgias* primus invenit, or. 52: Isokrates aber, des letztern Schüler, moderatione eos, non inventione vicit. or. 52 und or. 3, 44. 4.

de:

dedita opera, als schon in *quaesitam* liegend, wünscht Schneider weg, und nach eben dessen Rath habe ich die alte gewöhnliche Lesart : *natura magis, tum casu nonnunquam* st. natura magis tum casumque, wieder aufgenommen. Denn was soll *tum* nach jener Abtheilung als Zeitwörtchen sagen? In dieser Abtheilung aber giebt es einen zweiten Fall an: die Natur selbst bildet öfters schon einen numerus; oft auch thut dies ein Zufall. Es war also nicht Befolgung eines Systems, nicht künstliche Befolgung der Regeln, ratio aliqua aut observatio, vgl. or. 1, 4. 3, und off. I. 11. 11: summa erat observatio in bello movendo.

9) *spiritu, necess. aliqua*] s. or. 1, 61. 7 und die daselbst angeführten Stellen.

defici, wie ad div. 7, 1. 6: *vox Aesopum* (histrionem) *defecit*, und Verr. 1, 31 *latera et vox me deficiunt*; also stecken bleiben, so wie *laborare*, Noth, Aengstlichkeit in der Stimme zeigen, wie nat. deor. 2, 60: digitorum contractio *facilis* facilisque porrectio nullo in muto laborat, hat nicht zu kämpfen, geschieht sehr leicht.

Kap.

Kap. 9.

Tum fuit Lysias] damals, als Isokrates lebte, c.8,5,
lebte auch Lysias, welcher geb. war im J. R.
296, und 376 starb.   Ueber den rednerischen
Charakter dieses Mannes vgl. die im Ind. gesammelten Stellen.   Er ist, wie er hier sagt,
elegans, egregie subtilis scriptor, vgl. or. 2, 7,
8, acutus, vgl. hier c. 16, 7, d. i. er denkt fein,
wählt logisch - richtig jedesmal den passenden
Ausdruck, wählt ihn mit einem richtigen Gefühl, und ist so scriptor venustissimus ac politissimus, or. 9. quo nihil est pictius, hier c 85, 6,
der daher nihil habet insolens aut ineptum
or. 9, kein ungewöhnliches, veraltetes Wort
gebraucht, jedesmal den passenden Ausdruck
wählt, auch facetus ist, vgl. hier c. 16, 7: aber
kurz, ehds., und so tenuis atque inornatus,
or. 9, gracilis, c. 16, 8 und Quintil. 12, 10. 25,
und nach Favorin beim Gell. 2, 5 pressus adeo
et brevis, ut nihil in eo sit otiosum.   So heisst
er orator disertissimus, or. 1, 54. 2, prope perfectus orator hier: aber bei diesen rühmlichen Eigenschaften fehlt ihm das Wesentliche
des Redners, welches auch dem Isokrates
abgeht, das Feurige, das Rührende.   Daher

Quintil. 10, 1. 78 sagen kann: subtilis atque elegans, et quo nihil, si oratori satis sit
docere, quaeras perfectius.   Nihil enim est
inane, nibil arcessitum; puro tamen fonti,
quam magno flumini propior; und 9, 4. 17:
illud in Lysia dicendi genus textum, tenue atque rarum — maxima in eo gratia est sim-
plicis atque inaffectati coloris.

2) *nihil admodum*] nihil admodum, wie 58, 1
vgl. mit c. 59, 1. Demosthenes also ist ein
vollkommner Redner, dem nichts fehlt. Denn
er besitzt eben das, was Lysias hat, er ist
orator acutissimus, maxime subdolus, versu-
tissimus, perspicacissimus, subtilissimus, maxime pressus, enucleatus, limatus; dabei aber
auch zugleich grandis, incitatus, ornatus, verbis sententiisque gravis et elatus.   Er spricht
also, wie ein vollkommner Redner sprechen
muss, off. 1, 1.4. apte, distincte atque ornate.
Daher kann Quintil. 10. 1. 76 sagen: oratorum longe princeps Demosthenes ac paene
lex orandi fuit.

3) *presse*] nec quod desit in eo, nec quod re-
dundet, inveneris, was Quintil. 10, 1, 76 von
ihm rühmt. *possit* in praes. kann stehen bleiben,

ben, in so fern man den Schrifsteller in der
Hand beurtheilt; sonst müsste es freilich wegen des vorherg. *potuit* — posset heissen.

4) *Hyperides*, der im J. 431, in dem nämlichen,
worin Demothenes, umkam. Quintil. 10,
1. 77 beurtheilt ihn so: dulcis inprimis et acutus, sed minoribus causis, ut non dixerim,
utilior, magis par.

Aeschines. s. or. 3, 56. vgl. die Stellen im Ind.,
und Quintil. 10, 1. 77, der ihn so mit seinem
Gegner vergleicht: plenior (Demosthene) Aeschines, et magis fusus et grandiori similis,
quo minus strictus est: carnis tamen plus habet, lacertorum minus.

Lycurgus] ein Freund des Dem., selbst streng im
Leben und daher auch ein scharfer Richter
anderer: weswegen er 34, 9 etwas lieblos von
ihm sagt: accusationem factitavit, und ihn
mit dem nichtswürdigen Brutus vergleicht.

Dinarchus, geb. 394, starb nach dem J. 460, und
machte sich als Redner erst nach des Demosthenes Tode bekannt.

Demades wurde ermordet auf Antipaters Befehl
im J. 434.

5) vgl. sowohl der Sache als des Ausdrucks
wegen Or. 2, 22. 10.

ad hanc aetatem oratorum, oder ad hos huius
aetatis oratores, alsdann ist *in qua* s. v. a.
in quibus (oratoribus): und so, denk ich,
lässt sich *oratorum* retten, welches Schneider
in *orationis* zu verändern wünscht, weil sanguis, succus und nitor nicht von aetas gesagt
werden könne, sondern von orator, und, übergetragen, auch von oratio.

6) *senibus adolescens*] denn er starb erst im J.
470, also 39 J. nach dem Demosthenes. Was
unser Cicero hier v. Ph. sagt: *non tum armis — palaestrae*, oder non erat ita institutus
(so beschaffen, gebildet, so tüchtig), ut dicere posset in foro, quam potius in schola;
dicendi magis esset magister, quam orator;
das sagt Quintil. 10, 1. 79 v. Isokrates (c. 8, 6):
palaestrae quam pugnae magis accommoda-
tus — auditoriis se, non iudiciis compararat.
Man sehe wegen dieser Vergleichung Or. 1, 18.
4; sie geht fort in den Worten §. 7. *in solem
te pulverem*, d. i. in forum et forensem strepi-
tum, *ex umbraculis*, umbra, schola. Seinen
hier §. 6 — 8 geschilderten Charakter giebt er
off.

off. 1, 1. 6 kurz so an: disputator subtilis,
orator parum vehemens, dulcis tamen, ut
Theophrasti discipulum possis agnoscere. Jener ersten Eigenschaft wegen nennt er ihn
or. 2, 23. 4 politissimus, vgl. §. 1 bei Lysias;
und or. 27 sagt er von ihm: in eo genere, in
quo nervorum vel minimum (vorher parum
vehemens), suavitatis autem est vel plurimum — cui omnia dicendi ornamenta conve-
niunt, et in quo plurimum est suavitatis —
Demetrius Phalereus meo iudicio praestitit
omnibus: cuius oratio cum sedate placideque
loquitur, tum illustrant eam quasi stellae quaedam, translata verba atque immutata. Vgl.
hier 82, 9 — 10, so wie von der Schreibart
seines Lehrers c. 31, 12 u. den Ind.

8) *perstringeret*] diese Lesart des cod. Gud. habe ich gleich aufgenommen; sie hat auch Schneiders Beifall, welcher damit sehr passend c. 94, 2
vergleicht: consulatus meus Hortensium leviter perstrinxerat. Die gewöhnliche Lesart
perfringeret ist zu gewaltsam für suavitas.

tantum ut] *et*, welches gewöhnlich vor tantum
steht, hat Ern. weggestrichen. Es passt nicht,
und ist blos durch Versehen aus der letzten Silbe des vorherg. Wortes wiederholt.

C 3   *Eu-*

Eupolis] ein Dichter der alten Komödie. (Horat.
serm. 1, 4. 1) Folgendes sind die von dem Scho-
liasten des Aristophanes bei dessen Acharnern
V. 539 aufbehaltenen Verse eines Stücks, welches er δημοι betitelt hatte:

ταχυς λεγειν μεν, προς δε γ' αυτο τῳ ταχει
Πειθω τις επικαθισει επι τοις χειλεσω.
ούτως εκηλει και μονος των ρητορων
το κεντρον εγκατελιπε τοις ακρεωμασικι.

Kap. 10.

igitur] bezieht sich auf c. 7, 2.

in ea] *ut*, welches vor *in* stand, aber, wie c.
9, 8 *et*, aus der vorherg. Silbe aus Versehen
wiederholt war, hat Ern. weggestrichen. Andere, die dies stehn liessen, strichen dafür
das folg. *quam* weg.

2) diese sind (vgl. bei 7, 4) nach dem Alter
des R. V. freilich alt, (denn der eine, wie
wir bei c. 7, 4 gesehn haben, starb 196, der
andere 227, also 510 und 479 J. vor diesem
Gespräch) aber nach den Jahrhunderten, welche die Athener zählen, sind sie jung. (denn,
wie schon bei c. 7, 3 und 4 angemerkt ist,
Solon starb ungefähr 1100 J. nach Cekrops.)

3)

3) *Servio Tullio regnante*] v. J. R. 175 — 219.

4) *alterum vim habere voluit*, Vlyssi vim s. gra-
vitatem dicendi tribuit, Nestori suavitatem.
Jenes z. B. Il. 2, 190 ff. und besonders 3,
221 — 23; dieses Il. 1, 249, wo er von Nestor sagt: von seiner Zunge floss süsser als
Honig die Rede.

neque ipse poëta hic tam idem st. neque hic idem
ipse poeta tam, wie or. 2, 61. 10. *quo non ex
eodem* st. quo ex eodem non. Von der Beredtsamkeit des Dichters s. man das beredte
Urtheil des Quintil. 10, 1. 46 — 50.

5) *cuius incerta tempora*] Nach Cic. selbst, Tusc.
5, 3 lebte er schon zu Lykurgs Zeiten. Wenigstens, setzt er hier hinzu, kann er nicht nach ihm
gelebt haben; weil nämlich dieser Spartische
Gesetzgeber die Gedichte jenes aus Jonien nach
Sparta gebracht haben soll. Aelian. V: H. 13, 14.
Dieser aber starb ungefähr 90 J: vor Rom, in
seinem 86sten Lebensjahre. Gerade in diese
Zeit setzt ihn auch Herodot (2, 53), wenn er
sagt, er habe 400 J. vor ihm gelebt, (d. i. ungefähr 90 J: vor der Röm. Aere) da er nach seinem
44sten Lebensjahre rechnet, welches ins J.
R. 314 fällt. Eher wenigstens kann man ihn

früher als später setzen, z. B. mit Barthelemy
im Anachars. 1 p. 88, 150 J. vor Roms Erb.
oder mit Vell. Paterc. (1, 5. 3) an 220 J. vor
derselben, wenn er ihn an 1000 J. vor dem J.,
worin er schrieb, d. i. vor 782 geboren werden lässt.

superiorem] so nennt er, denk ich, jenen Gesetzgeber in Rücksicht des Atheners Lycurgus c. 9, 8, an welchen hier seine Leser eher
denken konnten, als an einen zweiten Sparti-
schen Lykurg zur Zeit des Aetolischen Bun-
des, an welchen Corradus denkt.

7) *proximo seculo*] denn, wie schon oben c. 7,
4 und 5 bemerkt ist, jener starb 227, dieser
288 nach R. Erb.

8) *regnante iam Graecia*] durch den Marathoni-
schen, von Miltiades 265, und den Salamini-
schen, von Themistokles 275 erfochtenen, Sieg:
244 aber vertrieb Brutus den Tarquin; 266
führte der 263 (Liv. 2, 35) verjagte Coriolan
die Volsker gegen Rom an, Liv. 2, 39; so
wie Themistocles nach jenem Siege von Athen
nach Argos ging, Cornel in vit. c. 8.

apud te] c. 3, 12.

Kap.

K a p.   11.

Clitarchus hatte als Geschichtschreiber den Alexander auf seinen Persischen Feldzügen begleitet: Cic. spricht auch sonst nicht sehr rühmlich
von ihm, z. B. leg. 1, 2 vgl. ad div. 2,10.5. Denn,
sagt Quintil. 10, 1, 75, ingenium eius probatur,
fides infamatur.

Stratocles] von dem die Stellen der Alten Ruhnken beim Lup. p. 32 gesammelt hat. Ein anderer
jüngerer kommt beim Strabo 13. pag. 319 vor;
dieser hatte im Mithridatischen Kriege für seine Vaterstadt Adramytteum gesprochen.

2) *paulo aetate posterior*] denn jener starb 288,
dieser wurde geboren 283. c. 7, 3 u. 5.

scripsit] 1, 138: „er starb an einer Krankheit;
nach andern soll er durch genommenes Gift sein
Leben geendigt haben." So führt auch Liv.
2, 40. 10 zwei Sagen von Coriolans Tode an.

isti aiunt] aber nicht blos jene: die Sage selbst
war älter. Schon Aristophanes sagt in seinen
Rittern: βιλτιστοι ἡμιν αἱμα ταυρειον· ὁ Θεμιστο-
κλεους γαρ θανατος αἱρετωτερος.

5) *religios.*] einen so gewissenhaften Mann, der
nicht wagt, etwas falsches zu erzählen, so wenig

wie die Wahrheit zu verschweigen, Or. 2,
15. 2.

6) *ante dixi*] c 7, 3. 9, 8. zur Erläuterung dieser Stelle, so wie der andern, Or. 3, 34. 6
sagt er Or. 4 von ihm: in Phaedro Platonis
(p. 269. ex edit. Steph.) hoc Periclem praesti-
tisse ceteris dicit oratoribus Socrates, quod is
Anaxagorae physici fuerit auditor: a quo cen-
set, eum, cum alia praeclara quaedam et mag-
nifica didicisset, uberem et foecundum fuisse,
gnarumque, quod est eloquentiae maximum, quibus orationis modis quaeque animorum partes
pellerentur.

Die reconditae abstrusaeque res sind Physik, womit sich die Jonische Schule beschäf-
tigte. c. 8, 3.

7) «seinen angenehmen Vortrag hörte Athen gern.
Denn wiewohl er selbst nicht heiter, sondern
ernsthaft und gesetzt war, da er summam
auctoritatem consecutus est sine ulla hilaritate (off. 1, 30. 10); cum contra voluntatem
Atheniensium loqueretur pro salute patriae se-
verius, tamen id ipsum, quod ille contra po-
pulares homines dicebat, populare omnibus
et *iucundum* videbatur, or. 3, 34. 5.

vim

vim timuerunt] was Aristoph. Acharn. 529 so per-
siflirt:

εντευθεν οργη Περικλεης Ουλυμπιος
κττραπτω, εβροντα, ξυνεκυκα την Ελλαδα.

Kap. 12.

2) Beispiele und Belege zu diesen Sätzen geben
die Athener und Römer, als Bürger eines Frei-
staates, das Englische Parlament, die Natio-
nalversammlung und der Convent der Neu-
franken.

3) *alumna* nach eben der Metapher, welche 10,
1 und 7, 3. war.

4) *ait Aristoteles*] in illo libro, in quo exposuit
dicendi artes omnium supeiiorum, wie er or.
2, 38. 8 es anführt, vgl. mit seiner Rhetorik
2, 24. Noch deutlicher und rühmlicher für
jenen sagt er es Inv. 2, 2 so. veteres quidem
scriptores artis usque a principe illo atque inventore Tisia repetitos unum in locum condu-
xit Aristoteles, et nominatim cuiusque praecepta magna conquisita cura perspicue con-
scripsit atque enodata diligenter exposuit: ao
tantum inventoribus ipsis suavitate et brevitate dicendi praestitit, ut nemo illorum praecep-

ta

ta ex ipsorum libris cognoscat, sed omnes,
qui, quod illi praecipiant, velint intelligere,
ad hunc quasi ad quendam multo commodio·
rem explicatorem revertantur.

controversiis et iudiciis] jenes Wort habe ich nach
Schneiders Vorschlag und Aenderung dorthin
gesetzt, da es sonst mit *et* verbunden vor *natura* steht, und zwar *controversia* heisst, st. dessen ich aber lieber mit ihm den plur. gewählt
habe, welchen der Sinn verlangt. Diese Lesart übrigens haben die ältern Ausgaben, auch
cod. Gud.; die spätern erst haben das auch v.
Ern. beibehaltene controversa, welches nach
Ern. Anm. erklärt werden müsste — proclivis
ad controversias et lites. Allein theils heisst es
das nicht, theils soll es das auch hier nicht
heissen. Denn die Sikuler sind das nicht:
„gleichwohl entstehen wegen der von den Tyrannen ehemals eingezogenen und verkauften
Güter Streitigkeiten (controversiae), und so
kommt die Sache vor Gericht, wo die ehemaligen Besitzer oder ihre Erben ihre Güter
wiederfordern (res privatae iudiciis repetun-
tur), M. vgl. einen ähnlichen Fall off. 2, 23,
und wegen Corax und Tisias or. 1, 20. 3 und
3, 21. 8.

Je-

Jene Tyrannen sind Gelo, Hiero, Thrasy-
bulus seit Ol. 70, 3 bis 78, 3, d. i. v. 257-289
nach R. E. Diodor 11, 87 merkt bei Ol. 81, 3
(a. u. 301) an: Κορεξ επιτελαζιι δημαγωγωι πλη-
θος και συκοφαντωι, και λογου διιιοτης υπο των ποτε-
ρων ησκιιτο,

Von Protagoras und Gorgias s. bei 8, 1.

7) *Rhamnusium*] aus Rhamnus, einem Attischen
Canton.

quaedam hab. conscr.] dies sagt, wie Ern. bemerkt, nicht Thucydides: man muss es also
noch auf Aristoteles Erzählung ziehen, und
erst das folg. *quo neminem* v. jenem Geschichtschreiber verstehen, welcher 8, 68 bei Ol.
92, 1, d. i. 343 nach R. E. sagt:„ Dieser an
Tugend keinem nachstehende, eben so ein-
sichtsvolle als beredte Mann trat nicht vor
dem Volke auf, wenn er nicht musste, um
den Verdacht desselben gegen seine Macht
nicht noch zu vermehren; er unterstützte
aber ganz vorzüglich die Advocaten sowohl
als die Volksredner durch seinen Rath." Quintil. 3, 1. 11 sagt von ihm: et orationem primus omnium scripsit, et nihilominus artem
et ipse composuit, et pro se dixisse optime
est creditus.

8)

8) *Lysiam* (c. 9, 1) *primo solitum esse profiteri
artem dicendi* — Denn so muss man construi-
ren — d. i. primo professum esse rhetoricam,
professorem fuisse eloquentiae. Ernesti aber,
der nicht auf Geschichte, Sache und Zusammenhang sah, sondern auf Wörter, sagt in seiner
Clavis p. 199: Lysias primus professus est,
esse artem dicendi; worin er doppe!t fehlt;
einmal, dass er st. *primo'* (worauf *deinde* folgt)
primus setzt (die Sophisten hatten ja dies schon
vor ihm gethan c. 8, 1, und vor diesen die
beiden §. genannten); und dann, dass er
ganz falsch construirt.

Theodorus] aus Byzanz, welchen Plato in Phaedro p. 353 a) λογοδαιδαλος nennt, und Cic.
or. 13 praefractior nec satis rotundus.

9) *Isocratem artem neg.*] Plutarch sagt, wie Ernesti bemerkt, in dem Leben desselben S.
838, dass er, nach einigen, nicht methodisch,
sondern ascetisch verfahren sey; nach andern,
Regeln und schriftliche Anweisung zur Beredtsamkeit gegeben habe, τιχνας συγγεγραφεν
hier §. 9 transtulit se ad artes componendas.

scribere — uterentur] obgleich dies nach Ern.
Anm. Isokrates (περι αντιδ. und in panath.
p.

p. 551) ausdrücklich läugnet, so sind doch unter seinen Reden auch einige gerichtliche.

quia wünschte ich mit Ernesti weg, und in dem folgenden *quasi — circumv.* nehme ich mit ihm diesen Sinn an: quasi quid fecisset, per quod aliquis in iudicio circumveniretur; und man kann mit Corradus annehmen, dass er darin auf sein Römisches Gesetz anspiele, und deswegen *quasi* dazu setze, wie c. 16, 6.

in iudicium] dies sagt Isokrates nicht: daher will Ern. lieber *in invidiam*, worüber jener in mehrern Stellen klagt; und Plutarch sagt ausdrücklich, er sey nur zweimal vor Gericht gewesen, und das nicht περὶ δίκης, sondern ἀντιδόσεως.

Kap. 13.

fontes passt nicht zu *partus* (vgl. bei 12, 3): Ern. vermuthet daher sehr treffend *foetus* (4, 4); Schneider dagegen, dem dies Tautologie ist, will lieber *flores* nach 4, 4, so dass jenes ihre Geburt oder ihre erste Zeit, dies ihre Blüte bezeichne.

veteres — recentes] s. oben bei 10, 2 und 7, 1.

2) *memorabilis — rebus;* memorabiles res domi et belli.

3)

3) *propr. Athen.*] c. 7, 2.

4) *Epam. doct. hom.*] s. bei Or. 3, 34. 11: was
er hier blos vermuthet, das behauptet Cornel
c. 2, 2. c. 5 und 6 als gewiss.

6) *Menelaum*] der auch nicht einmal ein geborner Sparter war, sondern das Reich von Sparta durch die Helena erhalten hatte.

tradit — dicentem] Il. 3, 213 - 15: „Menelaus
sprach schnell, wenig nur, doch sehr laut:
denn er liebte nicht viele Worte; doch ver-
fehlte er nie." Diese Stelle commentirt auch
Quintil. 12, 10. 64, Gell. hat 12, 2 aus Cic.
fünftem Buche de rep. diese Worte aufbehalten: Menelao Laconi quaedam fuit suavilo-
quens iucunditas.

brevitas laudem non habet] denn es ist sehr
schwer, wie er 43, 2 bemerkt, zugleich brevis und dabei doch perornatus zu seyn. Daher
Or. 2, 84. 3: laudationes nostrae testimonii
brevitatem habent nudam atque inornatam.
S. auch bei 89, 1.

8) *salubritatem* ist Lambin mit Recht anstössig,
da das folg. *sanitatem* eben das ist, und dies
quasi vor sich hat, jenes nicht, wohin es doch
eigentlich gehörte. Ernesti vermuthet daher

subs

subtilitatem, wie 17, 5 *ea subtilitas, quam
Atticam appellant.* Dann könnte *et*, welches
er aus der Vened. Ausg. aufgenommen hat,
wegfallen: illam subtilitatem, quasi sanitatem,
so dass er jenen eigentlichen Ausdruck mit
diesem tropischen erklärte. M. sehe übrigens
wegen dieser Vergleichung der Beredtsamkeit
oder der Rede mit einem Körper die Stelle
9, 5, wo *succus et sanguis incorruptus* steht,
und or. 27, wo *nervi* steht. Eben so 9, 8.
oratio *mollis et tenera.* M. s. auch 16, 8. 17,
7. 82, 1. 2 u. 3. c. 20, 3. 63, 5. 55, 3. Or. 1,
13. 4.

9) *pressi, redundantes*] beides ist von einem Flusse
hergenommen, wie 91, 12. Von Pflanzen
hergenommen heisst es luxuriantes. Ueber die
Sache vgl. 95, 2 — 4; so wie über die Rho-
dischen Redner Or. 2, 1. 5.

12) *ex monumentis*] über deren Mangel, Dürf-
tigkeit in den ältern Zeiten er auch sonst klagt.
M. s. 15, 1 u. 6. 49, 2. 14, 7. c. 13 u. 20
u. 23. 6, 1. 8, 40.

Kap. 14.

nobil. vestrae principi] generis vestri nobilissimi
auctori, wie er auch Tusc. 4, 1. den Brutus

anredend, sagt: L. (Junius) Brutus, praecla-
rus auctor nobilitatis tuae. Indess ist dies hi-
storisch unrichtig, wie Ern. im Cl. ind. hist.
unter L. Brutus gezeigt hat.

de matre suavianda] diese Anekdote erzählt Liv.
1, 56.

summam — texerit] quum enim fratrem suum
ab avunculo (Tarquinio rege) interfectum au-
disset, neque in animo suo quidquam regi ti-
mendum, neque in fortuna concupiscendum
relinquere statuit, contemtuque tutus esse, ubi
in iure parum praesidii esset. Ergo ex industria factus ad imitationem stultitiae quum
se suaque praedae esse regi sineret, Bruti quoque haud abnuit cognomen, ut sub eius obten-
tu cognominis liberator ille populi Romani ani-
mus latens opperiretur tempora sua. *Liv.l.c.*

potent. — filium] L. Tarquinium Superbum, Pris-
ci Tarquinii, quinti Romanorum regis, filium.

Die *magistratus annui* sind die nun mit dem
J. 245 angehenden consules, welche alle Jahre wechselten, also nicht dominatum perpe-
tuum, wie die bisherigen Könige, hatten.

collegae] in consulatu, dem K. Tarquinius Colla-
tinus. Liv. 2, 2.

2)

2) *paucis annis post*] im J. R. 260 Liv. 2, 30. 4.
Von den ibın erwiesenen Ehrenbezeugungen
sagt Liv. nichts. Der Vorname ist M'. wie
Ern. im Cl. angemerkt hat, nicht M., wie er
hier aus Versehen hat stehn lassen, und was
auch in unserm Text ein Druckfehler ist.

3) *Potitum*] Cs. 306, Dion. Halic. 11, 54 und Liv.
3, 55. Sein College war M. Horatius, und
horum consulatus popularis sine ulla patrum
iniuria nec sine offensione fuit, wie Liv. a. a.
Orte sagt, der darauf auch die von ihnen gegebenen Gesetze anführt.

decemviralem invidiam] den Hass des Volks, welchen sich der Senat, aus dessen Mitte jene
stolzen, herrschsüchtigen, frechen Decemvirn
gewählt waren, durch dieselben zugezogen
hatte, in den J. 303. 4 u. 5. Liv. 3, 33 - 38.

4) *revocaverit*] in einer Rede, die man damals
noob hatte, wie man aus c. 16, 1 und Caton.
6, 2 sieht. M. s. das Ganze in Freinsh. suppl.
Liv. 13, 31 beim J. 473; in welchem Jahre
auch Fabricius (s. mehrere Stellen von ihm
im Ind.) als orator oder Gesandter zum Pyrrhus ging, Freinsh. a. a. Orte c. 14.

5) *Coruncanium*] s. bei or. 3, 33. 5.

trib. pl.] im J. 453. Liv. 10, 11, 10. Hernach
wurde er auch Consul in den J. 463. 478. 479.
M. s. Freinsh. suppl. Liv. 11, 19. 15, 27 u. 37.

de plebe consulem] · so haben Ern. und Lambin
aus mehrern Hdsr. und Ausg. das falsche consules geändert.   Denn es war aus dem dritten Stande nur *ein* Consul gewählt, den der
adelstolze Appius nicht gelten lassen wollte,
da man doch schon 389 den ersten gewählt
hatte. Liv. 6, 42. 9. Gell. 17, 21 24.   ⠂

nondum lata] es wurde erst 467 gegeben (s. Ern.
Cl. ind. leg.); jenes fiel 453 vor.

6) *Popillii*] welcher mit dem Cn. Manlius Ca-
pitolinus 396 Cs. war. Liv. 7, 12.

Carmentalis] der vergötterten Mutter Evanders,
Carmenta, Ovid. fast. 1, 461 -- 540.   ·

8) C. Quintius (oder Quinctius) Flaminius war
Volkstribun im J. 525. wie er Caton 4, 4. es selbst
angiebt. Als Consul zum 2ten Male blieb er in
jener Schlacht gegen den Hannibal im J. 535.
Liv. 21, 57. 22, 4-6. Beides ist gewiss, denn es
sind facta. Daher will Schneider st. *tulerit* und
sit mit Recht *tulit*, *est.*

9) *Maximus* ist Fabius, wie er auch sonst schlecht-
weg heisst, z. B. Or. 1, 48. 6; hier und unten c. 19, 7. daher Lambin nicht nöthig hatte,
                                                die-

diesen letztern Namen hier hinzu setzen. Die
Beredtsamkeit, und andere rühmliche Eigenschaften dieses Mannes lässt er durch den alten Cato, welcher ihn persönlich und genau
gekannt hatte, Caton. 4. schön schildern. Er
zeichnete sich in dem Punischen Kriege glän-
zend aus, und behauptete die Ehre der Römischen Waffen gegen ihren fürchterlichsten
Feind, den Hannibal, mit Klugheit und mit
Muth; er wurde auch fünfmal Consul, nämlich in den J. 520. 525. 537. 538. 543; und 549
starb er in einem sehr hohen Alter, da er augur
gewesen war. Liv. 30. 26. 7. Vgl. bei Or.
1, 48. 6.

Metellus consul] im J. 546. Liv. 28, 10. 8, da der
zweite Punische Krieg im J. 534 anfing, der
erst 551 geendigt wurde, Liv. 21, 6. 3 und
30, 44. 2.

Kap. 15.

exstet d. i. constet, wie Philipp. 9, 3 : ad poste-
ritatis memoriam pertinere arbitror *exstare*,
quod fuerit de hoc bello iudicium senatus.
Wo man dagegen *exstare* erwartet, Or. 2,
22, 8, sagt er: *constare:* antiquissimi sunt,
quorum quidem scripta constent. *Schneider.*
Doch will das letztere dort zugleich auch so-

D 3   viel

sagen als „deren *unbezweifelte* Schriften man noch hat.

Ennius] s. von diesem epischen und lyrischen Dichter die im Ind. angeführten Stellen.

2) *nono annali*] nono annalium libro, deren er, nach Gellius 17, 21 achtzehn geschrieben hat-te, und aus denen Cicero häufig Stellen anführt (S. d. Ind.); unter andern auch diese Verse des Dichters, die er auf sich selbst machte. Tusc. 1, 15:

Adspicite, o cives, senis Ennî Imaginis formam!
Hic vestrûm pinxit maxima facta patrûm.

3) *latrant*] vgl. Or. 3. 34, 6 und 2, 54, 9 und hier 49, 5.

vivebant atque aevum agitabant] eine lästige Tau-tologie, die sich der Dichter nicht hätte er-lauben sollen.

flos delibatus, d. i. flore eloquentiae exquisito ex-cellens, eximius, egregius; so nennt Theocrit die Argonauten — der Helden göttliche Blüte, θεῶν αὐτῶν ἡρώων, und Pindar einen Kämpfer — seines Vaterlands-Blüte.

5) *Suadam*] Quintil. 10, 1, 82 nennt sie persua-dendi deam; Cic. Or. 3, 34, 5 leporem; Hó-rat. Ep. 1, 6, 38 Suadelam.

quam

quam — — dixerit] quae dea, ut Eupolis canit, in Periclis labiis sessitavit; suadae, ut Ennius dicit, medulla Cethegus fuit. S. oben bei 9, 8.

6) *consul*] im J. R. 548, Liv. 29, 11. 10, also noch im zweiten Punischen Kriege; s. oben bei 14, 9.

annis 140 ante me consulem] genauer 142, da er 690 Consul war.

7) *Naevianis scriptis*] von Naevius Schriften (vgl. den Ind.) haben wir jetzt blos noch Bruchstük-ke; indess besitzen wir noch Schriften von seinen Zeitgenossen, dem Plautus und Cato. Ennius, welcher bei dem Tode desselben auch schon 34 Jahr alt war, c. 18, 8, schätzte ihn nicht sonderlich, wie man aus c. 19, 3, vgl. 18, 6, sieht.

8) *Varro*] s. unten 56, 8 und die Einleitung zum 9ten Buche der Ciceronischen Briefe. Das Werk, worin er dies gesagt haben konnte, kann das bei c. 18, 8 aus dem Gellius ange-führte seyn.

9) *Catone censore*] im J. R. 568 Liv. 39, 40 u. 41.

10) *consul*] im J. R. 557 Liv. 33, 42, 8.

Marco — — conss.] im J. R. 604. Freinsh. suppl. Liv. 49, 6.

annis. LXXXVI.] diese Zahl habe ich in den Text
genommen, weil es soviel von dem genannten Jahre bis 690 macht, und es nicht wahrscheinlich ist, dass Cicero bei seiner hier überall sichtbaren Genauigkeit sich um drei Jahre
versehen haben sollte. VI und III, welches
die gewöhnliche Zahl ist, konnte leicht beim
Abschreiben verwechselt werden.

K a p. 16.

oratio de Pyrrho] c. 14, 4.

mortuorum laudationes] m. s. von ihnen ausser
dieser wichtigen Stelle auch den Polyb. 6,
50 - 53 und den Dionys. Halicarnass. S. 291.
Schon Corradus führte diese Stelle des Cicero Leg. 2, 24 von ihnen an: honoratorum virorum laudes in concione memorentur, eas-
que etiam cantus ad tibicinem prosequatur.
Nach dem Plutarch. und Dionys. Halicarn.
schrieb sich diese Sitte, angesehenen Männern
eine Stand - und Lobrede zu halten, davon
her, dass Poplicola seinem Kollegen Brutus eine gehalten hatte. Eine ähnliche des
Perikles auf die im Felde gebliebenen muthi-
gen Athener findet man in Platons Manexenus.

3)

3) Die Unrichtigkeiten, die durch dergleichen
Lobreden in die Römische Geschichte gekommen sind, sind auch durch die von den Rhetorn zur Uebung gehaltenen Lobreden auf
grosse Männer in die Geschichte überhaupt gekommen. Or. 2, 84, 3, vgl. hier c. 10, 8 bis
c. 11, 1 — 5.

4) *falsi triumphi*] triumphi mortuis falso attribu-
ti ; *plures consulatus* ; plures quam vero gesse-
rant ; *genera falsa* ; gentium stemmata.

a plebe] so hat Ernesti ganz richtig geändert st.
ad plebem. Dies fodert der Sinn ; denn man
wollte ja nicht die Todten erniedrigen, sondern erhöhen ; und dies glaubte man zu thun,
wenn man sie in irgend eine adliche Familie,
die gleichen Namen führte, einschob, wovon
die des Brutus, c. 14, 1, ein Beispiel ist.

consule] im J. R. 254. Liv. 2, 19, 1 ; Dion. Hal.
5, 51. Dieser deutlichen Stelle ungeachtet lei-
teten einige beim Eusebius und Plutarch c. 1
sein Geschlecht von Tullus Attius, dem Könige der Volsker her, zu dem Koriolan flüchtete. Liv. 2, 35. 7.

5) *Catonis orationes*] die er selbst unten beurtheilt
c. 17, 1. 2 und 9. vgl. mit dem, was Atticus

davon sagt c. 85, 6 — 9 (worauf Cicero ant-
wortet c. 87, 2.) und Antonius Or. 2, 12, 5-9;
so wie Liv. 39, 40. 8: orationes Catonis et pro
se multae et pro aliis et in alios. Nam non
solum accusando, sed etiam causam dicendo
fatigavit inimicos: simultates nimio plures et
exercuerunt eum et ipse exercuit eas; nec facile dixeris, utrum magis presserit eum nobi-
litas, an ille agitaverit nobilitatem. Asperi
procul dubio animi et linguae acerbae et im-
modice liberae fuit.

fere hab' ich gleich aufgenommen, da die Vened.
Ausgabe diese Vermuthung Schneiders wirklich hat und die Stelle unten c. 17, 2 ganz
für sie ist. Vom Lysias s. c. 9, 1.

6) *functus omni civium munere*] d. i. er trug alle
bürgerliche Lasten, wiewohl er nicht alle bürgerliche Rechte genoss; denn er war nicht
eigentlicher Bürger zu Athen, sondern blos
ἐσοτελής, wie ihn Plutarch nennt. M. vgl. Schneiders gelehrte Anmerkung darüber zu Xenoph.
Gr. Gesch. S. 115, und Ern. Clav. in *munus.*

Timaeus] S. bei Or. 2, 14, 2.

Licinia et Mucia lege] nach dem vom L. Licinius
Crassus und Q. Mucius Scaevola, den Consuln
des

des Jahrs 658, gegebenem Gesetze. S. den
Anhang Nr. 1. *quasi* setzt er dazu, weil dies
Gesetz erst nach dem Timaeus gegeben wurde, und er, hätte er es schon vor sich gehabt,
dennoch nicht darnach verfahren durfte, weil
er es mit keinem Römer, sondern mit einem
Syrakuser zu thun hatte, und ausserdem auch,
als Geschichtschreiber, überhaupt nicht so ju-
ristisch verfahren durfte. Er that es aber deswegen, weil er durch diesen berühmten Redner seine Vaterstadt zu ehren glaubte, da des
Lysias Vater, Cephalus, ein Syrakuser, nach
Athen ausgewandert war, und der junge Lysias selbst im J. R. 309 mit der Athenischen
Kolonie nach Thurii in Unteritalien ging, wo
er bis zum J. 341 blieb und erst jetzt, nach
dem Unglücke der Athener daselbst (Thucyd.
6, 62-88 und 94) nach Athen zurückging.

7) Ueber diese Vergleichung des Lysias (von dessen rednerischem Charakter man oben c. 9, 1.
nachsehen kann) mit dem Cato (s. bei §. 5)
macht sich unten c. 85, 6, Atticus lustig, so
wie Plutarch in Catons Leben c. 7, wiewohl
er den Cicero nicht nennt.

8) *habitus corporis*] s. oben bei 13, 8. *delectet* st.
delectat hat Ern. richtig geändert, da con-
sec-

· sectentur in gleicher constr. mit *qui* vor,
hergeht.

K a p. 17.

mitto civem] non iam dico, qualis civis fuerit.
Vgl. über diese hier an dem alten Cato gerühmten Eigenschaften Or. 3, 33. 6 und die bei Or.
1, 48. 7 angeführte Stelle des Plinius, so wie
Or. 2, 37. 4. 1, 49. 6. Seinen rednerischen
Charakter schildert Plutarch. in vit. c. 7 so:
ὁ λογος του ανδρος ευχαρις ἁμα και δεινος ην ηδυς και
καταπληκτικος, φιλοσκωμμων και αυστερος, αποφθεγ-
ματικος και αγωνιστικος — ein Urtheil, wie es
ungefähr ein Berlinischer Akademiker aus
Frankreich und Italien von einem Deutschen
Gelehrten fällen würde, in Gemeinplätzen und
Gegensätzen. Vgl. hier die Anm. bei c. 16, 5.

2) *refertae et verbis et rebus illustribus*] illustra-
tae, illuminatae et verbis et sententiis.

3) *Origines*] s. die Hauptstelle von ihnen beim
Cornel. in Caton. 3. und Or. 1, 53, 2 und 2,
12. 6 -- 9.

florem] d. i. bei einem Gemälde (Or. 2, 25. 5)
das Strahlende, Glänzende, wie 66, 2. 87, 2
vgl. hier §. 9 und Or, 3, 43. 3, c. 53, 14, hier
75, 4. 37, 6. 45, 4. 93, 3.

4)

4) *multis ante seculis*] Thucydides starb, wie oben bei 7, 3 gesagt ist, im J. R. 363; Philistus, ein Freund des ältern Dionys (wie er Or. 2, 13. 6 sagt, u. wie auch Diodor B. 13, S. 615 der Wesselingschen Ausg. bemerkt, der noch hinzusetzt, dieser babe für jenen einmal eine Geldstrafe bezahlt,) lebte also auch um die Zeit, da jener regierte, nämlich vom J. R. 349 — 87, also an 200 J. vor Cato c. 15, 6. Ueber die Schreibart dieser beiden Geschichtschreiber, die deswegen so wenig Lefer fanden, vgl. 7, 7. 83, 5. Denn Philistus hatte sich den Thuc. zum Master gewählt. Or. 2, 13. 6, und erzählte deswegen sehr kurz. Daher: quid Thucydide gravius? Philisto brevius? Cic. in fragm. Hortensii p. 1092 ed. Ernesti.

cum brevitate, tum nimio acumine sind Worte, die man hier nicht vermissen würde, die auch Budaeus, mit ihm Rivius und Ern. für ein Einschiebsel halten, auch Lambin in 2 Hdsr. nicht fand. *offecit* st. officit habe ich gesetzt wegen des folg. *obstruxit*.

Theopompus] ein Schüler des Isokrates, der seinen Charakter bezeichnet 56, 3 vgl. Or. 3,

9ı

9, 8. So sehen wir ihn auch wieder beim
Cic. ad Att. 12, 6, welche Stelle ihn als einen gallsüchtigen Schriftsteller und Kritiker
charakterisirt, so wie Cornel. Alcib. c. 11 ihn
maledicentissimus nennt. Er fing, nach Diodor. 14. S. 709, seine Geschichte da an, wo
Thucyd. aufgehört hatte, also beim J. R. 344
(s. oben bei c. 7, 3) und führte sie siebzehn
Jahre fort, bis zur Ol. 96, 2. od. bis zum J.
R. 360. Ehe er seine Geschichte schrieb, war
er Redner. Quintil. 1, 10. 74. vgl. Phatius in
bibl. Const cod 176. Von seiner vorzüglichen,
auf die Schreibart verwandten Mühe s. m. ein
Beispiel Or. 44.

posteriorum] derer, die später als Cato lebten.

5) *auch bei den unsrigen*: nämlich, so wie ein
erhabener Theopomp den kurzen Thuc. und
Phil.; so wie ein Demosthenes den Lysias verdrängt hat; eben so kenn man bei uns etc.

non noverunt quidem] Ern. vermuthet *ne. n. q.,*
welches der erste §. bestätigt.

Hyperidae et Lysiae] s. oben bei c. 9, 1 und 4.
Uebrigens kann man dies als den nomin. pl.
nehmen, wie Or. 1, 48. 6, wenn man mit
Schneidern im folg. Catones liest. So braucht
man

man nicht erst mit Corradus *similes* einzuschie-
ben oder *asseclae*, *immitatores* dabei zu ergänzen.

7) *nec ossa solum — sanguinem*] man braucht
nicht mit Ern. anzunehmen, es sey hier das
Zeitwort herausgefallen: man kann es sich
aus *imitarentur* dem Sinne nach in *haberent,
sibi acquirerent* dazu denken. Ueber die Metapher s. bei §. 3. Und denkt man sich bei
diesem Körper zugleich einen Maler, qui
imitatur, c. 18, 2. et exprimit formam figuram-
que dicendi Or. 2, 23. 12; so kann man mit
Schneidern auch dies bei *ossa* und *sanguinem*
sich wiederholen, ohne sich erst jene Worte
oder ein ähnliches dabei zu denken.

9) *horrida verba*] wie Or. 45 horridulae Catonis
orationes, von der Malerei hergenommen, im
Gegens. von *nitens,* c. 67, 9. und Or. 11 hor-
rida pictura selbst. Daher c. 87, 12. Catonis
lineamenta, quibus defuit *pigmentorum flos et
color*, und c. 85, 8 *forma* Catonis ingenii im-
polita et plane *rudis.*

et aptior sit] wenn man st. *et* nicht lieber *ut* lesen will, so würde das Zeitwort *sit* nach einem Imperativ besser *erit* heissen.

10)

10) von den Tropen handelt er Or. 2, 38 ff. σχηματα c. 37, 5. 79, 8.

Kap. 18.

1) Vgl. oben bei 16, 5, und von seinem Todes-jahre s. 15, 10.

„Allein das Alte wird in allen Künsten mehr geehrt oder geschätzt, als in der Be-redtsamkeit. "

2) „welche diese minder wichtigen (vgl. 1, 5) Dinge oder Künste beurtheilen. "

Canachi] welcher nach Plin. 34 19 in der 95 ol. d. i. nach R. E. 955 - 58 blühte, und nach Pausan. p. 483 u. 472 Polyklets Schüler und Aristokles Bruder war. Dieser Kunstkenner spricht auch p. 134. 483. 730 von seinen Wer-ken. *rigidiora*, wie horridiora c. 17, 9 vom Gefühl aufs Auge übergetragen.

3) *Calamidis*] von dessen Werken eben dieser Kunstkenner an mehrern Stellen spricht; von dem auch Plin. 34, 18 zwei Becher in erho-bener Arbeit anführt, und den Quintil. 12, 10. 7 so beurtheilt: duriora et Thuscanicis proxima Calon atque Egesias, iam minus rigi-da Calamis, molliora adhuc Myron fecit.

My-

Myronis] der nach Plin. 34, 19 in der 87 ol. d. i.
nach R. E. 323-26 blühte, den er auch oben
Or. 3, 7. 3 einen vorzüglichen Künstler nannte, und Her. 4, 6 nebst dem Praxiteles und
Polyklet das Muster des Lysipp nennt, quem,
wie Plin. 34, 19. 3 sagt, Eleutheris natum, et
ipsum (cum Polycleto) Ageladae discipulum
bucula maxime nobilitavit, celebratis versibus
laudata, dergleichen z. B. diese beiden Epi-
gramme des Dioskorides sind, in der Brunki-
schen Anthologie nach Jacobs Abdruck B. 1.
S. 249:

ταυρε, ματην επι πορτιν επιιγιαι· εστι γαρ απιας.
αλλα σ᾽ ὁ βυπλαστας ιξαπατησε Μυρων. Und:
ειε, Μυρων, δαμαλιι παραχατθαιι μοσχυς αλαθεις,
και γαλα πιστιυαι χαλκον εσωθεν εχειι.

Polycleti] qui, wie Plin. 34, 19. 2 sagt, Sicyo-
nius, Ageladae discipulus Diadumenum fecit
molliter invenem, centum talentis nobilitatum:
idem et doryphorum viriliter puerum (vgl.
hier c. 86, 5). Fecit et quem canona artifi-
ces vocant, lineamenta artis ex eo petentes velut a lege quadam: solusque hominum artem
ipse fecisse artis opere iudicatur — Fecit et
Herculem, qui Romae (vgl. Or. 2, 16. 5, so

Anm. 8ter Th. **E** wie

wie Cic. Verr. 4. 3 der dessen canephorae
als ein vorzügliches Kunstwerk nennt) —
Hic consumasse hanc scientiam iudicatur, et
toreuticen sic erudisse, ut Phidias aperuisse.
Hiermit stimmt auch Aristodems Urtheil über-
ein, der beim Xen. mem. 1, 4. 3 ihn so als
Bildhauer schätzt, wie den Zeuxis als Maler
und den Homer als Dichter.

4) *Zeuxim*] s. die vorherg. Anm.; und was dort
Plin. von dem Polyklet als Bildhauer sagte,
das sagt Quintil. 12, 10 5 von diesem als
Maler: ita circumscripsit omnia, ut eum le-
gumlatorem vocent, quia deorum et heroum
effigies, quales ab eo sunt traditae, ceteri,
tanquam ita necesse sit, sequuntur. Nach ihm,
§. 4, luminum umbrarumque invenit rationem. Den berühmten Wettstreit, den er gegen den Parrhasius (von dem s. Plin. 35,
36. 5 und Xen. mem. 3, 10. 1 - 5) verlor, erzählt Plin. 35, 36. 3.

Polygnotum] dessen Farbenmischung Plin. 33, 56.
35, 25 anführt, und der nach 35, 35 vor der
90 Ol. (nach R. E. 335-38) berühmt war: und
primus mulieres lucida veste pinxit, capita
earum mitris versicoloribus operuit plurimum-
que

que picturae primus contulit — et Athenis
porticum, quae poecile vocatur, gratuito pinxit, welches auch Diogen. Laert. 7, 5 sagt
und der Dichter Melanthius in einem Epigramm
beim Plutarch in Cimon. c. 4. Auch besingt in
einem Epigramm Simonides (anthol. ed. Jacobs tom. 1. p. 74 nr. 76) seine Eroberung
Ilions. S. auch von ihm die bei Or. 3, 7. 4
angeführte Stelle Quintilians.

Timantes] war ein Zeitgenosse des Parrhasius,
nach Plin. 35, 36. 5 und 6, wo er hinzusetzt:
huic vel plurimum affuit ingenii. Eius enim
est Iphigenia, oratorum laudibus celebrata,
qua stante ad aras peritura, quum moestos
pinxisset omnes, praecipue patruum (Menelaum) et tristitiae omnem imaginem consum-
sisset, patris (Agamemnonis) ipsius vultum
velavit, quem digne non poterat ostendere.
M. vgl. damit Quintil. 2, 13. 13. Valer. M.
8, 11. ext. 6. Eustath. zu Hom. Il. 24, 163.

Aëtione] dieser Name wird in Hdsr. sehr verschieden geschrieben; er soll wol wahrscheinlich *Echione* heissen, wie parad. 5, 2. 6; wo
Gruter diese Lambinische Aenderung st. *Ac-
taeon* aufgenommen hat, so wie hier nach Rivius Vermuthung Lambin, Ern. führt im Clav.

E 2   die-

diese Stelle unter Echion und Aëtion an. Dieser
letztere aber ist, wie man aus Lucians Herodot sieht, Lucians Zeitgenosse; und kann
also hier nicht genannt werden. Von jenem
sagt Plin. 35, 36. 9: clarus ol. 107 (a. u.
403 - 6) exstitit Echion, cuius sunt nobiles
picturae Liber Pater, item Tragoedia et Comoedia; Semiramis ex ancilla regnum adipi-
scens; anus lampadas praeferens et nova nup-
ta verecundia notabilis.

Was hier Cicerö von diesen 4 Malern
sagt: non sunt usi plus quam quatuor coloribus, sagt auch Plin. 35, 32: quatuor coloribus
solis immortalia illa opera fecere Apelles,
Echion, Melanthius, Nicomachus, clarissimi
pictores, quum tabulae eorum singulae oppi-
dorum venirent opibus. Des letztern Gemälde nennt Plin. 35, 36 sect. 21, so wie die des
Protogenes sect. 20, auf welche erst Apelles
dessen Landsleute, die Rhodier, aufmerksam
machte, sect. 11 und 13. Von *Apelles* selbst
sagt er sect. 10: omnes prius genitos futuros-
que postea superavit Apelles, Cous, ol. 112
(a. u. 423 — 26); von seinen Gemälden handelt er sect. 10 — 18. Das berühmteste ist
seine *Aphrodite anadyomene,* welche er eigentlich

lich con amore malte, wenn es wahr ist, was
Plinius sect. 12. vgl. sect. 15 als Sage einiger
anführt, dass ihm dabei seine schöne Perse-
rin Campaspe gesessen habe.   Eben so berühmt war sein *Alexander* (mit diesem Könige
ging er sehr vertraut um; dieser hatte ihm auch
jene schöne Perserinn, seine bisherige Beischlä-
ferin, abgetreten, sect. 12, und er wollte sich allein von ihm malen lassen. Cic. ad div. 5, 12.
22. Horat. ep. 2, 2, 239), quem pinxit fulmen te-
nentem in templo Ephesiae Dianae viginti talentis (sect. 15) — mirantur Romae Castorem
et Pollucem cum Victoria et Alexandro Magno (sect. 17): item Belli imaginem restrictis
ad terga manibus, Alexandro in curru trium-
phante.

5) *in Phaearum epulis*] wo der alte blinde De-
modokos singt und spielt, Od. 8, 44.   Die
Schmausereien der Freier Penelopens findet
man in den letztern Büchern der Odyssee.

6) sind Verse des Ennius, wie man aus c. 19, 3
und Or. 51 sieht.   Alle, will der Dichter sagen, schrieben vor mir in schlechten und un-
geordneten Versen, die kein reines Versmaas,
keinen Wohlklang hatten, keine reine Spra-

E 3   che,

che, in sogenannten Faunischen oder Satur-
ninischen Versen. Denn nach Festus, bei dem
Worte *Saturno*, versus antiquissimi, quibus
Faunus fata cecinisse hominibus videtur, *Sa-
turnii* appellantur, quibus et a Naevio bellum Punicum conscriptum est et a multis aliis
plura composita sunt. Ennius dagegen schrieb
nach dem Zeugniss des Grammatikers Diome-
des unter den Römern zuerst in Hexametern.

7) *sic tanquam* passen als Adverbia zu *est* nicht.
Daher vermuthet mein Freund, Herr Buttmann, *συκη*, d. i. ficulnea st. *sic*. Das griech.
Wort darf einen nicht befremden, da Cic.
in Gesprächen und Briefen dergleichen mehrere gebraucht, zumal wenn er damit auf irgend eine Stelle anspielt. Jenes Werk des
Livius Andronikus ist, will er sagen, in der
Sprache das, was ein altes Werk des Däda-
lus in der Kunst ist; vgl. c. 19, 3.

8) *Claudio* ist zwar einerlei mit *Clodio*, wie hier
Ern. hat stehn lassen: da er aber sonst immer jene Schreibart hat, so hab' ich sie hier
auch aufgenommen.

hic] Atticus c. 3, 13 und hier §. 9: auch Varro,
wie wir aus Gell. 17, 21. 32 sehen: Claudium
et

et Tuditanum consules sequuntur Q. Valerius
et C. Mamilius, quibus natum esse Q. Ennium
poëtam M. Varro in primo de poëtis libro
scripsit 'eumque, quum septimum et sexagesi-
mum annum ageret, duodecimum annalem
scripsisse, idque ipsum Ennium in eodem libro dicere.

9) *Attius*] oder L. Accius, von dessen Leben s.
die Anm. bei 64, 6.

quintum consule] im J. R. 543, Liv. 27, 6. 3.

Tarento, kann man mit Ern. durch e Tarento erklären, wenn man nicht Tarenti lesen will.
Wegen der Sache vgl. Or. 2, 67. 9.

consulibus] im J. R. 555. Liv. 32, 27. 5: es sind
also, von 543 angerechnet, eigentlich 12.

Senensi proelio] in dem bei Sena (Liv. 27; 46. 4)
von dem M. Livius Salinator und dessen Collegen C. Claudius Nero (Liv. 27, 34) gegen
den Hasdrubal gelieferten Treffen, in welchem der feindliche Führer selbst blieb (c.
49, 5 und Horat. carm. 4, 4. 37) im J. R. 545.

10) *his consulibus*] unter dem Consulat dieser
Männer, nämlich des Cornel. und Minuc. 555
(nach Cic. 556), in welchem J. der 514 (nach
Cic. 515) geborne Ennius in sein 42 J. ging,

E 4   al-

also nicht in sein 40stes, wie er hier sagt;
man müsste denn annehmen, er folge hier einer andern Rechnung, als die fasti consulares.

cui cum] dies wäre ja aber gewiss behauptet.
Das will aber Cic. nicht; daher vermuthet
Schneider *cui si.*

So wäre nach dieser Rechnung der, welcher das erste Stück in Rom gab, (Livius) jünger (wenn er es nämlich erst 555 gegeben hätte), als Naevius, (gest. 548,) und Plautus,
gestorben 568) c. 15, 8 und 9.

Kap. 19.

haec si minus apta] eine Rückkehr zu seinen Rednern, wie oben 13, 10.

Attico assigna] s. bei 3, 12.

3) *in Origin.*] von denen oben bei 17, 3. Den
Umstand selbst führt er auch Tusc. 1, 2 aus
ihnen an.

enumerat] in den, oben 18, 6, angeführten Versen.

bellum Punicum] nämlich primum, wie er §. 4
hinzusetzt, welchen Naevius besungen hatte,
Caton. 14, 12, und welcher vom J. 489 - 512
dauerte.

Mys

Myronis opus] s. oben bei 18, 3 und wegen der
Vergleichung 18, 7.

4) *persequens*] schön und versinnlichend statt
enarrans, da der Dichter uns den Krieg so
lebhaft beschreibt, als wenn er ihn selbst vor
unsern Augen führte; daher auch Horat. ep.
1, 19. 7 von ihm sagt: nunquam nisi potus *ad
arma prosiluit* dicenda. Eben deswegen kann
er auch hier acerrimum dazu setzen: er würde sonst, hätte er anders geglaubt es besser
machen zu können als Naevius, gewiss auch
jenen ersten hitzigen, blutigen Punischen Krieg
beschrieben haben. So aber *reliquit* illud bellum (wie relinquere hostem), hat er jenen
Krieg liegen lassen, ihn nicht berührt, d. i.
nicht besungen.

7) *cum hoc Catone*] mit diesem, c. 15, 9 und 10
genannten und hernach als Redner und Geschichtschreiber charakterisirten Cato, c. 16,
5 — c. 18, 1.

Flaminius] Cs. 530 u. 535. Freinsh. suppl. Liv.
20, 46. Liv. 21, 57. 4: Cato wurde es erst
55-. c. 15, 10.

C. (Terentius) *Varro*, Cs. im J. 536, wo er dem
Hannibal die blutige Schlacht bei Cannä lie-

ferte; Liv. 22, 35. vgl. hier 3, 8. Von seiner
Beredtsamkeit sagt Liv. 22, 26: proclamando
pro sordidis hominibus causisque adversus rem
et famam bonorum primum in notitiam populi, deinde ad honores pervenit.

Q. (Fabius) *Maximus* c. 14, 9. *Metellus* ebds.

Lentulus, wahrscheinlich P. Cornelius Lentulus
Caudinus, Cs. 517. Freinsh. suppl. Liv. 20, 9.

Crassus] s. bei Or. 3, 33. 5.   Er war 10 J. vor
dem Cato Consul, im J. 547, (Liv. 28, 38.)
mit P. Cornelius Scipio Africanus superior
oder maior. (s. den Ind.)

8) *non infantem*] v. fari, also non indisertum,
wie c. 23, 4. 26, 11. 89, 4.

Von seinem Sohn, der den jüngern Scipio,
den Afrikaner (s. den Ind.) adoptirte, sagt er
auch off. 1, 33. 11: propter infirmitatem va-
litudinis non tam potuit patris similis esse,
quam ille fuerat sui, und in Caton. 11, 3 lässt
er den alten Cato hinzusetzen: quod ni ita
fuisset, alterum ille exstitisset lumen civitatis.   Ad paternam enim magnitudinem animi
doctrina uberior accesserat.   Ganz ungerecht
beurtheilt ihn also Vell. 1, 10. 3, wenn er von
ihm sagt: nihil ex paterna maiestate praeter

ter speciem nominis vigoremque eloquentiae
retinuit.

Kap. 20.

Aelius] Paetus Cs. im J. 554. in eben dem, in
welchem Cato Prätor war, Liv. 32, 7, 12.
Von seinen Rechtskenntnissen vgl. die im Ind.
angeführten Stellen.

2) *minoribus*] natu, unter denen, die jünger
waren, als Cato, nämlich *fuit*, welches sich
aus §. 1 recht gut ergänzen lässt.

reliquis rebus] z. B. in der Astronomie, wie der
vom Liv. 44, 39 erzählte Vorfall zeigt, und
wie Cic. off. 1, 6. 5. ausdrücklich von ihm
rühmt. Eben dies sagt auch die Stelle Sue-
tons im Leben des Terenz, c. 4: *Santra* (ein
Grammatiker, welchen auch Quintilian nennt
12, 10. 16) *Terentium existimat, si modo in
scribenda adiutoribus indiguerit, non tam Scipione* (denn, sagt Quintil. 10, 1. 99; Terentii
scripta, quae sunt in genere comico elegantis-
sima, ad Scipionem Africanum referuntur)
et Laelio (denn, sagt Cic. ad Att. 7, 3: Terentii fabellae propter elegantiam sermonis
putabantur a C. Laelio scribi) *uti potuisse, qui tunc adolescentes fuere,* (denn Terenz

renz, geb. 560, starb 597, war also noch 8
Jahr älter als Scipio, (vgl. Vell. 2, 4, 7) der
wieder einige Jahr jünger war, als sein Freund
Laelius, vgl. Cic. Lael. 4, 8) *quam Sulpicie
Gallo, homine docto et qui consularibus ludis*
(im J. 586) *initium fecerit fabularum dandarum*
(näml. als Consul, da bis dahin blos die Ae-
dilen sie gegeben hatten), *vel Q. Fabio La-
bione* (s. bei c. 21, 3) *et M. Popillio* (mit dem
Zunamen Laenas, Cs. 580, Liv. 42, 10, 9) *consulari utroque et poëta.*

3) *unctior, splendidior*] eine Metapher von einem gesalbten oder wohlgenährten Körper,
vgl. oben bei c. 13, 8.

Q. Marcius Philippus II., *Cn. Servilius Caepio* waren Consuln im J. 583. Liv. 43, 11, 7; 1, 3.
Wie kams aber, dass Sulpicius, wenn er in
diesem Jahre Prätor war, in dem folgenden
als blosser Kriegstribun unter dem Paulus die-
nen konnte, wie Liv. 44, 37 erzählt? Consul
war er 586. Liv. 45, 44.

4) *Gracchus*, der Vater jener beiden berühmten
Volkstribunen (s. bei Or. 1, 9, 8 u. 1, 48, 7)
war Consul 575. Liv. 41, 8. und 590. Freinsh.
suppl.

suppl, Liv. 46, 18., und Censor war er 583.
Liv. 43, 14 vgl. Or. 1, 9, 8.

5) *Corculum*] Sein Vater, wie man aus dem Index sieht, hatte den Zunamen *Optimus*, (weil
er, wie er hier sagt, *sacra* matris deûm Pes-
sinunte Romam a. u. 548 delata *accepit*. Liv.
29, 14) so wie sein Sohn *Serapio*. Er selbst
war Cs. 591 und 598, und Censor 594. Liv.
Epit. 47, Freinsh. suppl. Liv. 46, 27; 47, 24.

M. alium] diese Worte stehen hier ganz ohne
Verbindung, und man weiss nicht, wie dieser zweite Sohn M. Scipio, den man sonst
gar nicht kennt, hierher kommt. Schliesst
man aber diese Worte mit *Schneidern* und Pighius (beim J. 579) in Klammern ein, so hängt
der Satz recht gut zusammen; *dicunt* aber, welches gewöhnlich hinter *filium* steht, hat Ern. mit
Recht weggestrichen; denn es hängt dieser
Infinitiv, wie die folgenden, von dem, am
Ende des §. stehenden, *dicunt* ab.

cum patre] M. Fulvio Nobiliore, welcher nach
Cic. Tusc. 1, 2, Arch. 11 als Consul im J. 563
(Liv. 37, 47) den Ennius mit sich nach Aetolien
genommen hatte. Da also Ennius damals
schon 50 Jahr alt war (s. oben c. 18, 3), so
war

war er nicht *miles*, wie Cicero hier etwas
unbestimmt sagt, sondern *comes*, wie er sich
Arch. 11 bestimmter ausdrückt.   Der Sohn
Q. Fúlvius Nobilior war Consul 600. Freinsh.
Suppl. Liv. 47, 36.

6) *Paulus*] mit dem Zunamen Macedonicus, war
Consul 570 und 584. Liv. 39. 57 und 44, 17.
Africani, Scipionis Africani iunioris, c. 19, 8.

personam principis civis facile dicendo tuebatur] er
wusste seine Meinung, als Haupt des Staats,
und erster Senator, mit Würde zu sagen und
mit Nachdruck zu behaupten.   Eigentlich beredt war er wol nicht: daher Cic. Off. 1, 32, 5
sagen kann: Pauli filius, Africanus, eloquen-
tiâ cumulavit bellicam gloriam patris. vgl.
§. 4.

et vero] *et* st. *at* ist von Ernesti. Denn dies
passt gar nicht hierher.

excessit e vita] im J. 604, wie er oben c. 15, 10
selbst ausdrücklich sagte; geboren war er 519,
wie er uns selbst in Caton. 4, 2 sagt.

scriptam] er hatte sie mit in seine Annalen eingerückt. c. 23, 2. vgl. Or. 1, 53, 2 und wegen des Galba c. 21, 6.

Kap.

Kap. 21.

2) *graece scripsit historiam*] Wie wir aus Gell.
11, 8, Macrob. Saturn. praef. 1, Polyb. 40
p. 715 tom. 4 .ed. Schweigb. und Plutarch. in
Caton. mai. 12 sehen, hatte er um Verzeihung gebeten, wenn er, ein geborner Römer,
etwa Fehler gegen die Gr.Sprache begangen haben sollte. Cato, der dies las, sagte: nae tu
Aule, nimium nugator es, cum maluisti cul-
pam deprecari, quam culpa vacare. — Oro
te, quid perpulit, ut id committeres, quod,
priusquam faceres, peteres ut ignosceretur?

consul] praetor war er vorher, 598, gewesen, wie
er Acad. 4, 45 anmerkt. Dieser Lucullus,
mit dem er 602 Consul war (Liv. epit. 48.
Freinsh. suppl. Liv. 48, 11), ist der Grossvater des L. Lucullus, der ein Zeitgenosse des Cicero war und über den König Mithridates
triumphirte.

Fulvius] Flaccus, der auch 32, 4 vorkommt, war
Cs. 618, Freinsh. s. Liv. 56, 20.

Pictor] s. clav. Ern. in Fabius Pictor.

antiquitatis] in der alten Römischen Geschichte
und in den Römischen Gebräuchen.

3)

3) *Labeo*] ein Enkel des Fabius Maximus. c. 14,
9. 19, 7, Cs. 569. Liv. 39, 45; Sueton nennt ihn
in der bei c. 20, 2 angeführten Stelle auch
unter den Dichtern.

4) *Metellus* hiess Macedonicus wegen des über den
Pseudophilippus erhaltenen Siegs u. Triumphs,
wie Vell. 1, 11. 2 sagt, der ihn hier §. 6-7
kurz und trefflich schildert, dass auch Cic.
Tusc. 1, 36 sagen kann: Metelli sibi quisque
sperat fortunam, und ihn Or. 1, 48. 7 und
c. 49, 6, als ein Muster eines angesehenen und
weisen Staatsmannes aufstellt. Er selbst war
Cs. 610, Freinsh. s. Liv. 53, 5.

Er starb, wie man aus Vell. a. a. O. schliessen kann, im J. 639.

Seine 4 Söhne sind:

1) Q. Metellus, *Balearicus*, Cs. 630, Freinsh.
supp. L. 60, 31.

2) L. Metellus, *Diadematus*, Cs. 636, Frsh.
62, 10.

3) M. Metellus, Cs. 638, Frsh. 62, 26.

4) C. Metellus, Cs. 640, Freinsh. 63, 9,
eben der, der Or. 2, 66. 11 gemeint
ist.

pro

pro L. Aurelio *Cotta*, welcher 609 Cs. war.
Freinsb. 53, 1. Scipio, der jüngere Afrikaner,
hasste ihn als einen Verschwender und lü-
derlichen Schuldner, der Provinzen aushun-
gerte und Menschen drückte, off. 2, 11. 11.
Valer. M. 6, 4. 2. vgl. 6, 5. 4 u. 8, 1. 11.

annalibus] s. bei c. 26, 11.

5) von C. Laelius dem Weisen und seinem
Freunde, dem jüngern Scipio, dem Afrikaner, redet er hernach noch §. 8. S. auch mehrere Stellen im Ind., besonders Or. 2, 37, 3
und die daselbst angeführte Stelle des Velleius 1, 13. 3.

Ingeniis eorum] dies letzte st. *oratorum*, welches ohne Zweifel eine Glosse von jenem ist,
habe ich als Ern. Vermuthung aufgenommen.

6) *aetate paulum his antecedens*] er war zwar
erst 609 Cs. Freinsh. 53, 1, und Scipio schon
606: allein dieser war es auch vor der ge-
setzmässigen Zeit geworden. Denn statt ihn
zum Aedil zu machen, warum er sich bewarb, wählten sie ihn zum Cs. Vell. 1, 12. 3.

Galba erhielt und behauptete den Ruhm eines grossen Redners durch seine treffliche
Action, die sehr lebhaft und feurig war, wie

c. 22 - 23. vgl. Or. 1, 53 zeigt; da er lateribus et clamore contendebat, Or. 1, 60. 6.
Ferner war er der erste (princeps, primus),
welcher Gemeinplätze (loci communes) gehörig anzubringen, und durch seine Action
Leidenschaften zu erregen wusste. c. 23, 3.
Dies alles fällt, wenn man seine Reden liest,
weg, und sie sind daher exiliores, § 7, vgl.
mit 23, 5. 38, 1 - 3. Denn er selbst ist horridus, impolitus, rudis et informis nach Tacit. Or. 18, 2.

Von dem delectare, permovere handelt er
weitläufig Or. 2, 42 - 53, und hierin, so wie
in augere rem (vgl. c. 12, 6) zeigt sich eigentlich der Redner (opera legitima tractat
orator), da er das docere (Or. 2, 29 — 41)
mit dem Philosophen gemein hat. c. 23, 1.
Vgl. wegen des Ganzen c. 86, 1.

9) *de collegiis*] die er, wie man aus Lael. 25,
9 - 10 sieht, gegen den Volkstribunen C. Licinius Crassus im J. R. 608 hielt, da dieser
den Vorschlag gethan hatte, dass künftig das
Collegium der Priester und Augurn sich nicht
mehr selbst completiren (s. oben bei c. 1, 2),
sondern die Wahl des neuen Priesters und
. Au-

Augurs dem Volke überlassen werden sollte.
. Ueber den innern Gehalt der Rede selbst vgl.
- c. 86, 2.

horrid.] c. 17, 9 vgl. 18, 2.

10) Scipio war der erste Held seiner Zeit. Diesen Ruhm kann ihm keiner streitig machen.
Vgl. bei Or. 1, 48. 6: Daher heisst er gloria
clarissimus or. 2, 37. 3.

Auch Laelius zeigte sich als Held, da er
als propraetor den Viriatus erlegte. Flor. 2,
17. 15. Cic. off. 2, 11. 11.

Wegen ihrer andern hier gerühmten Eigenschaften vgl. Or. 1, 49. 6. 2, 37. 3 und mehrere im Ind. gesammelte Stellen, so wie vom
Laelius auch hier c. 58, 4.

K a p. 22.

Vom Rutilius selbst, dessen Stoischen Starr-
sinn bei seiner Vertheidigung, und von seinen
Rednergaben spricht er unten c. 30. *Consul*
war er, nach dem ihm sein erstes Bemühen,
durch seinen Gegner Scaurus vereitelt war
(c. 30, 2), endlich im J. 648 geworden, Freinsh.
S. 66, 55. Da er aber ehemals als Quaestor,

F 2   oder

oder, nach der epit. Liv. 70, als legatus des proconsuls Q. Mucius Scaevola sich der bedrück-
ten Einwohner Klein - Asiens gegen die raub-
süchtigen Generalpächter, die Römischen Ritter, angenommen hatte, so liessen diese, aus
deren Mitte damals die Richter gewählt wurden (s. Vell. 1, 13. 2 und hier bei c. 43, 10)
dies ihn noch lange nachher empfinden; und
dieser redliche Mann, zu dessen Lobe sich
alle Schriftsteller vereinigen (s. Rabir. Posth.
10. Or. 1, 53. 6, Vell. 1, 13. 2: vir non seculo sui, sed omnis aevi optimus) wurde von
Angestifteten der Unterschleife wegen angeklagt, und von seinen Feinden verdammt, im J.
660. So finden wir ihn denn hier zu Smyrna
im Exil, wo ihn Cicero auf seiner Asiatischen
Reise im J. 675 sprach. c. 91, 9. M. vgl. auch
Valer. M. 2, 10. 5. 6, 4. 4. Quintil. 11, 1. 12.

consules im J. 615, Freinsh. S. Liv. 55, 1.

2) *familia* im Gegens. v. liberi, s. v. a. servi.

societatis equitum, (von derjenigen Gesellschaft
der Generalpächter, §. 5 u. 11 *socii*.

censoribus] im J. 611, vgl. bei Or. 2, 67. 8.
c. 66, 13 — 14.

4) *amplius — pron.*] da er nach angestellter Stimmensammlung erklärt hatte, die Sache solle noch einmal vorgenommen und genauer untersucht werden.

5) *gravior*] dies ist die Lesart der Mayl. Ausg., dagegen die der Junt. *ornatior* nicht passt. So verbindet er in einem andern Zusammenhange beide Wörter Or. 1, 53. 2 gravis atque acer inimicus. Nicht so gut ist, was Victor. anführt und Ern. vermuthet, *fortior*, auch nicht Reizens Vermuthung (Misc. belg. tom. X) *ardentior*, vgl. c. 80, 3: dagegen ist die Lesart besser, worauf mein Freund Buttmann (nach der Spur der Lesart in einer Victor. Hdsr.) fiel, *atrocior*. Denn so setzt er Or. 2, 49. 2 das genus orationis vehemens atque *atrox* dem genus lenitatis und mansuetudinis entgegen. In Rücksicht der Sache selbst vgl. die Anm. bei 21, 6.

7) *dies comperendinatus* (in genit. als nomen.) inter primam et alteram actionem.

aliis aliud] jenes, welches der Sinn verlangt („er diktirte mehrern Schreibern, dem einen dies, dem andern jenes") hat Ern. hinzugesetzt.

10) *silentio praeteritur*, er wird mit Stillschweigen übergangen, man klatscht nicht, ruft ihm
nicht zu.   Dagegen clamores et admirationes
Or. 1, 33. 8 und hier 44, 7. 95, 5.

Kap. 23.

1) Vgl. oben bei c. 21, 6 und unten c. 49, 12.

elegantiam] dies erklärt sich aus c. 22, 3, wo es
heisst: Laelius accurate eleganterque dixit: u.
aus §. 4: iterum multo diligentius meliusque
dixit; also ist elegantia hier von der Rede
selbst und nicht blos vom Ausdruck gebraucht,
subtiliter disputandi vis, wie er vorher sagt.
M. s. ähnliche Stellen im clav. Ern.

2) *Lusitanis*] nach Sueton. im Galba c. 3 waren
es 30,000 gewesen: andere hatte er als Sklaven verkauft. Daher Libo, nach epit. Liv. 49,
promulgaverat rogationem, ut Lusitani, qui
in fidem populi Romani dediti a Galba in
Gallia venissent, in libertatem restituerentur.
L. (dies ist sein Vorname, dagegen Ern. aus
Versehn, wie man aus der clav. sieht, T. hat
stehn lassen) Scribonius Libo, *trib. pl.*, ob im
J. 603 oder 604, entscheidet er selbst nicht
ad Att. 12, 5; hier aber nimmt er das letzte
an.

an. Denn in diesem J. starb Cato, c. 15, 10,
und kurz vor seinem Tode sprach er noch
gegen Galba hier und c. 20, 6, wo er auch
sein Alter angiebt.

3) *nihil*, welches der Sinn verlangt, und Corradus schon angerathen hatte, hat Ern. aus
Valer. M. 8, 1. 2 aufgenommen. Wegen der
Sache vgl. Or. 1, 53 vgl. 2, 65, 8 und Quintil.
2, 15. 7.

Galli] c. 20, 2.

flamma] vgl. über die Metapher Or. 2, 45. 3. u,
besonders das. c. 47, 6: dagegen es ohne sie
Or. 1, 53. 4 invidia et odium populi heisst, wo
er Cato's Worte so anführt: nisi pueris et la-
crymis usus esset, poenas eum daturum
fuisse,

4) *orationibus*] nach Voss. hist. lat. 1, 6 ist dieser Libo eben der, dessen Annalen Cicero
oft anführt, z. B. Att. 13, 30 und 32. Ist das;
so kann man sich mit Ern. im Clav. wundern,
warum Cic. diese Schriften hier nicht anführt,
da er sie doch beim Fannius mit anführt.
c. 26, 11.

5) Vgl. oben bei 21, 6.

Kap. 24.

3) *scriptio*] was Or. 1, 33. 5 und c. 60, 12.
stylus ist.

4) *contingit* liest Ern. aus einer Pariser Hdsr.
st. *contigit*, da es ein allgemeiner Satz seyn
soll. Eben so hat cod. Gud.

neque satis doctis] man muss hier satis nicht übersehen. Denn er zählt den Galba, wie den
Afrikaner und Laelius (c. 21, 5) Tusc. 1, 3
ausdrücklich unter die gelehrten Redner.

5) *calor* st. *dolor* habe ich nach Schneiders Vermuthung, die sich selbst empfiehlt, aufgenommen, vgl. §. 6, wo ardor animi, und c. 22, 9,
wo incensus steht. Den Sinn erläutert sehr
gut Or. 37: carent libri spiritu illo, propter
quem maiora eadem illa, cum aguntur, quam
cum leguntur, videre solent.

7) *Laelii mens*] c. 23, 1. 74, 3, er wollte über-
zeugen, nicht überraschen, durch Gründe,
nicht durch Leidenschaften wirken: sein rednerischer Charakter war Sanftheit; Or. 3, 7. 9
und war ja bisweilen in leidenschaftlichen
Stellen seine Sprache etwas heftig, so war
sie doch nicht stürmend, wie die des Galba
Or. 1, 60. 6.

Kap.

Kap. 25.

L. Mummius war Cs. 607, ein Jahr nach dem jüngern Afrikaner, mit dem er 711 Censor wurde (s. bei c. 22, 2), Frsh. s. Liv. 51, 39. Als
Consul besiegte er Achaia und zerstörte Ko-
rinth.   Mit seiner Gelehrsamkeit war es nicht
weit her.   Deswegen heisst er hier simplex
et antiquus und beim Vell. 1. 13. 4 gar rudis.

Sp. Mummius] welcher nach Appian über Spanien
triumphirte und auch unter seinem Bruder
als legatus diente. Att. 13, 6. Justin 8, 38. 8.

Stoicorum] die Philosophie dieser Sekte fand
mehrere Freunde in Rom, z. B. den jüngern
Afrikaner (s. bei Or. 2, 37. 3), den Laelius
mit seinen Schwiegersöhnen c. 26, 10. Vgl.
über diese Philosophie selbst c. 30, 3 — 4
und c. 31.

2) Sp. Posthumius Albinus war Cs. 643, Frsh. s.
Liv. 64, 36. Vgl. unten c. 34, 3.

L. Aurelius Orestes war Cs. 627, Freinsh. suppl.
Liv. 60, 5.

3) P. Popillius Laenas wütete als Consul 621
mit seinem Collegen P. Rupilius (Freinsh. s.
Liv. 59, 8) gegen alle Anhänger des im vori-

gen

gen J. ermordeten Volkstribunen Tib. Gracchus. (c. 27) Vell. 2, 7. 4 vgl, Cic. Lael. 11, 4.
Deswegen heisst er hier civis egregius, weil
Cicero den Gracchen ihre Unruhen durchaus
nicht verzeihen kann, Or. 1, 9.ʹ 10, und selbst
die schlechtesten Menschen, wenn sie Feinde von jenen waren, in seinen Schutz nimmt,
z. B. hier und c. 34, 2.   Der jüngere C. Gracchus rächte seinen Bruder 631 und verwies
den Popillius ins Exil, aus welchem ihn Bestia 632 zurückbrachte. c 34, 2.

4) C Sempronius Tuditanus war Cs. 624, Frsb.
S. Liv. 59, 70 Vell. 2, 4. 5 Er war überhaupt,
wie er hier sagt, ein gebildeter Mann. Wir
finden von ihm auch commentarii historici
oder magistratuum angeführt, Plin. 13, 27. Gell.
13, 15: 6, 4, Macrob Saturn. 1, 13 u. 16.

st. *victu*, welches theils in vita liegt, theils
hier überhaupt nicht erwartet wird, vermuthet Ern. treffend *virtute*.

5) *iniuria accepta*] dadurch, dass ihm sein College Tib. Gracchus, dem er sich widersetzte,
620 sein Tribunat nahm, nat. deor. 1, 38.
Flor. 3, 14. 5. Vell. 2, 2. Darnach muss man
auch hier den Ausdruck *res optimae* erklären,
vgl.

vgl. bei §. 3; *in reb. opt. const.* der beste und
beharrlichste Patriot, oder der hartnäckigste
Gegner des Gracchus.

6) *minor natu*] er war 616 Cs. c. 27, 10 da es
Galba 609 gewesen war, c. 21, 6, Frsh, s.
Liv. 55, 9.   Von seiner Beredtsamkeit vgl.
die Stellen im Ind.

7) *lenitas*, oratio leniter fluens, oratio non as-
pera, sanfter Fluss der Rede — *verborum
compreh.*] periodus. Or. 3, 48. 8.

8) von diesen beiden s. unten c. 27.

9) Pompeius, Cs. 612, Frsh. s. Liv. 53, 35. *per
se cognitus*; er wurde nach Vell. 2, 1. 4. zuerst aus seiner Familie Consul und heisst deswegen Muraen. 7 u 8 homo novus.   Censór
war er mit Q. Metellus Macedonicus (76, 1)
im J. 622, epit. Liv. 59.

10) L. Cassius (nicht Crassus, vgl. 27, 10)

hilaritate st. liberalitate habe ich nach Ern. Vermuthung aufgenommen. Was soll dies bei einem Redner gelten? jenes fodert der Gegensatz, trist. et sev. vgl. Or. 2, 56. 4, hier
c. 30, 1.

le-

legi tabellariae] welches er 616 als Volkstribun
(c. 27, 10) gab; vgl. clav. Ern. und Valer.
M. 3, 7. 9.

Lepido consule §. 6. Ueber den nachtheiligen
Einfluss dieses Gesetzes erklärt er sich deutlich leg. 3, 15: quis non sentit, auctoritatem
omnem optimatium tabellariam legem abstu-
lisse? quam populus liber nunquam desidera-
vit, idem oppressus dominatu ac potentia
principum flagitavit. Quamobrem suffragan-
di nimia libido in non bonis causis eripienda
fuit potentibus, non latebra danda populo, in
qua bonis ignorantibus, quid quisque senti-
ret, tabella vitiosum occultaret suffragium.
Eben so erklärt sich Laelius dagegen, Lael.
12, 7: deswegen widersetzte sich ihm der
Consul Lepidus und · der Volkstribun Briso.
Wie kam es also, dass Scipio dafür war?

11) Cn. und Q. Caepiones, wie er sie Font. 7
nennt und Valer. M. 8, 5. 1.

K a p. 26.

P. Crassus *Mucianus*, (so hiess er, weil er ein Sohn
des P. Mucius Scaevola (§. 2) war) hatte durch
die Adoption den Namen Crassus bekommen.
S.

S. im Anh. Nr. 1 9, und Nr. 6. 3 und vgl.
die im Ind. angeführten Stellen. Er hatte nach
Sempronius Asellio, einem Geschichtschreiber in der ersten Hälfte des siebenten Jahr-
hunderts nach R. E., dessen Worte Gell. 1, 13
anführt, quinque rerum bonarum maxima et
praecipua: 'quod esset ditissimus, nobilissi-
mus, eloquentissimus, iuris consultissimus,
Pontifex Maximus. Er war Cs. 622, Freinsh.
suppl. Liv. 59, 29, u. blieb im Kriege gegen den
Aristonikus Vell. 2, 4. vgl. Gell. 1, 13. Valer.
M. 8, 7. 6.   Seine Verwandtschaft mit dem
Galba (c. 21, 6) führt er auch Or. 1, 56. 5
und unten 33, 7 an.   Sein Bruder P. Mucius Scaevola Or. 1, 37, 3) war *trib. pl.* 612.
Fin. 2, 16 vgl. Att. 12, 5; *praetor* 616, ebds.,
consul 620; auch war er ein feiner Rechtskenner, wofür ihn Cic. hier und Or. 1, 48.
8. 1, 56. 9 ausgiebt; vgl. c. 28, 5.   Sein Vater, P. Mucius Scaevola war Cs. 577. Liv.
41, 19. S. Anh. Nr 6. 3.   Studium und industria rühmt auch an ihm Valer. M. 8, 7, 6.

consuleretur] m. s. ein Beispiel Or. 1, 56. 5.

4) Der Vater Caius Fannius war Cs. 592, Frsh.
supp. L. 46, 36; der hier genannte Sohn, C.
Fannius 631, in dem nämlichen Jahre, worin

in C. Gracchus Volkstribun war; Frsh. supp.
Liv. 60, 79, mit dem Cn. Domitius Ahenobarbus.

5) *significat*] s. die Worte selbst Or. 2, 6. 7 und
von Lucilius die Anm. bei Or. 1, 16. 6.

7) *a pluribus confusa est*, was er vorher §. 5 aus-
druckte: multi nobiles in illam orationem
contulerunt, quod quisque potuit.   Ern. aber,
der es ohne Grund als neutrum nimmt (plura),
will lieber *e* pluribus (orationis generibus).
Eben so wenig ist es nöthig mit ihm *filum* st.
stylus zu lesen, da dies nicht blos Uebung im
Schreiben (c. 24, 5. Or. 1, 33. 5 u. c. 60, 12)
wie er meint, sondern, wie die von Scheller
im Lexikon angeführten Stellen zeigen, auch
Schreibart heisst, z. B. c. 45, 6.

et Fannius] st. *et* will Gruter lieber *ei*: recht
gut als pronomen überhaupt; besser aber würde dann *ipsi* seyn.

Menelaus aus Marathus, einer Syrischen oder
Phönicischen Stadt, (Mel. 1, 12. Plin. h. nat.
5, 20) der den C. Gr. in der Beredtsamkeit
unterrichtet hatte, half ihm auch bei Ausar-
beitung seiner Reden, wie ihm hier Fannius
vorwirft.

prae-

praesertim cum sollte, nach dem ersten Satze: *nec eiusmodi est*, heissen: *nec unquam* F. h. e. Cic. änderte aber, wie Ern. bemerkt, die Constr. nach der Parenthese.

10) von der ältern Tochter des Laelius, der Gattin des Scaevola vgl. unten c. 58, 4 u. Or. 3, 12. 2. u. von Panaetius s. die Stellen im Ind. Vor diesem hatte Lälius auch den Stoiker Diogenes gehört. fin. 2, 8. 4, 9. vgl. Or. 2, 37. 3—4.

11) Nach dieser Stelle ist also dieser Fannius, Schwiegersohn des Laelius, der Verfasser der Geschichte oder der Annalen, die Cic. häufig anführt, z. B. 21,4 u. c. 87, 6 u. Or. 2, 67. 3; welches Atticus läugnete ad Att. 12, 5. *infans* c. 19, 8,

12) Von diesem Q. Mucius Scaevola vgl. Anh. Nr. 6.

Dieser Albueius, der sich als propraetor Sardiniens schändliche Bedrückungen und Räubereien zu Schulden kommen liess, (s. Pison. 38. provinc. cons. 7,) und deswegen verwiesen wurde, lebte als exsul zu Athen. Die Verse des Lucilius Or. 3, 43. 6, fin. 1, 3 charakterisiren ihn als einen Pädanten. M. s. auch unten c. 35, 1.

13)

13) *scriptos*] historiarum, belli Punici secundi
Or. 69. Von seinem historischen Werthe vgl.
Or. 2, 12. 10 u. c. 13, 1. leg. 1, 20. woraus
man sieht, dass er wenigstens einige Vorzüge
vor seinen Vorgängern in der Erzählung und
Einkleidung hatte. Auch Livius führt ihn oft
an, z. B. 21, 38. 22, 31. 23, 6, Vell. 2, 9. 5.

Kap. 27.

So wie Cic. das Talent dieser beiden Männer
hier schätzt, die ihm auch oben c. 25, 8 adolescentes ingeniosissimi heissen, so schätzt und
rühmt er es auch an andern Orten, wo er sie
nennt. S. ausser den im Ind. angeführten
Stellen z. B. off. 2, 23. 4. c. 12, 12. Tusc. 3, 20.
und vorzüglich har. resp. 19: Ti. Gracchus,
qua gravitate vir! qua eloquentia! qua dignitate! nihil ut a patris avique Africani prae-
stabili insignique virtute, praeterquam quod
a senatu desciverat, deflexisset. Allein mit
ihrem Betragen, in sofern sie Staatsmänner waren, ist er nicht zufrieden. Tib. Gracchus,
der ältere Sohn des Tib. Gracchus, von dem
er oben c. 20, 4 gesprochen hat, war als quaestor des Consuls Mancinus 616 mit nach
Spanien gegangen. Hier hatte er auf seiner
Rei-

Reise mit Betrübniss bemerkt, dass der bei
weitem grössere Theil der Römischen Bürger,
der für sein Vaterland fechten sollte, kein
Vaterland, wenigstens kein väterliches Erbe
mehr hatte, weil die Italischen Aecker in dem
Besitze einiger wenigen Grossen waren, die
auch nicht einmal andere ihr Brot ehrlich
verdienen liessen, weil sie sich ihre Ländereien zu theuer bezahlen, oder durch Sklaven ihre ungeheuren Ländereien bearbeiten liessen. Dies, wie mehrere Schriftsteller
bemerken, brachte ihn zuerst auf den Ent-
schluss, einmal alles aufzubieten, um dem verarmten Bürger wieder aufzuhelfen. Seine
Feinde aber legten ihm eine gehässige, selbst-
süchtige, rachsüchtige Absicht bei, Cicero
z. B. hier, und Vell. 2, 1. 3 — 5, u. c. 2, 1,
als hätte er dies deswegen angefangen, um
sich an dem Senat zu rächen, der das schimpf-
liche, vom Consul Mancinus geschlossene,
Bündniss mit der Stadt Numanz vernichtet
und ihn selbst dem Feinde ausgeliefert hatte.
So wenig ihm dies auch gleichgültig seyn
konnte, weil er es als Quaestor mit unter-
schrieben hatte; so wenig war es die einzige
Triebfeder! sondern seine Absicht war we-

Anm. 8ter Th.   G   nig-

nigstens grösstentheils rein, und macht seinem
Herzen viel Ehre, da, wie Cicero selbst diesen Umstand anführt acad. 4, 5, die beiden
so weisen und berühmten Männer ihrer Zeit,
P. Crassus u. P. Scaevola (hier c. 26, 1 — 2)
ihn mit Rath und That dabei unterstützten.
Freilich ging er hernach in seinem Eifer gegen
den heftigen Widerstand und die gallsüchtige
Wuth seiner Gegner zu weit; aber Schimpf
seinem erklärten Feinde überhaupt! so wenig ich hiermit den braven Cicero unter den
grossen Haufen seiner ahnenstolzen, schwel-
genden Feinde rechne. Sein etwas zu strenges Urtheil über diesen Enkel des grossen
Scipio des ältern Afrikaners muss man nach
seiner Lage beurtheilen, die man erst ganz
übersieht, wenn man aus seinen Reden gegen
den Rullus weiss, was dieser hitzige Kopf
hatte anfangen wollen. Dem treflich charak-
terisirenden Vell. 2, 2. 2. heisst er: vir vita
innocentissimus, ingenio florentissimus, pro-
posito sanctissimus, tantis denique adornatus
virtutibus, quantas perfecta et naturâ et indu-
striâ mortalis conditio recipit. Vgl. hiermit
auch die Anmerkung bei c. 25, 3.

Volkstribun war er 620. Vell. 2, 2. 2.

2)

2) *ab ipsa rep.*] eigentlich von P. Cornelius Scipio Nasica *Serapio.* vgl. Vell. 2, 3., unten c. 28, 2. 58, 7. Or. 2, 70. 6. Weil aber der Senat hinterher seine That gut hiess, so konnte er hier sagen: der Staat selbst hat ihn ermordet, dom. 34.

alter] C. Papirius Carbo, dessen Herz u. dessen Absicht mit jenem in keine Vergleichung kommt. Denn als Volkstribun im J. 622 (s. dom. 34 und Frsb. s. Liv. 58, 58, nicht im J. 620, wie Ern. meint) nahm er des ermordeten Gracchus Partei, aber blos, um sich beim Volke einzuschmeicheln (Lael. 25, 8. leg. 3, 16); er klagte deswegen öfter über die Ermordung desselben in seinen Reden vor dem Volke, Or. 2, 40. 8. und legte deswegen dem jüngern, aus dem Numantinischen Kriege zurückgekommenen, Afrikaner die Frage vor: ob er jene Ermordung für rechtmässig halte? blos um ihn beim Volke verhasst zu machen: Vell. 2, 4. 4. er soll auch wirklich an seinem plötzlichen Tode zwei Jahre nachher mit Schuld gehabt haben. Or. 2, 40. 8. Dass seine Absicht dabei aber nicht rein, sondern selbstsüchtig war, und dass er wirklich ein civis seditiosus und improbus war, wie Cic. ihn

G 2   leg.

leg. 3, 16 und ad div. 9, 21. 9 nennt, beweist
sein nachheriges Betragen, da er als Consul 633 (Frsh. s. Liv. 61, 49) den Mörder des
jüngern C. Gracchus, den Consul (632) Opimius vertheidigte. Or. 2, 25. 4 cl. c. 39, 7 c.
40, 6 u. 8. vgl. mit Frsh. supl. Liv. 61, 58-71.
Er war auch dabei einer guten Absicht sich
so wenig bewusst; verliess sich so wenig auf
die Hülfe der Patrioten, dass, da ihn der Redner L. Crassus 634 über die Führung seines
Tribunats anklagte, er der Strenge der Richter durch einen gewaltsamen Tod, wie Cic.
hier sagt, zuvorkam, oder, wie er ad div. 9,
21. 2 bestimmt sagt, sich selbst vergiftete.

Von seinen Rednergaben, von denen er
hier spricht, s. auch die im Ind. angeführten Stellen.

3) *atque — dicimus*] st. *atque* will Schneider lieber *neque*, weil, wie das folg. zeigt, er selbst
sie nach ihren vorhandenen Reden beurtheilen konnte. Allein auch Or. 2, 2. 6 sagt er:
non de C. Carbonis eloquentia scribo aliquid,
in quo liceat mihi fingere, si quid velim,
nullius memoria iam refellente. Es blieb also
die Hauptsache dabei immer das Zeugniss der
Vä-

Väter, die jene selbst gehört hatten. Statt, *dicimus* will er auch lieber mit cod. Gud. und, ed. Venet. *didicimus.*

4) *nondum satis splendidis verbis*] doch war der jedesmalige Ausdruck der eigenthümliche, passende und beste, wie Crassus an ihm rühmt Or. 1, 34. 2.

5) *Corneliae*] Cornelia, die Tochter des *Corne-lius* Scipio Africanus des ältern, die Gattin des Ti. Gracchus (c. 20, 4) war die trefliche Mutter dieser beiden Gracchen. c. 58, 3.

ei breve] *ei* st. *et* ist von Lambin.

6) Ti. Gracchus wurde in seinem Tribunate selbst schon ermordet; Carbo dagegen, der 622 Volkstribun war, wurde 633 Consul, und vergiftete sich erst 634, wie wir bei §. 1 u. 2 gesehn haben. Er konnte also seine Talente ausbilden und zeigen, *weil* er länger lebte, *quod* (oder liest man mit Junt. und Med. *quo,* so erkläre man dies *eo, quod*) *vita* suppedita-vit. (suppetiit c. 48, 3)

7) *Gellius*] c. 47, 5.

industrium — ponere] s. ein Beispiel Or. 1, 34. 1; und nach Quintil. 10, 7. 27 stellte er derglei-chen Uebungen auch im Zelte an.

9) *consulibus*] im J. R. 604. c. 15, 10.

L. Calpurnius Piso mit dem rühmlichen Zunamen *Frugi*, war in der Folge Cs. 620 Frsh.
s. Liv. 57, 19. Vell. 2, 2. 2. und 633 Censor,
Frsh. 61, 49.

10) über s. Annalen vgl. Or. 2, 12. 9. vgl. §. 5-7.
Livius 1, 55. 8. 2, 32. 3 spricht ihnen die
Glaubwürdigkeit ab, die er ihnen 10, 9.
12 zugesteht.

K a p. 28.

Vester] vester gentilis, wie er §. 10 sagt, womit er den Brutus anredet. Jener D. Junius
Brutus war Cs. 615, Frsh. 55, 1.

familiari] einen Beweis davon lesen wir Arch.
11. Er war übrigens ein Tragiker, u. die Alten
führen beinah 50 Stücke von ihm an; s. z. B. ad
Att. 16, 2 u. 5, ad div. 7, 1. 8. Vgl. oben
18, 9 und von seiner Lebenszeit bei 64, 6.

2) *tribuebat*] so liest eine Pariser Hdsr. richtig
st. *tribuerat*, da *aiebat* folgt. Das vorherg.
solebat, welches Ern. auch dafür anführt, gehört nicht hierher. Es geht ja auf Brutus,
nicht auf Attius.

Die

Dieser Q. Fabius Maximus war ein Sohn des Q. Fabius Maximus *Aemilianus*, Cs. 608 (Frsb.52, 33, Cic. Lael. 25, 9), eines Bruders des jüngern Scipio des Afrikaners u. eines Sohns des L. Aemilius Paulus des Macedonikers, den der Sohn des berühmten Q. Fabius Maximus (c. 19, 7) adoptirt hatte. Vell. 1, 10. 3.

ante Maximum] ante hunc ipsum Q. Maximum. Denn dieser Scipio Serapio (s. bei c, 27, 2) war Cs. 615 mit Brutus. §. 1: Fabius aber 632. Frsb. 61, 8. Also ein passender Sinn, wenn man so mit Ern. ein Comma, hinter Maximum setzt.

vehementem] eben so wenig hatte er ullam sermonis comitatem, wie er off. 1, 30. sagt.

3) *P. Lentulus*] bei diesem führt Ern. im Clav. an, er sey 591 Cs. gewesen (Frsb. 46, 29); sey in dem Gracchischen Auflaufe 631 (Catil. 3, 5. 4, 6) verwundet worden; und habe den M? Manilius (Caec. 21) 655 angeklagt. Dies sind aber, wo nicht drei, wenigstens zwei verschiedene Lentuler. Der mittelste passt der Zeit nach hierber.

4) *Philus*] Cs. 617, Frsb. 56, 1.

lite-

literatius] vgl. Or. 2, 37. 3. Daher hatte ihn
auch Cicero in seinen Büchern von der Republik zur unterredenden Person gemacht.
Lael. 4, 3. 7, 13. Wegen *liter.* s. bei 42, 1.

5) *Scaevola*] c. 26, 2.

prudenter] denn dieser M? (wie auch Ern. im Cl.
angemerkt hat, nicht M., wie er hier hat stehn
lassen) Manilius, Cs. 604 (c. 27, 9), war ein
grosser Rechtskenner. Or. 3, 33. 4. 1, 48. 8.

6) Appius Claudius Pulcher, der Schwiegervater des Ti. Gracchus, war Cs. 610, Frsh.
53, 5.

7) Flaccus, der den Scipio (§. 2) wegen der Ermordung des Gracchus anklagte, Or. 2, 70, 6.
und den auch C. Gracchus 632 zum Triumvir
bei Vertheilung der Aecker machte, war Cs.
628, Frsh. 60, 18. Er, nebst seinen Kindern
büsste mit Gracchus sein Leben beim Auflauf
ein. Frsh. 61, 28 Vell. 2, 6.

Cato, Cs. 639, Frsh. 62, 54, ein Enkel des alten
Cato Censorius (c. 15, 10), dessen Sohn die
Tertia, des Paulus (§. 2) Tochter, Schwester
des jüngern Scipio des Afrikaners, zur Gattin
gehabt hatte; Vell. 2, 8. Plutarch. in Caton.
mai. 24. Cic. Caton. 6, 1.

8)

8) *Decius*] Praetor 638. Aurel. Vict. de vir. ill.
72, 6, Frsh. 62, 26. *turbulentus*, vermuthlich blos deswegen, weil er den Opimius, den
Mörder des jüngern C. Gracchus verklagte.
(s. oben bei c. 27, 1) Or. 2, 30. 6 u. 7.

9) Der Vater dieses Drusus, Caius Drusus, war
Cs. 606, Frsh. 50, 36: sein Sohn ist der berühmte Volkstribun i. J. 662. c. 62, 4. Er selbst,
wie Sueton. in Tiber. 3 sagt, ob eximiam adversus Gracchos operam patronus senatus dictus est, d. i. wie er hier sagt, collegam iterum
tribunum (631) *fregit*, wie ich nach Corradus Verbesserung st. *fecit* aufgenommen habe,
welches keinen Sinn giebt.

C. Drusus] Tusc. 5, 38.

10) *gentilis*] denn dieser hiess M. *Junius* Penus.
So wie er den C. Gracchus ängstigte, so ängstigte ihn dieser wieder, da er dessen Vorschlag de peregrinis urbe prohibendis eisque
exterminandis (off. 3, 11. 3) in einer eigenen
Rede angriff, wie man aus Festus in *respublica* sieht.

11) *consulibus*] im J. 627, Frsh. 60, 3. Des letztern Consuls quaestor war C. Gracchus in Sar-
dinien. Plutarch. in vit. c. 1. Gell. 15, 11.

G 5   *con-*

consul fuit] 585. Liv. 45, 16.

12) *vidi*] denn jener war Cs. 630, Frsh. 60, 31,
vgl. hier bei 74, 6.

Kap. 29.

Von *Curio* und C. *Gracchus* spricht er hernach c. 32 u. 33. von Rutilius c. 30: hier von
M. Aemilius Scaurus, Cs. 638 u. 646.

at st. *et* habe ich nach Ern. Vermuthung aufgenommen. Denn *quorum neuter* — *et uterque*
hängt schlecht zusammen. Leichter wäre
vielleicht Schneiders Vermuthung *etsi.*

2) *in quibus* st. *quibusdam* habe ich nach Ern. Vorschlag aufgenommen. Denn wie kann *qui-
dam* hier stehn, da er von zwei Männern
bestimmt spricht?

3) Diese Eigenschaften einer Rede handelt er in
den Büchern de oratore ab. *nisi — conditius,
nisi orationem tuam - - - magis condiveris,*
vgl. 48, 1.

solute, facile, volubiliter, vgl. c. 28, 6. 81, 2. 61,
5. 63, 5.

5) *gravitas — auctoritas*] eben so off. 1, 30. 9:
in M. Scauro erat singularis severitas, und
red-

rednerischer Font. 7 : ecquem hominem vidimus, ecquem vero commemorare possumus
parem consilio, gravitate, constantia, ceteris
virtutibus, honoris, ingenii, rerum gestarum ornamentis M. Aemilio Scauro fuisse?
Vgl. Or. 1, 49. 5.

testimonium, dies ist einmal *kurz*, Or. 2, 84. 3.
und kurz in diesem Sinn darf eine vollkomm-
ne Rede nicht seyn; zweitens muss dies weit
gewissenhafter seyn, α. 85', 4. als eine Rede.
Denn dort muss man die Würde des Senators
nicht vergessen §. 6: hier kann man sich als
Redner manche Kunstgriffe erlauben, um ins
Herz der Richter und Zuhörer einzuschlei-
chen, wie Antonius Or. 2 in mehrern Stellen
zeigt.

eum pro reo diceret habe ich eingeklammert, da
es, wie Schneider bemerkt, nichts mehr
sagt, als was schon in causam liegt, und das
so kurz hintereinander wiederholte dicere
unangenehm klingt.

6) *cuius* (senatus, welches in senatoriam liegt)
princeps erat, seit dem J. 638, Frsh. 62, 26
und 27.

fidem,

fidem, Glaubwürdigkeit, Zutrauen, welches'ein
vir bonus hat, zumal bei solchem äussern Ansehn. §. 5.

7) *Cyri vitam et discipl.*, Xenophons Cyropädie.

nec tamen] besser würde zu dem vorberg. *neque
tam* passen *nec tam*, wie Schneider vermuthet.

Kap. 30.

Rutilius, oder wie er oben 22, 1 hiess, P. Rutilius Rufus. S. die Anm. bei c. 22, 1.

tristi et sev.] vgl. oben 25, 10, wo er selbst ein
strenger Stoiker war. §. 3. M. s. Or. 1, 53 und
was Antonius dort, besonders §. 11, darüber
urtheilt.

2) vg'. Or. 2, 69. 7. *ille* (Rutilius) *accusavit com-
petitorem* Scaurum.

respondendi] consulentibus c. 26, 3. Denn in
seiner Jugend war er oft bei dem geschick-
ten Juristen P. Scaevola (c. 28, 5. und 26, 2)
gewesen. off. 2, 13. 12.

3) *Panaetii*] s. den Ind.

quorum peracutum — accommod.] s. bei Or. 3, 18.
1 u. 1, 10. 7. 2, 38. 1 — 5.

4)

4) als Stoiker spricht Cicero Tusc. 5, 12: cui viro ex se ipso apta sunt omnia, quae ad beate vivendum ferunt, nec suspensa aliorum aut bono casu, aut contrario pendere ex alterius eventis et errare coguntur, huic optime vivendi ratio comparata est. Eben so rühmt Fannius von seinem Schwiegervater, dem Laelius, einem Schüler des Panaetius (c. 26, 10): omnia sua in se posita ducit, humanosque casus virtute inferiores putat. (Lael. 2, 5)

5) *Crassus, Antonius*] von denen unten c. 36, 7 ff. und Anh. Nr. 1 u. 2. vergl. über dieses Urtheil Or. 1, 53.9. *consulares* waren beide damals, nämlich 660, da Rutilius verklagt und verwiesen wurde. Anton. war 654, Cr. aber 658 Cons. gewesen.

6) *Cotta*, s. Anh. Nr. 4. *adolescens*, da er, geboren 629, (c. 88, 2) erst 32 J. alt war.

7) *Mucius* Scaevola, augur c. 26, 12. Or. 1, 53.8.

8) *Scaurum* (c. 29) *in antiquis*, doctrina non excultis. c. 29. 4 u. 6 vgl. 35, 2. 86, 2.

ne haec quidem genera (dicendi genus Stoicum et antiquum) *in civitate hac caruerunt laude oratoria* — so gehören diese Worte zusammen.

9)

9) *difficili* kann, wie Ern. bemerkt, nicht recht
seyn. Denn gerade das Gegentheil verlangt
man hier, vgl. bei c. 29, 3. Daher vermuthet
Schneider *facili.*

simplex in agendo veritas] so wie er von Rutilius
Or. 1, 53..6 spricht: ne ornatius quidem aut
liberius causam dici suam voluit, quam simplex ratio veritatis ferebat.

molesta] affectata, nimis arguta, difficilis. *Ern.*

Kap. 31.

Ueber die Sache im Allgemeinen, die er
hier gelegentlich abhandelt: Stoische Philosophie taugt nicht zur Bildung des Redners:
vgl. die bei c. 30, 3 angeführten Stellen.

Pauli (c. 20, 6) *nepos.* Denn dieses Paulus Tochter hatte den Q. Aelius Tubero, den Vater
dieses Q. und des P. Tubero (Or. 2, 84. 4)
zum Gatten gehabt.

vacationem augures non habere] diese hatten sie
auch zu Cicero's Zeiten nicht. s. ad Att. 12, 19.

2) *fuit molestus*] war er dies, wie jenes §. 1,
zu des Afrikaners Lebzeiten, so ist dies Ti.
Gracchus.

3)

3) *doctissimus*] denn er studirte die Stoische Philosophie sebr eifrig. Or. 3, 23. 5.

4) *prudent. in disser.*] vgl. die ausführlichen Stellen darüber Or. 1, 10. 7. 2, 38. 1 u. hier §. 6.

architecti paene verborum] denn studiose exquisiverunt, unde verba essent ducta: off. 1, 7. 6. ex omnibus philosophis plurima verba novaverunt. fin. 3, 2 4, 3.

5) Ueber den Cato, der als Stoischer Philosoph doch Redner war, vgl. parad. praef. *Fannius* c. 26, 11. *Rutilius* c. 30.

6) *fusum*] dagegen adstrictum §. 10, wie c. 25, 1 vgl. 13, 6.

7) *avunculus*] s. bei c. 62, 4.

9) *id est ex vetere Aeademia*] diese Glosse hat Ern. eingeklammert. Wollte man sie mit dem steifen Gruter retten, so müsste man sie wenigstens hinter *copia* setzen. In Absicht der Sache vgl. c. 97, 7. 40, 7. und den Ind. in *oratores Peripatetici*, die in der Einl. angeführte Stelle Or 3, und besonders Tusc. 2, 3. Den letzten Satz: ein vollkommner Redner muss auch Philosoph seyn; aber ein blosser Philosoph ist noch kein Redner, beweist er in den Büchern de oratore durch Crassus.

11) *Platone*] hätte sich, spricht er daher off. 1, 1. 8, Plato auf die gerichtliche Beredtsamkeit legen wollen, gravissime eum et copiosissime potuisse dicere existimo. Vgl. Or. 1, 11. 6 u. 14. c. 7, 7.

Iovem sic loqui] der allgemeine Begriff der schönen, einnehmenden Sprache ist — *göttlich* (s. bei Or. 1, 7. 8); der specielle — die Sprache des *Zeus*, wie hier, (worin vorzüglich Erhabenheit, Würde und Nachdruck liegt, wenn man sich diesen Gott in der Beschreibung des Homer Il. 1, 528, oder in dem Marmor des Phidias denkt;) oder der *Musen*, wie er Or. 19 sagt: Xenophontis voce Musas quasi locutas ferunt, u. wie Varro mit dem Aelius Stilo (c.56, 7) beim Quintil. 10, 1. 99 meint, Musas Plautino sermone locuturas fuisse, si latine loqui vellent.

12) *Aristotele*] vgl. Or. 1, 10. 8 c. 13, 1. 2, 10. 9. 1, 11. 14. 3, 19. 3.   Eben dieser fundit aureum orationis flumen. acad. 4, 38. 1, 4.

Theophrasto] welcher divinitate loquendi nomen invenit. Or. 19. vgl. oben 9, 7 u. unten c. 46, 9.

Was er hier als blosse Sage anführt, das führt er off. 1, 1. 8. Or. 1, 20. 1 als gewiss

an,

an, und Plutarch im Leben desselben c. 5 führt
es auch aus. Hermippus an, welcher in einer
namenlosen Schrift gefunden hatte, τοι Δημοσ-
θεη συνισχολακιναι Πλατωνι και πλειστον εις τας λο-
γους ωφιλεισθαι.

epistola] welche verloren gegangen ist.   Denn
den Brief, worin er dies von einem Herakleo-
dor sagt, kann Cic. nicht meinen.

Kap. 32.

3) *igitur* weist auf c. 29, 1 zurück, wo er ihn
schon genannt hatte.   Dieser Curio brachte
es blos zur Prätur §. 9, die er im J. 632 führte: sein Sohn c. 58 war Cs. 677; sein Enkel
c. 81 Volkstribun im J. 703.

illustris orator] daher §. 4 omnium optima eius
oratio; und Or. 2, 23. 12 heisst er eloquentissimus.   Aus dieser Rede selbst führt Cic.
inv. 1, 43 diese Worte an: nemo potest uno
adspectu neque praeteriens in amorem in-
cidere.

5) *praeclare teneo*] ich sehe sehr deutlich, weiss
sehr wohl.

7) *enumera me*] nachdrücklicher würde es heissen, wenn man mit Ern. und Schneider läse: et me numera.

8) *tritae* (legendo et audiendo) *aures*, ein geübtes Ohr, welches gleich hört, was gut oder schlecht ist, wie Servius Paetus ad div. 9, 16. 8 : tritas aures habet notandis generibus poëtarum et consuetudine legendi, inde facile dicens: hic versus Plauti non est, hic est.

9) *illustria et*] *multa et illustria dixit*, konnte Cic., meint Schneider, nicht wohl von Curio sagen, da er ihn selbst nicht gehört hatte. Er vermuthet daher, da cod. Gud. illustr*i*, ed. Ven. illustri*s* lesen, *illustrium* in num. p. f., weil er §. 3 von ihm sagte *illustris orator fuit*. Diese Gründe rechtfertigen diese aufgenommene Lesart.

K a p. 33.

Von der Bildung dieses C. Gracchus, des jüngern Bruders des Tib. Gracchus, c. 27. unter seiner gebildeten und braven Mutter sowohl als seinem Lehrer Menelaus siehe c. 27, 5 und c. 26, 7; von seinem eigenen Eifer dabei Or. 3, 60. 5. Die Erhabenheit in seinem Ausdruck

druck, die Weisheit in seinen Gedanken, die
Würde in dem ganzen Gange seiner Rede
rühmt er hier, §. 5, so wie seine Fülle u. seinen
Reichthum §. 2, und seine ausserordentlich
wirkende Action Or. 3, 56. 5. Von seinen
rednerischen Talenten, so wie von seinen Un-
ternehmungen urtheilt Velleius 2, 6. wie unser Cicero, vgl. oben bei c. 27, 1, wenn er
sagt: „tam virtutibus fratris omnibus, quam
huic errori similis, ingenio etiam eloquentia-
que longe praestantior. Qui cum summa
quiete animi civitatis princeps esse posset,
vel vindicandae fraternae mortis gratia, vel
praemuniendae regalis potentiae, eiusdem ex-
empli tribunatum ingressus, longe maiora et
altiora repetens dabat civitatem omnibus Ita-
licis. "

2) *legas censeo*] was er §. 6 noch einmal wiederholt, Quintil. aber 2, 5. 21 widerräth, damit der junge Redner nicht durch sie dures-
cat, fiat horridus atque ieiunus. Uebrigens findet man bei den Alten, besonders den Grammatikern, mehrere seiner Reden genannt.

3) Opimius der Consul (632) bewafnete Rom gegen ihn und bezahlte seinen Kopf mit Gold.

S. die Stellen im Ind. bei C. Gracchus Opimius und Septumuleius.

4) seine brüderliche Liebe zeigt er z. B. Or. 3, 56. 5; Liebe aber zum Vaterlande in so fern nicht, weil er Or. 1, 9. 8 sagt, er habe sein Vaterland zerrüttet, wie sein Bruder.

vel paternam — consecutus] *er würde gross geworden seyn, wie sein Vater* (s. Ind. in Ti. Gracchus pater) *und* (mütterlicher) *Grossvater;* (der ältere Scipio der Afrikaner, dessen Tochter Cornelia die Mutter dieser Gracchen war; c. 27, 5 c. 58, 3) völlig wie off. 2, 23. 4: Gracchi, Ti. Gracchi, summi viri, filii, Africani nepotes; dagegen Or. 1, 9. 10: Gracchi filii cum civitatem vel *paterno* consilio, vel *avitis* armis florentissimam accepissent, rempublicam dissiparunt.

7) vom Vater Galba s. oben 21, 6 und von P. Crassus c. 26, 2.

8) *Mamilia* (wie Ern. hier und 34, 3 richtig geändert hat st. Manilia) *lex* von C. Mamilius Limetanus, dem Volkstribunen, welcher im J.643 nach Sallust. B. Iug. 36 gleich beim Antritt seines Amts (im December) rogationem promulgavit, uti quaereretur in eos, quorum consilio

silio Iugurtha senatus decreta neglexisset; quique ab eo in legationibus aut imperiis pecu-
nias accepissent; quique elephantos, quique
transfugas tradidissent; postremo qui de pace
aut bello cum hostibus pactiones fecissent.
Den Erfolg s. hier c. 3, 2 und 3.

10) *qui esset*] cum esset, wie c. 34, 3.

K a p. 34.

Scipio] ein Sohn des c. 28, 2 dagewesenen Scipio
Serapio, dessen sermonis comitas und affabi-
litas er Off. 1, 30. 16 rühmt, welche seinem
Vater ganz fehlten, ebend.

in consulatu] 642 mit dem §. 2 genannten L. Calpurnius Bestia.

2) *tribun.*] im J. 632.

Popillium] s. oben bei c. 25, 3, und über den Umstand, dass er diesen heftigen Gegner des Ti.
Gracchus und diesen wütenden Verfolger aller
seiner Anhäng. den er dort civis egregius nennt,
so wie er hier deswegen den Bestia rühmt,
dass er diesen durch den C. Gracchus vertrie-
benen Popillius wieder zurückbrachte (p. red.
ad Quir. 3 und in Sen. 15), s. oben die Anm.

bei

bei c. 27, 1 : denn sonst taugt Bestia nicht viel ;
und nach dem, wie wir den Mamilius aus dem
Sallust kennen, verdient seine lex nicht das
verhasste Beiwort invidiosa: eben dieser
Schriftsteller, der diesem Consul Bestia viele
Geistes - und Körpergaben nicht abspricht,
setzt gleichwohl hinzu c. 24, seine Habsucht
habe sie alle überwogen, da er sonst patiens
laborum, acri ingenio, satis providens, belli
haud ignarus, firmissimus contra pericula et
insidias gewesen sey. Und eben gegen diese hier gerügte Habsucht ging ja die oben bei
c. 33, 8 angeführte Bill des Mamilius.

3) *quaestio* hat Ernesti mit Recht eingeklammert, so wie es Lambin ganz weggestrichen
hatte. Schneider rettet es dadurch, dass er
de quaestione lesen will, weil diese lex ver-
langte, *ut quaereretnr* in eos, quorum consilio Iugurtha senatus decreta neglexisset; s.
bei c. 33, 8. Wenigstens im Nominativ kann
es nicht stehn bleiben, weil dieser *iudices* ist.

Bestia war, wie bei §. 1 angemerkt ist, Cs.
642, Cato 639, c. 28, 7, Opimius 632 und
Albinus 643. c. 25, 2. Da sie hier alle vier
Consulares heissen, so sieht man daraus schon,

dass

dass sie nach jener Bill erst im J. 644 verdammt wurden.

Gracchani iudices] die Ritter, welche nach dem
Gesetze des C. Gracchus die Gerichte bekommen hatten. s. bei c. 43, 10.

Opimius heisst hier als Mörder des C. Gracchus,
aus dem bei §. 2 angeführten Grunde, civis praestantissimus, da er doch, obgleich er ein guter
Krieger (Vell. 2, 6, 4) war und beim Vell. 2,
7, 3 auch vir sanctus et gravis heisst, bei
dieser Gelegenheit, weswegen er ins Exil
musste, nichts weniger als unschuldig war,
und Plutarch im Leben des C. Gracchus c. 18
ausdrücklich sagt, dass er sich vom Jugurtha
habe bestechen lassen, und im Exil von allen
verachtet und sogar gehasst gelebt habe;
auch Sallust de Iug. c. 12 sagt ausdrücklich,
jener König habe es durch Geschenke und
Versprechungen bei ihm so weit gebracht,
uti fama, fide, postremo omnibus suis rebus
commodum regis anteferret.

4) *in tribunatu*) nach Pighius im J. 632. Dass
man mit Schneider hier an C. Licinius Crassus
(Lael. 25, 9) den Volkstribunen im J. 608, den-

H 4   ken

ken sollte, leidet wol die Zeit nicht, in welcher Cicero hier steht und die übrigen nennt.

5) *patronus*, welches Ernesti'n mit Recht verdächtig war, habe ich eingeklammert, da es gleich §. 6 wiederholt wird. Aus dieser Glosse entstand die andere Verfälschung *luculentus* statt *truculentus*, wie er richtig vermuthet, welches ich auch deswegen gleich aufgenommen habe. Denn zu diesem passt das mildernde: *ut ita dicam*, weil es eigentlich vom Aeussern, von Gesichtszügen gebraucht wird,

C. Fimbria Flavius war Cs. mit C. Marius 649, vgl. Or. 2, 22, 4, wo er ihm nervos dicendi zugesteht, aber auch oris pravitatem et verborum latitudinem an ihm rügt, so wie man zu dem *bonus auctor* einen Beleg Off. 3, 19, 7 findet.

genere toto] nämlich orationis oder dicendi, wie c. 33, 5.

7) *Calvinus* ist wahrscheinlich eine und eben dieselbe Person, welche Or. 2, 60, 8 und c. 61, 5 vorkömmt.

9)

9) *Brutus*] nämlich fuit, welches er, wiewohl etwas hart, blos deswegen auslassen konnte, weil es drei Worte darauf wieder stoht. Ueber diesen Mann selbst vgl. man die im Ind. angeführten Stellen, wo man auch die Stellen von seinem Vater findet; vgl. Off. 2, 14, 11 und von ihm selbst Cluent. 51, wo er heisst homo in dicendo vehemens et calidus.

accusationem factitare, ein ordentliches Handwerk aus dem Anklagen machen, wie Tac. H. 2, 10, 2 sagt: delationes factitare, und §. 7 accusationes exercere. Vom Lykurg ist dies Urtheil zu hart, wie die Anm. zu c. 9, 4 zeigt.

11) *de iustitia*, wofür P. Manut. und Lambin *de iniuria* oder Ernesti *de iniustitia* ändern wollen: wenigstens muss man es so erklären.

Kap. 35.

Albucius] s. oben bei 26, 12.

Epicureus, aptum ad dic. genus] st. in disciplina Epicureorum, quorum philosophandi ratio minime apta ad dicendum est. Vgl. in Absicht der Sache Or. 3, 17. 5 u. 3.

2) Vom Catulus siehe Anh. Nr. 7.

mul-

multae literae] off. 1, 37. 5.

orationis comitas] ebds. und c. 30, 15. vgl. mit dem rühmlichen Zeugnisse, welches ihm Antonius giebt, Or. 2, 7. 6, und Crassus Or. 3, 8. 2 u. 2, 18. 1, wo er sich selbst charakterisirt.

de consulatu et de rebus gestis] de rebus in consulatu, oder a se consulé gestis in bello Cimbrico, cuius victoriae gloriam, wie er Tusc. 5, 19 sagt, cum collega Catulo communicavit Marius.

molli et Xenoph.] s. Or. 2, 14. 1.

ante dixi] c. 29, 7.

3) *nunquam — incid.*] ,,von ungefähr sind sie mir in die Hände gefallen; und da ich selbst sie nicht gesucht habe, so ist es meine Schuld, dass ich sie nicht genauer kenne.''

5) *laus dicendi*] wie c. 13, 6 und hier §. 8: also ist *in dicendo* eine Erklärung dieser richtigen Lesart.

suavit. appell. lit. erklärt er off. 1, 37. 5, vgl. unten 74, 7.

filium] dieser Q. Lutatius Catulus, Cs. 675, wird von Vell. 2, 32 und von Cic. Manil.

17

17 u. 20 mit ausgezeichneter Hochachtung genannt.

6) *modo contentus*] vor *cont.* konnte leicht *eo*
herausfallen. welches Lambin deswegen dazu gesetzt hat.

7) Metellus *Numidicus* (s. bei Or. 2, 40. 1) war
Cs. 644, Frsh. s. Liv. 64, 55, vgl. wegen seiner Gelehrsamkeit Or. 3, 18. 8.

Dieser Scaurus hier, der auch Verr. 1, 33
und in Caecil. 19 vorkömmt, ist aus dem Geschlechte der *Aurelier;* jener, den wir oben
c. 21, 2 gehabt haben, aus dem der *Aemi-*
lier.

8) *Albino*] Cs. 654, Frsh. 69, 42.

10) Q. Servilius Caepio, Cs. 647, unter dem Cicero geboren wurde, c. 43, 12, erlitt als Proconsul im Oktober 648 eine fürchterliche Nie-
derlage von den Cimbern, da er nach der epit.
Liv. 67 an 80,000 Soldaten und an 40,000
Tross verlor (dies ist hier fortuna belli).
Deswegen verklagte ihn nach 10 Jahren, 658,
der wütende Volkstribun Norban, (s. die Stellen im Anh. Nr. 2.) gegen den ihn Crassus,
damaliger Cs., vertheidigte. c. 44, 2.

in-

invidia populi] beim Volke hatte ihn Norban verhasst gemacht, weil er das Andenken an jene
gefallenen und so unnütz aufgeopferten Krieger bei ihren Verwandten zu erneuern gewusst hatte; die Ritter hatte er auch gegen
sich, weil er als Cs. 647 ihnen die Gerichte
hatte nehmen wollen. Or. 2, 48. 7. — Er
ging ins Exil nach Smyrna, welche Stadt ihm
ihr Bürgerrecht schenkte. Balb. 11. Und nicht
blos jene Klagen, sondern eine abscheuliche
Räuberei und schändliche bei dieser Gelegenheit in Gallien verübte Merdthaten bra-
chen den Stab über ihn. Gell. 3, 9. Oros. 5,
15. Strab. 4.

Kap. 36.

C. Memmius, den er eben so, wie hier, Or. 2,
59. 7. c. 70, 4. c. 66, 10 charakterisirt, erscheint beim Sallust. B. Iug. 23 ehrenvoller.
Denn bei diesem heisst dieser Volkstribun (im
J. 642) vir acer et infestus potentiae nobilitatis; er setzt c. 26 hinzu: ea tempestate Mem-
mii facundia clara pollensque fuit, und legt
ihm darauf c. 27 eine Rede in den Mund, die
seinem Herzen eben so viel Ehre macht, als
seinem Kopfe. Nach Appian. de B. C. 1 und

Cic·

Cic. Catil. 4, 2. ermordete ihn nachher der Volkstribun Saturnin. *L. Memmius kommt nur noch c. 89, 1 vor.

2) *Thorius*] Balbus *lege*, welche er im J. 646 gab. S. Clav. Ern. im Ind. leg. und Schweighäuser bei Appian. 1, 27. tom. 3 S. 688.

4) *Cotta*] c. 74, 8.

6) *sint*] besser und richtiger ist *sunt* im Cod. Gud. und in ed. Venet.

7) *spisse*, tarde, cum difficultate. *Ern.* in Clav., wie Or. 2, 53. 3.

Demosth., Hyper.] c. 9, 2 und 4. Was also jene unter den Griechen sind, das sind ihm Cr. und Ant. unter den Römern.

K a p. 37.

Vom Antonius s. Anh. Nr. 2.

suo quaeque loco] daher lässt er ihn sehr passend eben davon Or. 2, 76 reden; und Antonius bedient sich dort des hier gebrauchten Gleichnisses selbst sehr oft, z. B. Or. 2, 72. 3 - 4 u. 7. c. 75, 2, c. 77, 9. c. 17, 6. c. 20, 3 — 4. c. 42, 8. c. 44, 8 und bei 1, 57. 3.

3)

3). *elegans sermo* erklärt Cic. gleich selbst durch
diligenter loqui; vgl. 72, 3, wo Caesar *ele-*
gantissime loquitur, dessen consuetudo *pura*
et *incorrupta* ist c. 75, 3, und *elegantia* verborum *latinorum* §. 4, und einmal selbst behauptet 72, 5 verborum *delectus* sey origo eloquentiae, vgl. 78, 5, wo Cic. selbst am Piso
rühmt verborum *delectus elegans*. Vgl. bei Or.
1, 2. 3.

proprie] Lambin liest *propria*: die dem Redner
eigenthümliche Ehre.

dixi] c. 35, 5.

4) vgl. c. 75,4. 72, 3. Or. 3, 14. 3—4. c. 37, 6.
c. 10, 4.

scire latine] nämlich loqui.

comprehensione (periodo, periodice. Or. 3, 48. 8)
devincire verba, die Worte periodisch verbinden, periodisch sprechen.

rationem] wie Or. 1, 4. 3, Plan, System, wie
das folg. artem zeigt.

5) σχηματα c. 17, 10. *oratorem*] eher erwartet
man hier *orationem*, wie andere auch haben.
pingere und *illuminare* ist von Gemälden auf
die Rede übergetragen: sie geben dem ganzen

zen Gemälde nicht so wohl durch einzelne
Züge (durch die Worte), als vielmehr durch
Haltung des Ganzen (durch hervorstechende
Gedanken) seinen Werth.

K a p. 38.

gestus erat u. s. w. wie Or. 3, 59. 1. Er machte
nicht bei einem jeden Worte einen gestus, sondern begleitete blos seine einzelnen Gedanken
mit schicklichen gestus.

munus, Or. 3, 59. 2. *latera,* das. §. 1 und 1, 60.
6 und hier 80, '5,

supplosio pedis] Or. 3, 59, 2. vgl. 1, 53. 10.

Ueber die Action überhaupt vgl. die Anm.
bei Or. 1, 31. 7. und über Demosthenes Or.
3, 56.

4) Ueber Crassus vgl. den Anh. Nr. 1. und wegen der Vergleichung mit Antonius s. Or. 3,
9, 1 — 3.

6) *cuiusquem ingenium*] quemquam ingeniosum
oratorem, vgl. wegen der Sache 57, 1.

6) *gravitas — urbanit.*] vgl. ausser mehrern im
Anh. angeführten Stellen vorzüglich Or. 2,
56. 4 und wegen *elegantia,* als Wort, c. 37, 3,

als

als Eigenschaft des Crassus, Or. 3, 9. 3. *mira explicatio*, eine bewundernswürdige deutliche Entwickelung der Begriffe.

similitud.] z. B. c. 53, 1.

Kap. 39.

et excit.] Dies will Ern. lieber st. *aut*. Da man sich aber doch das suspicionem sedare, excitare, als zwei verschiedene Fälle denken muss; so kann auch *aut* recht gut stehen bleiben. Zu der Sache selbst findet man Beispiele in seiner Rede für den Norban nach den davon im Anh. Nr. 2 angeführten Stellen.

in Curii causa] arripuit patrocinium aequitatis et defensionem testamentorum ac voluntatis mortuorum, wie Antonius sagt, Or. 1, 57. 5. — Die Sache selbst, wie man aus Vergleichung der Stelle Caecil. 18 mit der c. 52 und 53 in dieser Schrift, und aus Or. 1, 39. 8. cap. 10. Quintil. 7, 3. 9 und 10 sieht, war diese: Coponius hatte den Curius mit diesen, Or. 2, 32. 11 angeführten, Worten in seinem Testament zum Erben eingesetzt: si mihi filius genitur, isque prius moritur — — tum ut mihi ille sit heres. Er starb aber ohne Kinder

der. Nun meinte Scävola, der Gegner des
Crassus, Curius, der erst·nach dem Tode
eines Sohnes hätte erben sollen, könne jetzt
nicht Erbe seyn, da gar kein Sohn da gewesen wäre; das Vermögen des Verstorbenen
falle also dem nächsten Anverwandten, dem
M. Coponius, zu. Crassus dagegen sah, wie
billig, auf den Willen, auf die Absicht des
Verstorbenen: und dieser gemäss musste
Curius auch jetzt erben, da ihn jener zu seinem Erben eingesetzt und ihm blos seinen
Sohn vorgesetzt hatte. Da musste es denn
doch einerlei seyn, ob der Sohn eher gestorben, oder ob gar keiner geboren war. Crassus siegte auch, c. 53, und schlug seinen
Gegner vorzüglich mit Witz und mit passenden Beispielen, da jener steif als Jurist am
Buchstaben klebte, wie diese und andere Stellen zeigen, z. B. Or. 1, 57. 2, 54. 10 u. 13.

2) *Scaevola* ist hier der Pontifex maximus, der
College des Crassus im Consulat 658, der
trib. pl. 647 gewesen war, c. 43, 10; in allen andern Staatsämtern aber jenes College.
c. 43, 9 und 10. Unser Cicero, dessen Führer er auch einige Zeit gewesen war, Lael.
1, 4. rühmt ihn sowohl wegen seiner ausser-

ordentlichen Rechtskenntnisse, und wegen
seiner Beredtsamkeit eben so sehr hier und
c. 40, 1-5, vgl. Or, 37.3 und besonders Or. 1,
39. 8, als wegen seiner Gerechtigkeit und Bie-
derkeit, wie die bei Or. 3, 3. 6 angeführten
Stellen zeigen. Aus Or. 1, 37, 3. vgl. Anh.
Nr. 6 und den Ind., ersieht man auch sein
Geschlecht, so wie aus Or. 3, 3. 6 und unten
c. 90, 7 seine grausame Ermordung im J.
671.

vertebatur] eine Pariser Hdsr. und die Venet.
Ausg. haben das frequent. *versabatur*, welches eben so gut, und sonst gewöhnlicher ist.

3) *consularibus dicta est*] im J. 661, da beide
vorher 658 Consuln gewesen waren.

Kap. 40.

quo utebatur — nostri] eine verdorbene Stelle,
die auch in der Arnaldischen Verbesserung
(var. coniect. p. 405) steif bleibt: *qua utebatur pater* (Rutilii), familiaritatem Scaevolae
nosti.

2) *ingenium*] wie c. 38, 4. ein so vorzüglicher
Kopf, ein so talentvoller Mann.

dixi] c. 39, 3. vgl. Or. 1, 39. 8.

4)

4) *elegantium parcissimus*] d. i. er sprach zwar sehr genau und rein, c. 38, 6; doch haschte er nicht nach eleganten Ausdrücken, man merkte kein mühsames Streben darnach, sine molestia diligens elegantia. das.

parcorum elegantissimus] Scävola war kurz; aber unter allen Rednern, die so sprechen, zeichnete er sich durch seinen Geschmack sehr aus, vgl. c. 39, 4.

5) *comit. sever.*] s. bei c. 38, 6.

6) *hoc modo*] nämlich de ipsis eorumque virtutibus sic dicere. *Ern.*

ut dicantur a me quodam modo] ut concinnitatem captem et eius laudem petam per illa σχηματα parium paribus relatorum. *Ern.* „um hier nur meine schönen Antithesen anzubringen.“ Schneider will so lesen: licet omnia hoc modo, ut a me dicuntur, essent; vereor tamen, ne fingi videantur haec. Quodammodo res se sic habet, vgl. c. 51, 9.

7) *vestra*] c. 31, 9. 97, 7.

mediocritas] die, wie Cic. off. 1, 25. 13 sagt, est inter nimium et parum, wie Aristoteles gewöhnlich seine Tugenden die Mittelstrasse

I 2   zwi-

zwischen dem Zuviel und Zuwenig gehen
lässt.

alterius laude — suam totam] der Charakter des
Crassus war nach §. 5 comitas, die er aber
gehörig mit severitas zu mischen wusste: der
des Scävola war dagegen severitas, die er wieder mit comitas so zu mildern verstand, dass
sein Ernst ihn charakterisirte, ohne ihm bei
andern zu schaden.

8) Servius Sulpicius Rufus, welchen man näher
aus den Briefen des Cicero an ihn im vierten
Buche kennen lernt, bewarb sich für das J.
691 ums Consulat, wie man aus der Rede für
den Muräna sieht, er wurde es aber erst 702,
ad div. 8, 10. 8. und starb im J. 710. Pail. 9,
1. ad div. 12, 5. 7. Von seinen Kenntnissen,
vorzüglich des Rechts, siehe die angeführte
Rede und ad div. 4, 3. 12.

esse — iudico] ,,ich bewundere in dir die Eigenschaften des Crassus, so wie in dem Sulp. die
des Scävola.‘‘

9) *ius civile*] vgl. c. 93, 8. Cicero studirte das
Bürgerl. Recht unter jenem Scävola, und Scävola dem Augur. Lael. 1, 1 — 4. und unten
c. 89, 8: und hierin besass Sulpicius eine vor-
                                                    züg-

zügliche Stärke, wie man ausser unserer
Stelle besonders aus der schon angeführten
Rede für den Muräna sieht.

Kap. 41.

Rhodum] wo Cicero den Molo gehört hatte,
c. 91, 11.

prima ars ist ihm die Beredtsamkeit, der er den
Vorrang vor allen andern einräumt: s. bei
c. 6, 9. *secunda*, ist die Rechtswissenschaft.

4) *sic enim*] d. i. antepono: sic enim, wie 24, 1.

eam artem, quae u. s. w. d. i. wie er c. 42, 1
sagt, die Dialektik oder Logik, (vgl. Or. 2,
38. 1,) welche nach Diogenes Laert. 7, 42
die Stoiker so definirten: επιστημη τε ορθως δια-
λογισθαι περι των εν ερωτησει και αποκρισει λογων,
oder επιστημη αληθων και ψευδων και ουδετερων.

quae quibus positis essent consequentia, was jedesmal, und nach welchen angenommenen Säz-
zen es folge.

Kap. 42.

dicere, inquit] cod. Gud. setzt dies jenem vor;
und so ist es fliessender.

I 3

lite-

literarum scientiam] in diesem Sinne sagt er Or.
3, 33. 2; Aristophanes et Callimachus literas
tractarunt.   Diese waren aber, wie bekannt,
sogenannte Grammatiker; und in grammaticis,
wie er Or. 1, 42. 1 sagt, war begriffen poëtarum pertractatio, historiarum cognitio, verborum interpretatio, pronunciandi quidam sonus.   In diesem Sinne ist ihm eben literarum
cognitio Or. 3, 32. 3 eine besondere Wissen-
schaft.   Darnach erkläre man literatius loqui
c. 28, 4, scriptorum veterum literate peritus
66, 7, literate respondere. har. resp. 5.

elegantiam] c. 37, 3,

scriptis eius] Quintil. 10, 7. 30 sagt von den commentariis causarum ab hoc actarum: ita sunt
exacti, ut ab ipso mihi in memoriam poste-
ritatis esse videantur compositi, so wie er
ihm als Juristen 12, 10. 11 *acumen* beilegt.
Man lese auch Cs. zwei Briefe ad div. 4, 5
und 12.

2) vom *Aquilius* (s. clav. Ern.) lernte er also
nach dieser Beschreibung das Recht, so wie
vom Balbus (s. bei Or. 3, 21. 2) die Dialektik.

4)

4) *plurimum et laudis habent et gratiae,* sie brin-
gen viel Ehre, erwerben viel Liebe, oder
verschaffen grossen Anhang.

ad obtin. consul. dign.] vgl. 40, 9. 20, 6. 28, 3.
45, 1. 77, 5. 35, 5 u. 7. Und schon als iuve-
nis, sagt Quintil. 12, 7. 3 und 4, obsidem reipublicae dedit malorum civium accusationem,
und 10, 1. 116 insignem non immerito famam
tribus orationibus meruit.

5) *Sami*] denn 706 - 8 war Sulpicius Proconsul
in Achaia, wozu ihn Cäsar gemacht hatte,
wie man oben aus den angeführten Briefen
ad div. 4, 3 ff. sieht; vgl. das. 6, 6. 20. *nuper*,
auf seiner Asiatischen Reise c. 5, 12 u. 71, 1.

ius nostrum pont.] Brutus selbst war pontifex. c,
58, 6.

7) *consilio,* ,,welches er als ein klüger und
rechtskundiger Mann dem Volke geben könnte:'' *voce,* eloquentia, ,,wodurch du so viel
gewirkt hast und noch wirken könntest.''
Eben diese Klage führt Cicero selbst ungefähr
um eben diese Zeit in einem Schreiben an
eben diesen Sulpicius, ad div. 4, 3. 13; und
an seinen Sohn im J. 709, nach Cäsars Er-

I 4   mor-

mordung unter der Tyrannie des Antonius.
off. 3, 1. 7.

ista] omnia, omnis respublica. Denn unter der
Dictatur des Cäsar omnia unius nutu et arbi-
trio geruntur, ab uno omnia pendent, wie er
in vielen Stellen seiner Briefe sagt.

8) *dixeram a princip.* c. 3, 4.

res desiderare] Dinge vermissen, sich nach Dingen umsehen, die man nicht mehr hat, aber
mit Recht zu haben wünscht.

Kap. 43.

2) bezieht sich auf c. 40, 7, wo das Gespräch
über Crassus von ihm abgeleitet wurde, das
bis jetzt die Vergleichung des Cicero mit dem
Servius betraf, welchen letztern Cicero selbst
weiter charakterisirte. Von der treflichen,
wiewohl nicht lebhaftesten Action des Crassus höre man ihn selbst reden Or. 3, 9, 3, und
den Antonius Or. 2, 45, 1 — 3. vgl. 2, 28, 1 - 4.
und Quintil. 11, 3, 94; wegen *supplosio pedis*
vgl. oben c. 38, 1; so wie zu *plena iusti do-
loris oratio* die Stelle in Parad. 5, 3, 3 ein Beispiel ist: zu den Worten: *cum gravitate fa-
cetiae.* vgl. die Anm. zu 38, 6.

per-

perornatus et perbrevis] vgl. oben 13, 6 und c. 44, 3. 52, 5.

3) *in altercando*] Beispiele dazu findet man Or. 2, 54 — 55.

mature — — venit] s. Or. 3, 20, 3, und wegen §. 4 im Anhang Nr. 1. Carbo selbst ist oben c. 27 dagewesen.

5) die Geschichte von der Licinia, so wie von der Aemilia und Marcia, drei Vestalischen Jungfrauen, die sich von einem Römischen Ritter T. Betucius Barrus und von zwei andern hatten schänden lassen, welches hernach ein Sklave verrieth, erzählt Oros. 5, 15. Es fällt dies ins J. R. 640; wenn er damals 27 Jahr alt war, da er nach §. 12, 613 geboren war.

6) *colonia Narbonensi*] die Kolonie selbst hiess Narbo Martius (Font. 1, Mela 2, 5.) von Q. Martius Rex, Cs. 635, welcher nach Besiegung der Ligurier sie anlegte. S. bei Or. 2, 55, 4, und Crassus selbst war einer von den Triumvirn, welche sie 636 hinführten.

7) *senior*] quae a seniere homine, quam tum Crassus erat (ein Jüngling von 23 Jahren)

I 5   scrip-

scripta videatur. *Ern.* vgl. ähnliche Ausdrücke:
oratio *canescens* c. 2, 4 und *senectutis* oratio
c. 76, 8.

8) Vom *Granius* und *Lucilius* s. die Stellen im
Ind.

narravisset versteht man wol am besten, nicht
von einer mündlichen Erzählung, sondern
von einer Nachricht, die man aus seinen
Schriften nimmt; in welchem Sinne Cic. z. B.
auch ad Div. 2, 10, 5 sagt: Clitarchus tibi
saepe narravit st. apud Clitarchum saepe legi-
sti. Denn wiewohl wir nicht genau wissen,
wann jener Dichter gestorben ist, so sieht
man doch aus Or. 1, 16, 6, dass er im J. 662,
wo Cicero erst 15 Jahr alt war, nicht mehr
lebte.

10) Scävola war also, wie man hieraus sieht,
Volkstribun 647, und Crassus 648, wie die
folgende Anmerkung zeigt.

legem Serviliam, diesen Vorschlag that der Consul Q. Servilius Cäpio 647. §. 12: nach ihm
sollten die Römischen Ritter, welche bis jetzt,
seit dem J. 630, durch ein Gesetz des C.
Gracchus die Gerichte allein gehabt hatten,
sie mit dem Senat theilen. Da er es aber
nicht

nicht durchsetzen konnte, so suchte dies hernach der Volkstribun M. Drusus 662 wieder
hervor; (s. Anh. Nr. 8.) und da auch diesem
sein Vorhaben mislang, wie dort erzählt ist,
so setzte es endlich M. Plautius Sylvanus, Volkstribun 654, durch, dass nun auch Senatoren neben den Rittern zu Richtern gewählt wurden.
Sulla endlich nahm in seiner Diktatur den
Rittern gänzlich die Gerichte, und gab sie dem
Senat. Vell. 2, 32, 3. Nach einem Gesetze des
Prätors L. Aurelius Cotta aber im J. 683 bekamen diese Senatoren wieder Beisitzer an
Rittern und tribunis aerariis aus dem dritten
Stande, (Vell. am angef. Orte,) welche neue
Einrichtung durch den Consul dieses Jahrs,
den Pompejus, besonders modificirt wurde.
Uebrigens hat uns aus dieser Rede des Cras-
sus Cicero noch eine Stelle aufbehalten. Pa-
rad. 5, 3, 3, Or. 1, 52, 2—6 vgl. hier c. 44,
6; 86, 5 und Or. 2, 55, 4.

11) *censuram gessit*] nämlich mit Cn. Domitius
Ahenobarbus im J. 660. c. 44, 7 und im Anh.
Nr. 1. 12, 2. Servilius Caepio und C. Atilius
Serranus waren Consuln 647. Gell. 15, 28;
Freinsh. s. Liv. 66, 37; Q. Servilius Caepio
und

und Laelius der Weise im J. 613. Freinsh. s.
Liv. 54, 11.

triennio minor] also war Antonius geboren 610;
oder 609, wenn er selbst Or, 2, 89, 6 den
Crassus vier Jahr jünger macht.

3) Crassus also, will er sagen, machte allen
seinen Vorgängern sowohl, als allen seinen
Nachfolgern den ersten Rang in der Beredtsamkeit streitig; es müsste denn einer nach
ihm mehr Philosophie oder Griechische Gelehrsamkeit, eine gründlichere Kenntniss des
bürgerlichen Rechts und mehr Alterthumskun-
de und Relesenheit in der Römischen Geschichte zur Beredtsamkeit mitbringen. Or. 3,
21. 6 und 1, 17. 7. c. 21, 3. Und das, sagt
er deutlich! genug, habe er gethan, wenn
man damit dasjenige vergleicht, was er uns
selbst von seiner mühsamen Bildung zum Redner unten erzählt 89, 8 — c. 92; 93, 6 - 11;
94; 96, 3; 97, 8, wie auch 60, 4; 73, 3; 78,
2; 80, 4 - 7. Er sagt übrigens hiermit blos,
was ihm selbst seine Zeitgenossen schon zu-
gestanden, und was die Nachwelt stets behauptet hat. Quintilian z. B. sagt 12, 11, 26:
in Tullio eloquentia Romana ad summum fas-
ti-

tigium asscendit; und §. 28: Tullius arcem
eloquentiae tenuit, et effinxit vim Demosthenis, copiam Platonis, jucunditatem Isocratis.

K a p. 44.

2) *L. Crassi in consulatu* (consulis 668) *pro Cae-*
pione (welchen der Volkstribun Norban angeklagt hatte, s. Anh. Nr. 2) *oratio defensione*
adiuncta, cui defensio est adiuncta, *non bre-*
vis est, ut laudatio (dergleichen Lobreden aber
waren, da sie mehr ein Zeugniss, als eine Rede
seyn sollten, gewöhnlich kurz. Or. 2, 84. 3: nostrae laudationes, quibus in foro utimur, testimonii brevitatem habent nudam atque inornatam), *brevis autem ut oratio*, d. i. nach Ernestis Erklärung, iusto brevior foret, si esse
deberet oratio totius causae, defensionem et
laudationem praestitura.

censoris] im J. 660, s. Anh. Nr. 1 und hier §. 7,
vgl. wegen seines Alters c. 43, 12.

3) *compreh.*] s. bei Or. 3, 48. 8.

4) *exilem libellum*] s. Anh. Nr. 2.

plura scribere] Or. 2, 2. 5: nihil admodum scriptum reliquit Crassus, z. B. für eine Vestalin
Li-

Licinia, 43, 5; von d. Colonie Narbo Martius 43, 6. und Or. 2, 55. 4: für den Vorschlag des Cäpio. c. 43, 10, hier §. 6. Or. 2, 55. 4; für den Cäpio im J. 658. §. 2 ; gegen seinen Collegen in der Censur 660 §. 2 u. 7.

5) *Scaevolae*] c. 39, 2.

6) *in legem*] pro lege c. 43, 10 u. 12: die iudices also sind, wie die Anm. dort zeigt, die Ritter, neidisch und rachsüchtig gegen den Senat. (vgl. z. B. oben bei c. 22, 1), vgl. Or. 1, 52. 2 – 6 wegen *populariter dicendum*. Ueber den Werth vgl. unten c. 86, 5.

7) s. Anh. Nr. 1. bei *censor*.

clamoribus] mit lautem Beifallklatschen und Zujauchzen, wie 22, 10, und Or. 1, 33. 8, wo er admirationes dazu setzt.

Kap. 45.

ipsum Domitium] den eben erst, (c. 44, 7) als den Collegen des Crassus in der Censur, genannten Cn. Domitius Abenobarbus, der als Volkstribun 650, nach Vell. 2, 12. 3, legem tulerat, ut sacerdotes, quos antea collegae sufficiebant (c. 1, 2 und die Anm. bei c. 21, 9),

po-

, populus crearet, offensior, setzt Sueton. in
Ner. 2 hinzu, pontificibus, quod alium quam
se in patris sui locum cooptassent. Consul
war er 657, Frsb. 70, 17, und Censor, wie
er kurz vorher sagte, mit dem Crassus.

ad consul. dign. tuendam] vgl. oben bei 42, 44
und besonders schätzt an ihm Cäsar Or. 2, 56.
10. eine eigene gravitas und auctoritas.

pono] wie statuo, d. i. puto.

2) *Coelio*] Cs. 659, Frsh. 70, 27, von dem er
auch Or. 1, 25. 9 sagt: huic homini novo in
dicendo mediocritas magno honori fuit, wie
Muraen. 8 u. 17. Verr. 5, 70.

3) *Herennius*] Cs. 660, Frsb. 70, 33, da es sein
Mitbewerber erst 662 wurde.

summa nobil. — eloq.] d. i. vir generis nobili-
tate florens (Coelius dagegen war homo novus), multis cognatis et sodalibus collegio sibi
iunctis (s. Ern. clav. in *sodalis* und *collegium*)
potens, idemque eloquentissimus. vgl. wegen
des letztern c. 50, 3. Or. 2, 78. 3. 3, 1. 7.

4) *eodem tempore*] hieraus sieht man, dass er
den C. Clodius meint, welcher 661 Cs. war.
Frsb. 70. 39. Dieser war der Grossvater des
berüchtigten Volkstribunen P. Clodius.

sum

summam nobilitatem] denn diese Familie leitete
sich von dem alten Appius Coecus (14, 4) her.
M. vgl. Coel. 14 und Sueton. in Claud. Tiber. 1, welcher speciellere data davon anführt.

eloquent. mediocritas oder eloquentia mediocris,
in dicendo mediocritas. Or. 1, 25. 9. *afferebat*,
nämlich in forum, kurz *habebat* (s. bei Or. 3,
12. 2), oder, wie er §. 3 sagte, in mediocri-
bus oratoribus numerabatur.

7) *tragoedias*] die also, da er kein Griechisch
verstand, nicht aus dem Griechischen übersetzt seyn konnten, sondern sogenannte to-
gatae waren.

satis acute, sed parum tragice] ungefähr wie
Seneca.

fabulis] comoediis, worin er aber gewöhnlich
dem Menander folgte. Fin. 1, 3, welchem
Quintil. 10, 1. 100. dies Zeugniss giebt: to-
gatis (fabulis) excellit Afranius: utinamque
non inquinasset argumenta puerorum foedis
amoribus, mores suos fassus! Man findet die
von alten Grammatikern hier und da aufbehaltenen Namen seiner Stücke in Fabricii bibl.
lat. 3. p. 232. Uebrigens habe ich die Worte:
in

in fabulis quidem, wie der Zusammenhang
verlangt, zu perargutus gezogen, nicht zu disertus, wie Ernesti, welcher so abtheilt: perargutus, in fabulis quidem etiam, ut scitis, disertus.

9) *iudicatus est*] im J. 665.

10) *factus*] im Gegens. v. natus, vgl. 8, 1. Or.
3, 48. 3.

propinquus] seiner Grossmutter Bruder. leg. 31. 6.

in Cilicia] wo der Redner M. Antonius Proconsul war, dem Range nach, eigentlich Propraetor. S. Anb. Nr. 2.

M. Marii Grat. pater steht zu weit von M. Gratidius, wozu es gehört. Daher ist es wahrscheinlich, dass diese Worte blos als Glosse
in den Text gekommen sind, welche sich ein
anderer, vielleicht aus off. 3, 16. 9, gemacht
hatte.

Kap. 46.

Marsis] die Marser waren die Hauptnation unter den Italischen Vökerschaften, welche,
durch den Drusus gereizt, (s. Anh. Nr. 8) im
J. 663 den Krieg erregten, welcher bellum
sociale, Italicum oder Marsicum heisst,

Sorani, vicini erklärt sich aus Planc. 9.

docti — — latinis] auch Or. 3, 11, 8 heisst ihm
der erstere omnium togatorum litteratissimus,
asperiore tamen sono et voce.

2) *cui — — Aelius*] cui (ad quam) *respondit Caepio* (56, 10) oratione ab Aelio scripta, vgl.
wegen Aelius c. 56, 6 und 10; welche Stelle
zugleich für die Lesart einer Pariser und der
Wolfenb. Handschrift *multis* st. *multas* ist. S.
auch die bei c. 31, 11 angeführte Stelle Quintilians aus dem Aelius.

3) Ti. Gracchus ist der Vater der beiden bekannten Gracchen, der oben c. 20, 4 dagewesen ist.

4) *colorata oratio*] vgl. Or. 2, 14, 6.

6) *in Galliam*] s. die Einleitung.

in vocibus] dies erläutert sehr schön die Stelle
Or. 3, 11, 8.

Tincam, welcher nach Quintil. 1, 5, 12 in einem
Worte, wie ihm wenigstens Hortensius vor-
warf, zwei Barbarismen in der Aussprache
beging, wenn er *precula* st. *pergula* aussprach.

Granio] c. 43, 8.

8)

8) *Lucilius*] s. oben bei 43, 8. Beim Gell. 4, 17
finden wir auch noch einen Vers des Lucilius
auf den Granius: *conjicere in versus dictum prae-
conis volebam Granii.*

9) *hospitis*] er war aus Eressus, einer Stadt auf
der Insel Lesbos, gebürtig. Man vgl. in Absicht der Sache, Or. 3, 11, 6 — 7 und in Absicht seiner Sprache oben c. 31, 12.

10) *quidam urbanorum sonus*] dies erläutert uns
Cicero selbst Or. 3, 12 1: est quaedam certa
vox Romani generis urbisque propria, in qua
nihil offendi, nihil displicere, nihil animad-
verti possit, nihil sonare aut olere peregrinum; und weitläufiger Quintil. 6, 3, 107: urbanitas meo quidem iudicio illa est, in qua
nihil absonum, nihil agreste, nihil incondi-
tum, nihiil peregrinum, neque sensu neque
verbis, neque ore gestum possit deprehendi:
ut non tam sit in singulis dictis quam in toto
colore dicendi: qualis apud Graecos Αττικισμος
ille redolens Athenarum proprium saporem.

id est — — revertamur] diese offenbare Glosse,
womit einer das vorhergehende *domum redeamus* erklären wollte, habe ich eingeklammert.

Kap. 47.

Igitur bezieht sich auf c. 44, 8 zurück, wo er
zuletzt von A. und C. gesprochen hatte; auch
auf c. 45, 3, wo er den Philipp schon einmal
genannt hatte.

longo intervallo muss man hier nicht von der
Zeit, sondern vom Raume verstehen. Denn
Philipp war 662 Consul, also nur 4 Jahre nach
Crassus, und hatte sich, wie wir c. 45, 3 gesehn haben, schon für das J. 660 darum be-
worben. Man vgl. c. 50, 3: welches auch die
Worte §. 2 bestätigen: *nemo intercedebat*, oder
medius ipsum inter et Crassum Antoniumque
erat.

3) *quadrigis*] quadrigarum curriculo.

4) Vgl. hiermit vom Philipp die Stellen im
Ind.; lepos rühmt er auch Off. 1, 30, 9 an
ihm, und Or. 2, 60, 5 u. c. 61, 6 führt er Beispiele davon an.

5) *Gellius*, welchen er oben c. 27, 7 contubernalis des Carbo nannte, ist weiter nicht bekannt, man müsste ihn denn, wie Corradus
thut, mit dem L. Gellius, welcher in der
Clavis auf diesen folgt, für eine und eben
die-

dieselbe Person halten. Dieser letztere war Consul 681 und Censor 683, Frsh. z. Liv. 96, 1 und 97, 36.

Romanae res] Romanorum historia, oder anti-quitas, wie er sonst spricht.

multarum aetatum or. impl.] denn, wie er oben c. 27, 7 sagte, so lebte er schon zugleich mit dem Carbo und dem jüngern Gracchus, und späterhin, wie er hier spricht, stiess er noch mit den drei vorzüglichen Rednern A. C. und Philipp zusammen.

6) *consul*] 676. *cum Mamerco* oder cum M. Ae-milio Mamerco. Frsh. 90, 14.

7) *Scipio*] L. Cornelius Scipio Asiaticus Cs. 670. Frsh. 84, 9.

Pompeius] Strabo, der Vater des grossen Pom-pejus, Cs. 664. Frsh. 74, 16 und 79, 25.

aliquem numerum obtinebat] quodam modo in oratoribus numerabatur. c. 45, 3.

Sex. frater] oder Vatersbruder des grossen Pom-pejus, dessen Kenntnisse in der Stoischen Phi-losophie er auch sonst rühmt, z. B. Or. 1, 15, 6 und 3, 21, 2, so wie seine K. in der Geometrie Off. 1, 6, 5. daher er Phil. 12, 11 vir doctus at-que sapiens heisst.

8)

8) *Brutus*] s. oben c. 34, 9.

evaserat konstruire ich mit *magnus* zusammen,
also evaserat magnus per se, welches einen
sehr deutlichen Sinn giebt, der nicht da ist,
wenn man vor diesem Zeitworte, wie gewöhnlich, noch *summus* liest, welches ich mit
der Wolfenbüttler Hdsr. weggestrichen habe. Denn in der gewöhnlichen Lesart: homo
per se magnus, summus evaserat ist es widersinnig, ihn einen Plebeier per se magnus
zu nennen: er wurde es erst simili ratione,
wie Brutus, iuris scientia.

Marianos consulatus] in den Jahren 646 und
649 — 653.

9) *ante consulatum*] im J. 666. Freinsh. 78, 29.
In diesem sprach er heftig gegen seinen Collegen, den Cinna, Har. resp. 25, verjagte ihn
auch aus Rom, Catil. 3, 10. und wurde bei
dessen Zurückkunft mit dem Marius auf beider Befehl ermordet. Tusc. 5, 19. Flor. 3,
21, 14.

K a p. 48.

Von Julius Cäsar vgl. den Anh. Nr. 3.

conditior] c. 29, 3.

ora-

orationes} z. B. eine für den Albucius (c. 26, 12) off. 2, 14. 9. Caecil. 19.

3) *totam eam tenebat*] ein Beispiel davon liest man parad. 5, 3. 1.

consularium] wiewohl er nie Consul gewesen war, sondern es blos zur Prätur 679 gebracht hatte.

4) *Vespillo* habe ich aufgenommen st. Visp., da es nach Schneiders Bem. wahrscheinlich von *vespa* abstammt.

Aphilia] bei diesem Namen, welcher sehr verschieden in Hdsr. erscheint, versteht Corradus den Q. Lucretius Ofella, der in Liv. epit. 88 u. 89 vorkömmt.

5) *prudens*] iuris prudens oder intelligens §. 6.

7) *Orbius*] der, wie man aus der Rede für Flaccus sieht c. 31, Prätor in Asien gewesen war.

8) *Aufidius*] nach Ern. der, welcher Flacc. 19 als Praetor in Asien vorkömmt, etwa ums J. 679, in welchem Amte Valer. M. 6. 9, 7 ihn sehr rühmt.

9) *trib. pl.*] 666, wo ihn Cinna anstiftete, den Sulla anzugreifen, um ihn nicht in den Mithridatischen Krieg gehn zu lassen, wie Ern.

aus Plutarch. in Sulla c. 10 anmerkt, wo er, wie hier in der Aldin. Ausg., Virginius oder Verg. heisst.

11) *Sertorium*] der es erst mit Cinna gegen Octavius hielt, hernach aber, als sich dieser wider seinen Rath mit Marius verband, sich auch von diesem trennte und am Ende, von den Sullanern in die Acht erklärt, v. J. 676 - 82 ein furchtbarer Feind für die Römer wurde. Flor. 3, 22. Plutarch. in vita und Frsh. 90, 21 - 30 und 91, 1 - 27. 92, 1 - 19, 93, 6 - 14. 29 - 32.

12) *praetor design.*] im J. R. 653.

Kap. 49.

me — fuerint] welches ihm auch Atticus vorhält 69, 7. 86, 7. und oben schon 47, 11.

4) *maximis praemiis*] vgl. 42, 4. Or. 1, 4. 6. agrar. 2, 1. Muraen. 7. Manil. 1.

5) *clamatorem*] s. oben bei 15, 3.

6) Von Julius s. oben c. 48; Cotta und Sulpicius unten c. 55 - 56; Varius 62, 2; Pomponius 57, 1. 62, 3; Curio 58 - 61; Fufius 62, 3; Drusus 62, 4; Antistius 63, 2.

7)

7) *primas* (partes) *tulerunt*, *facile* leicht, welches ihnen jeder gern zugestand, vgl. 5o, 13. 56, 2. 57, 1.

10) *id laboras*] num de eo sollicitus es, num id curas? Aus der Lesart des Junda, Aldus und e. Cujac. Hdsr., *adlaborasse*, rieth Camerarius *adlaboras*, *si* und erklärte es: praeterea aliquid curas aut requiris. vgl. Horat. carm. 1, 38. 5.

probaturus] diesem setzt Lambin *te* vor; ganz richtig, wenn man nicht *id* aus dem vorherg. ergänzen will.

12) *tria sunt — docere — delectare — movere,* s. bei Or. 1, 31. 8, welches Quintil. so erläutert: dicendi generum ea fere ratio est, ut primum *docendi*, secundum *movendi*, tertium illud *delectandi* praestare videatur officium; in docendo autem *acumen*, in conciliando *lenitas*, in movendo *gravitas* videatur.

oratoris ist die gewöhnliche Lesart, die auch cod. Gud. hat; *oratoribus* bei Ern. ist ein blosser hinten angemerkter Druckfehler.

labatur, *cadat*] wanke, falle; Fehler begehe, oder seinen Prooess ganz verliere, wie *causa*

K 5

ca-

cadere, in iudicio cadere. ad div. 7, 14, 3. Muraen. 28.

artifex] wie 5o, 7, eben das, was §. 8 intelligens, §. 14 doctus, und beides zusammen ist 5o, 9. 53, 7. 54, 1 und 2.

13) *audiant*] st. audiunt v. Ern., wiewohl es gerade nicht nöthig ist. Dass *ut velit*, nicht *vult* folgt, macht es nicht aus. Denn *ii qui audiunt*, d. i. auditores ist ganz gewiss; aber *ut velit*, *utcunque velit*, ὅπως ἄν, ὅποι ἄν βούλοιτα.

K a p. 5o.

3) *diximus*] c. 47, 1, so wie von A. u. C. e. 37.

5) *Antigenidas*] des Alcibiades Lehrer, Gell. 15, 17. Eben dies erzählt mit mehrern Valer. M. 3, 7. ext. 2, und Antonius Or. 2, 83. 2 gebraucht eben dies passende Gleichniss.

frigenti] non placenti auditoribus, s. clav. Ern. wegen *audiant* vgl. bei c. 49, 13: denn es ist auch hier von Ern. st. *audient*.

8) „Der Zuhörer empfindet mit dir Freude und Schmerz; lacht und weint mit dir; liebt, hasst, verachtet, beneidet den, welchen du liebst, oder liebenswürdig schilderst etc."

12)

12) aderant multi *quidem* alii (s. 57 und 49, 6);
tamen utrum de his (Crasso et Antonio) potius, dubitasset aliquis (§. 2 u. 38, 4); nemo
autem (dubitasset), quin alterum (alterutrum)
*potius sibi eligeret patronum, quam quemvis
alium.* c. 57, 1 — 2.

13) *esset*] Ern. will lieber *essent.* Cotta trat
übrigens nach seinem Exil 671 wieder auf.
c. 90, 7: Hortensius war schon 658 aufgetreten. Or 3, 61. 10; Cicero war 647 geboren.

K a p. 51.

pererandi locum relinquebat] m. s. unten c. 94.
und höre den Antonius Or. 2, 77. 5 — 8 darüber urtheilen.

4) *Antimachum*] dessen Bruchstücke mein Freund
Schellenberg sehr mühsam gesammelt und gelehrt erläutert hat, Halle 786. *Clarius* (welches andere in *clarus* geändert haben) wie
beim Ovid Tr. 1, 5. 1, von Claros, welches
entweder ein Städtchen oder blos ein zu Ko-
lophon gehöriger Hain war: daher jener auch
der Kolophonier heisst.

eis, welches hinter *legeret* stand, habe ich als
eine unlateinische Glosse weggestrichen. Denn
der

der Lateiner construirt: legit volumen audito-
ribus convocatis.   Einer, der dies für den
Ablativ hielt, machte sich dies Pronomen zum
Zeitworte.

magnum illud volumen]   wahrscheinlich seine
Thebaide.   M. s. übrigens von der ungeheuren Weitschweifigkeit dieses Bänkelsängers,
der, wo er nur konnte, auf Nebengeschichten
absprang, wodurch er sein Gedicht zerrete und
seine Zuhörer ermüdete, Plutarch von der Ge-
schwätzigkeit S. 513 od. S. 45 in jener Schel-
lenbergischen Abh.

instar omnium millium]   „er gilt mir so viel als die
Tausende, die dort weglaufen,“ wie Cicero
selbst von Cato sagt, Att. 2, 5: Cato ille noster mihi unus est pro centum millibus. Schneider wünscht *millium* ganz weg.

5) *approbatione — ad sensum — moveri* ist die
gewöhnliche Lesart; Ern. aber hat approba-
tionem aus einer Cujac. Hdsr. aufgenommen,
assensum aus zwei ältern Ausg., und so ändert sich moveri natürlich in movere um.
Den Sinn selbst druckt er Tusc. 2, 1 so aus:
orationes multitudinis iudicio probari voleba-
mus: popularis enim est illa facultas, et ef-
fec-

fectus eloquentiae est audientium approbatio,
Mit andern Worten sagt eben diès Antonius.
Or. 2, 38. 5, vgl. mit den Bemerkungen des
Cr. Or. 3, 50. 6.

7) *Curionem* als Volkstribun c. 89, 3 im J. 663,

Brute? possesne habe ich mit Schneidern als
Vermutbung des Guilielm. aufgenommen, welches in der verdorbenen Lesart einiger Ausg.
posses nisi deutlich liegt, und besser ist als
das gewöhnliche: quid? tu, Brute, posses, si.

8) *a corona*] a multitudine me circumstante, s.
clav. Ern.

9) *facit* ist undeutlich, da kein anderes Zeitwort vorhergeht, welches dies allgemeine
erklärte. Man erwartet *paret* oder ein ähnliches.

Kap. 52.

2) *tenet*] er fesselt sie, tenet arrectas, attentas.

3) *dixi*] c. 39, 2.

4) *si pupillus — venisset*] si, antequam pubes
factus esset, obiisset; si ante tutelae suae annos, h. e. intra pubertatem decessisset. *Riv.*
vgl. bei 53, 2.

cap-

captiosum esset] esset st. esse v. Ern., da opor-
tuisset vorhergeht. *opinione quaeri voluntates,*
wenn man nicht bei dem Buchstaben, dem
buchstäblichen Verstande des Testaments
bleiben, sondern erst durch Muthmassungen
herausbringen wolle, was jener sich dabei
gedacht und was er gewollt habe: *interpreta-*
tione disertorum, und sich dies erst von einem
Redner erklären lassen solle etc.

5) *patris sui*] des P. Scaevola, von dem e. 26,
2. 28, 5. Or. 1, 48. 8 als einem vorzüglichen
Rechtskenner die Rede ist; der auch Schriften hinterlassen hatte, Or. 1, 56. 9, auf dessen Wort sich also dieser Sc., sein Sohn, beru-
fen konnte. Or. 1, 37. 3.

breviter et ornate] also um so rühmlicher, je
schwerer dies ist, vgl. 43, 2.

Kap. 53. ·

centumvirale] bei den Centumvirn. c. 39, 1.

in illo] besser würde, wie Ern. bemerkt, *in*
wegbleiben — *illo initio* faceto *consecutus,*
cum effecisset.

in hilar. trad.] was auch Cäsar an ihm rühmt.
Or. 2, 54. 13.

dix

dixi] c. 49, 12, hier also delectare.

2) *quoquo modo — ut esset*] welches er nach §. 5 mit passenden Beispielen belegte; daher top. 10: Crassus in Curiana causa exemplis plurimis usus est agens de eo, qui testamento sic heredem instituisset, ut, si filius natus esset in decem mensibus, isque mortuus prius, quam in suam tutelam venisset, secundus heres hereditatem obtineret.

3) *fidem faciebat*] docebat et persuadebat 49, 12. 50, 6.

4) *quantam — sententia*] Crassus selbst führt Or. 2, 6, 4 eine Stelle aus diesem Theile seiner Rede an.

5) *ridicule*] Antonius führt dazu ein Beispiel an Or. 1, 57. 6.

7) *contemneret*] reiiceret, non iam Scaevolam optime dixisse putaret c. 52. 5, sed Crasso potius assentiretur.

8) den Vorzug behauptete also Crassus, so wie er auch Recht behielt. Denn er sprach uberius, ornatius; vgl. §. 5. Scävola dagegen zwar ornate und perleganter, aber doch breviter und presse.

Kap.

Kap. 54.

amittatur] vgl. 49, 12, labi und cadere, daſs also schon dadurch die Lambinische Lesart omitt. sich widerlegt.

5) *circulantem*] im Kreise, bald hierhin, bald dorthin gehen, bald mit diesem, bald mit jenem reden, also nicht auf den Redner hören.

mittentem] nämlich servum, seinen Sklaven abschicken, *ad horas*, clepsydras iudiciarias (Or. 3, 34. 6), um zu sehn, was die Uhr sey. Weil aber Ern. sich nicht erinnert, *hora* in dieser Bedeutung gefunden zu haben, so vermuthet er *ad forum*. Also *iudex mittit* (servum) *ad horas* (ad forum), *rogat quaesitorem* (qui quaestioni capitali praeest, praetorem), *ut se dimittat*, abeundi copiam et potestatem sibi faciat.

animis admovere orationem, *fidibus manum*] animos tractare, movere, fides pellere §. 3.

6) *iudices erecti intuentur* (oratorem). Ern. aber will st. *intuentes* lieber *intentos* (wie Virgil. Aen. 2, 1).

suspensi tenentur] sie werden schwebend erhalten, sie schweben zwischen Furcht und Hoffnung, vgl. 50, 8.

ma-

maxime opus] 53, 6. Or. 1, 12. 7.

oratorem] einen wirklichen Redner, der diesen Namen mit Recht verdient.

opus oratorium fieri] fieri id, quod oratores facere convenit et ab eo exspectatur. *Ern.*

Kap. 55.

igitur wie c. 47, 1, da er bei 49, 7 bei diesen beiden Rednern abgebrochen hatte, von welchen ich Mehreres im Anh. Nr. 4 u. 5 gesammelt habe.

2) *attenuate dicentes,* oder versantes in dicendi genere tenui, d. i. subtili (beides von einem dünnen Faden, feinem Gewebe bergenommen), acuto, eigentlich von Philosophen, welche eine Sache genau, scharfsinnig entwickeln, Or. 1, 13. 4, deren distinctio *tenuis* est et acuta. Acad. 4, 14. *presse,* breviter, wie 52, 5 vgl. 7, 7 u. Or. 2, 22. 8.

in bonis — laudantur] ii, quos constat esse laudandos, in dispari genere laudantur.

3) *inflatum et corruptum*] eigentlich corpus, aufgedunsener Körper, welches verdorbene Säfte anzeigt, dagegen *siccum* §. 5, übergetr. auf

die Rede, ohne Schwulst und Bombast, vgl. bei 13, 8.

4) *laterum contentionem*] vgl. Or. 1, 60. 6 und über Cotta 92, 1. u. Or. 3, 8. 6. 2, 23. 11.

5) *sincerum*, rein, unverfälscht, ungemischt, non corruptum §. 3, wie *sincerum vas* Horat. ep. 1, 2. 54: *siccum*, wie corporis siccitas Caton. 10, 8 und in dieser Stelle des Varro beim Nonius in *siccum*: Persae eam sunt consecuti siccitatem, ut neque spuerent, neque emungerentur sufflatoque corpore essent, aus Xenoph. Cyrop. 1, 2. 16.

maximum] c. 54, 6.

6) *magna, suavis*] mitunter aber doch subrustica, wie Antonius bemerkt 3, 12. 3. Von den andern hier an ihm gerühmten Eigenschaften siehe mehrere Stellen aus de orat. im Anh. Nr. 5. und von gestus 38, 1.

non ad scenam] Or. 1, 28. 3. 3, 8. 5. *nec redundans, nec circumfluens*, denn anfänglich war er auch verbis nimium redundantibus, wie Ant. bemerkt hatte. Or. 2, 21. 1, und c. 23, 7 wünscht er ihm, ut pressior sit eius oratio, nec tanta in summa ubertate luxuries, stylo depascenda.

7)

7) *Crassum volebat imitari*] welches ihm daher auch Cicero durch den Antonius passend rathen lässt. Or. 2, 21. 4 vgl. 3, 12. 6.

ab hoc vis — lepos] Cotta erreichte die Stärke des Antonius nicht, Sulpicius nicht die Feinheit des Crassus. vgl. wegen des erstern c. 38, 2 und wegen des letztern 38, 6.

8) *summi oratores*] 49, 7; 56, 2; 57, 1.

K a p. 56.

dissimiles] s. ein Mehreres darüber. Or. 3, 7-9.

3) *Isocratem*] von dem oben c. 8, 5 und 12, 9, so wie vom Theopompus c. 17, 4: Die Sache selbst berührt er auch Or. 2, 23, 1, und Or. 3, 9, 8 nennt er den Ephorus cunctans et quasi verecundans, so wie Suidas ihn als einen langsamen, matten und kraftlosen Geschichtschreiber anführt. Uebrigens gebrauchte Plato ein ähnliches Gleichniss, wenn er seinen Xenokrates mit einem Esel, den Aristoteles mit einem Rosse verglich: und Aristoteles selbst, wenn er nach Laert. 5, 39 jenes auf den Kallisthenes und dies auf den Theophrast übertrug.

L 2   4)

4) *extra nostrum ordinem*] also ein Ritter. Seine Beredtsamkeit übrigens rühmt er auch Cluent. 18 und 10.

5) *se scribere non posse*] welches sich von einem so feurigen Redner auch leicht denken lässt, der gewöhnlich seinen augenblicklichen Leidenschaften folgte, dessen Reden also, wie er selbst fühlte, auf dem Papiere viel von der Kraft verlieren mussten, die sie in seinem Munde hatten. Eben daher sprach Hortensius besser, als er schrieb. Or. 18.

6) *pro se, lege Varia, quae inscribitur*, st. quae inscribitur pro se dicta cum lege Varia reus esset. *Ern.* Vom Varius selbst s. unten bei 62, 2: von den Folgen, die dies für den Cotta hatte, Anh. Nr. 4; vom Aelius c. 46, 2.

7) *antiquitatis nostrae*] historiae Romanae.

litterate] s. oben bei 42, 1.

8) *Varro*] M. Terentius Varro, s. die Einleitung zum 9ten Buche der Briefe ad Div; die Hauptstelle von seiner Gelehrsamkeit und seinen Schriften ist Acad. 1, 2 ff.

10) *Metello*] Man kann mit Corradus hier den 2. Metellus Nepos annehmen, welcher 655 Con-

Consul war, Frsh. 20, 1, welchen, wie Asconius sagt, der unten c. 58 vorkommende
Curio anklagte.

Caepioni] dies ist, wie Zeit und Zusammenhang
hier zeigt, der unten 62, 5 vorkommende
Caepio der jüngere.

Pompejo Rufo, welcher 662 praetor urbanus
war, Or. 1, 37, 1. und Consul 665. Freinsh.
76, 5, und unten 89, 9.

11) *scriptis*] cum scriberentur. *Ern.*

K a p. 57.

Pomponius, den er oben 49, 6 nannte, und den er
unten 62, 3 noch einmal berührt, und Or. 3,
13, 5: aus welchen Stellen man so viel sieht,
dass er zwar mit Stärke und Nachdruck
sprach, aber ohne alle Ordnung. Nach 90,
7 blieb er im Sullanischen Kriege, so wie
man aus 89, 4 sieht, dass er 663 Volkstribun war.

Von *Philipp* hat er oben gesprochen 45, 3,
vom *Cäsar* c. 48.

Die in der Parenthese eingeschlossenen Worte hat Ernesti nach seinem Gefühl ergänzt.

L 3   Denn

Denn dies oder etwas ähnliches muss dem
Zusammenhange gemäss Cicero gesagt haben.

2) *a pluribus*] z. B. c. 51, 1.

4) *unum corpus*] ein Ganzes, nicht also verschiedene zerrissene Glieder. *perorata*, wie 51, 1
und Or. 2, 19, 7; wie hier 5 peroratio, d. i.
finis, extremum orationis.

5) *suo quaeque — tenent*] sie erhalten ihre Stärke und ihren Werth erst dadurch, dass sie
alle an ihrem Orte stehn. Denn dignitas
nimmt man in diesem Zusammenhange, da es,
von den Gliedern des Körpers übergetragen,
bei den Theilen der Rede steht, wie das
Beiwort dignus, am besten in seiner ersten
Bedeutung von *Werth*, wiewohl man es auch
durch männliche Schönbeit oder Anstand erklären kann, da er Off. 1, 36, 1 sagt: ve-
nustatem muliebrem ducere debemus, dignitatem virilem.

6) *conveniat*] nämlich orator, wie Ernesti bemerkt, oder, will man oratio dabei ergänzen,
so müsste man vorher *ipsa* lesen. Da ihm
aber beides nicht gefällt, so schlägt er vor:
tibi convenias, sehr passend, weil gleich folgt:
ne quid dicas und §. 7: *si dicas*.

Vor

Vor *cavere* hat Cod. Gud. noch *est*, so wie
er hernach *te* auslässt.

Kap. 58.

Curio] C. Scribonius Curio, ein Sohn des oben
32, 3 dagewesenen. Er selbst war Volkstribun 663, c. 89, 3. und Cs. 677, c. 60, 3 und
starb 700 ad div. 2, 2.

splendid. verbis] vgl. 59, 6. 61, 5 vgl. bei Or. 2,
23. 12.

domestico] da er einen so beredten Vater hatte.
c. 32, 3.

literar. admod. nihil] s. 59, 1. Ohne Gelehrsamkeit aber ist, wie er Or. 1, 5. 2 bemerkt,
verborum volubilitas inanis et irridenda, und
nach c. 6, 2 ohne Sachkenntniss, elocutio inanis et paene puerilis.

3) *epistolas*] die auch Quintil. 1, 1. 6 anführt,
von welchen man zwei Bruchstücke findet,
wenn sie anders ächt sind, unter den von
Schottus gesammelten historischen Bruchstük-
ken des Corn. Nep. p. 353. ed. Cellar. a. 714.
Diese Cornelia, Tochter des P. Cornelius Scipio, des ältern Afrikaners, und Gattin des Ti.

Grac-

Graccbus, c. 20, 4 war die Mutter der beiden
Gràccben. c. 27 u. 33.

4) *Laeliae*] der Tochter des weisen Laelius, c.
21, 8 der Gattin des Scaevola, von dem im Anh.
Nr. 6 gesprochen wird, wo auch aus Lael. 1, 2 bemerkt ist, dass Cic. in seiner Jugend einige Jahre oft um ihn gewesen war, und seine Gattin sowohl, als seine beiden Töchter (Mu-
ciae), und seinen Schwiegersohn, den Redner
Crassus, hatte kennen lernen können. Diesen letztern und seine Töchter (Liciniae)
kannte er auch aus seinem väterlichen Hause.
Or. 2, 1. 3 — 4. Die Laelia, wiewohl im bo-
hen Alter, hatte Cic. noch kennen können,
da sie, wie man aus Or. 3, 12. 2 sieht, noch
im J. 662 lebte; und diese Stelle, vgl. mit der
obigen 21, 9. zeigt auch, was man sich unter
elegantia Laelii denken müsse: die eine Mucia war die Gattin des Crassus, die andere
des jungen Marius.

hanc Scipionis] nämlich uxorem, Crassi filiam.
Dieser Scipio war ein Enkel des Scipio Serapio
28, 2 und Sohn des c. 34, 1 genannten Scipio, Cs.
642, und Vater des Scipio §. 6, der 701 Cs.
und des Pompejus Schwiegervater wurde und
im

im Afrikanischen Kriege gegen den Cäsar blieb. de bello Afr. 96. Den Bruder dieses letztern adoptirte sein mütterlicher Grossvater, der Redner Crassus, wie man aus unserer Stelle und aus Plin. 34, 3 sieht.

6) *collega*] in pontificatu c. 42, 5.

7 — 8 übersieht man aus dieser Geschlechts-folge:

I.

1) Laelius der Weise c. 21, 8, hier §. 8.

2) Laelia c. 58, 4. mit Scaevola *augur* 26, 12.

3) Mucia c. 58, 4 mit Crassus *orator* 38, 4.

4) Licinia c. 58, 4 mit Scipio §. 4.

ü) Scipio §. 6.

II.

1) Scipio *Corculum* c. 20, 5, hier §. 8.

2) — *Serapio* c. 28, 2.

3) Scipio c. 34, 1 mit Caecilia, Tochter des Q. Caecilius Metellus des Macedonikers 21, 4 und hier §. 7.

4) Scipio mit Licinia, der Tochter des Crassus (I, 4).

5) Scipio §. 6.

per-

percomis] eben dies rühmt an ihm Antonius Or.
1, 55. 1, so wie sein Schwiegersohn Crassus
es bestätigt Or. 1, 45. 5 vgl. Phil. 8, 10; und
Att. 4, 16 nennt er ihn senex ioculator. Schon
hierdurch widerlegt sich die Vermuthung des
Rivius *patronus* st. percomis zu lesen, und
noch mehr durch 26, 12, wo er ausdrücklich
von ihm sagt: in oratorum numero non fuit:
quod pro se opus erat, ipse dicebat.

9) *illuminatam*] dies passt zur angefangenen Metapher nicht.   Daher schlägt Ern. vor *illatam*
oder noch besser *illigatam.*

Kap. 59.

2) Was Cic. hier an dem Curio vermisst, verlangt er vom Redner Or. 1, 5. und c. 34, 11.
Vom Sulpicius und Antonius und ihren gerin-
gen Kenntnissen s. Anh. Nr. 2 u. 5 und die
beiden Hauptstellen Or. 2, 1 u. 3, 76. 7 -8.

3) *dicendi opus*] wie 54, 6 opus oratorium.

quinque partibus] s. bei Or. 1, 31. 7.

nemo nihil poterat, nemo erat, qui nihil posset.

enitebat oratio] prae illius elocutione Crassi
splendebat oratio. c. 38, 6.

Kap.

Kap. 60.

reliqua duo] Denn das invenire und disponere
konnte man von ihm, der in Allem unwissend
war, nicht erwarten: das eloqui bestand bei ihm
in einem blossen splendor verborum. Wie war
also nun noch sein agere und meminisse, oder
seine actio und memoria? Von jener also
§. 2 — 3; von dieser §. 4.

2) *Julius*] der witzige Redner c. 48.

Sicinius] nämlich itidem notavit in Curione.
ridiculus, ein Geck, der andern zu lachen
macht, wie Or. 2, 54 14. Denn nach Plutarch. in Crasso c. 7. liess er blos diesen un-
geschoren, weil er von ihm sagte: χορτον ιχιι
ιτι κιρατϱϛ, foenum habet in cornu, Hor. serm.
1, 4, 34. *consules* 677. Von Octavius 5. c. 62, 4.

3) Aus Vergleichung der Stelle Quintil 11, 3.
129 ordnet Schneider diese Erzählung weit
richtiger und feiner, weil so die Erklärung
nicht, wie gewöhnlich, mit in des Witzlings,
sondern in des Erzählers Rede kommt, und
zwar so: *Curioque* multa dixisset et se suo
more iactavisset (oder besser ohne jenes un-
nöthige dixisset so: *multum se suo more iac-*
ta-

tavisset) *assidente* (passender aus Quintil. st.
sedente) Cn. Octavio — — — — referes: qui
nisi *fuisset* (aus Quintil.), hodie te — come-
dissent.   Ueber Octavius vgl. Fin. 2, 28.

4) *Cottae*] nämlich uxore, wie 57, 4, und in
   Absicht der Sache vgl. Or. 37, nobis privata
   in causa magna et gravi cum coepisset Curio
   pater respondere, subito assedit, cum sibi
   venenis ereptam memoriam diceret.

5) *Pansa*] dem damaligen Lieblinge des Cäsar,
   welcher häufig in Ciceros Briefen vorkommt.
   Er war Cs. 710, und blieb in der Schlacht
   gegen den Antonius.

filio] c. 81.

consul] 694.

6) *inveheretur in Caesarem*] so nannte er ihn auch
   nach Sueton. in Caes. 52 in einer Rede omnium mulierum virum, et omnium virorum
   mulierem, und nach c. 49 stabulum Nicome-
   dis et Bithynicum fornicem.

quem — habuisset ist offenbar aus §. 5 wiederholt und daher mit Recht von Ern. eingeklammert.

in Gallia] als Proconsul seit 695.

                                  Kap.

Kap. 61.

flagitii] dedecus, quam turpiter errarit, wie atomi nat. deor. 1, 24 heissen *flagitia Demo-criti*, d. i. nach Ern. opinio turpissima.

2) *in senatum* habe ich nach Ern. Vorschlag aufgenommen st. senatu, so wie hernach *et*, st. *sed*, dies wegen des Sinnes, jenes wegen accedere (quo, nicht ubi).

4) *officium*] amicis reis inserviendi.

5) *dixi*] 59, 6 vgl. 58, 1.

6) *mediocriter*] Schneider (bei 35, 5) will lieber mediocre.

Kap. 62.

igitur] wie c. 55, 1. Denn nun ist er mit den oben c. 49, 6 genannten fertig. Ohne hier die in der Ern. Clavis bei den Carbonen gehäuften Unrichtigkeiten zu rügen, sage ich hier nur so viel, als zur Erklärung dieser und einiger folgenden Stellen nöthig ist. Diesen C. Carbo, den Sohn jenes berühmten Redners (c. 27), welcher sich 634 selbst vergiftet hatte, nennt er unten c. 89, 4 und 63, 8 in Gesell-

sellschaft des Pomponius (57, 1) und Varius
(62, 2) unter den patronis und disertis; er setzt
90, 2 hinzu, er habe in den Jahren 667-69
selten Reden gehalten, und nach 90, 7 wird
er mit dem Scävola (40, 1—5) und Antistius
(63, 2) zugleich ermordet, also 671. Es ist
also offenbar der, welcher nach Vell. 2, 26. 2
unter dem Consulat des (M. Papirius) Carbo III. u. des C. Marius, d. i. im J. 671, (Frsh.
86, 1) von dem damaligen Praetor Damasip-
pus, der es mit der Marianischen Partei hielt,
ermordet wurde. Valer. M. 9, 2. 3 giebt ihm
den Zunamen Arvina. Jenes sagt auch Cicero ad div. 9, 21. 7, wo er hinzusetzt, er
sey unter allen Carbonen der einzige brave
Bürger gewesen. Vergleicht man die Stelle
unten c. 89, 2, wo er sagt, *qui tum* (in den beiden J. des Italischen Kriegs §. 1, also 663 und
64.) *principes* (oratores) *numerabantur, in ma-
gistratibus erant*, und wo er darauf §. 4 unsern Carbo nennt; so ist er wahrscheinlich
der, welcher 664 als *Volkstribun* mit dem M.
Plautius Sylvanus ein Gesetz über das Bürgerrecht gab Arch. 4. Er kann auch hernach
noch *praetor* geworden seyn, und daher beim
Vell. *praetorius* heissen. Vgl. bei Or. 3, 3. 6,

wo

wo Cic. auch seiner Ermordung in Gesellschaft des Scävola (40, 1 — 5) erwähnt.

2) *Varius*] der auch unten 89, 4 beredt heisst, und von welchem Crassus Or. 1, 25. 10 sagt, illa ipsa facultate, quamcunque habet, magnam est in civitate gratiam consecutus : er war aus Sucro in Spanien gebürtig, und gab als Volkstribun 663 ein Gesetz de maiestate, d. i. nach der Erklärung des Asconius, vgl. Valer. M. 8, 6. 4, ut quaereretur de iis, quorum opera consiliove socii contra populum Romanum arma sumsissent. S. z. B. oben 56, 6. In andern Stellen schildert ihn Cicero als einen hässlichen, ungestümen, groben, aufrührerischen Menschen, z. B. Sext. 47, nat. deor. 3, 33. Or. 25. 10 : er wollte auch durch jenes Gesetz den ohnehin schon beim Volke verhassten Senat noch verhasster machen, besonders den M. Scaurus; Quintil. 5. 12. 10. Aurel. Vict. de vir. ill. 72, 4; Valer. M. 3, 7. 8. und stand sogar in dem Verdachte, den Metellus Numidicus und den Drusus (Anh. Nr. 8) vergiftet zu haben, nat. deor. 3, 33. Zuletzt stürzte ihn sein eigenes Gesetz, Valer. M. 8, 6. 4, gleich im folgenden J. 664. Brut. 89, 7.

3)

3) *Pomponius*] c. 57, 1.

lateribus] Or. 1, 60. 6.

Aquilii] welchen der Redner Antonius gegen
ihn glücklich rettete im J. 655. S. Anh. Nr. 2.
Seine Thätigkeit bei dieser Anklage rühmt
Cicero auch off. 2. 14. 9; doch tadelt Crassus Or. 3, 13. 5 seinen Mangel an Ordnung.

4) *Drusum*] von dem im Anb. Nr. 8. geredet
wird, und dessen Vater oben 28, 9 dagewesen ist.

magnum avunculum] nach dieser Folge:

1) M. Livius Drusus. 28, 9. trib. pl. 631.

2) M. Licius *Drusus* hier, trib. pl. 662.

   Seine Schwester Livia hatte von

  a) M. Cato §. 4 den M. Cato von Vtica.

  b) von Q. Servilius Caepio die *Servilia*.

Diese Stiefschwester des Cato heirathete

   a) den M. Brutus, dem sie unsern Brutus gebar.

   b) den D. Silanus c. 68, 6.

Lucullum] den berühmten Sieger des Königs Mithridates, den er v. J. 680 — 87 bekriegte als
Proconsul, da er 679 Cs. gewesen war. M. s.
acad.

acad. 4, 1, wo ihn Cicero sehr rühmt, vgl·
mit seiner Manilischen Rede, und Vell. 2, 33,
4 mit off. 2, 16. 11.

patrem] welchen nach Plutarch. in Bruto c. 4
Pompejus im Sullanischen Kriege ermordete.

M. Lucullam] Geschwisterkind des Lucius, Cs.
680, Frsb. 94, 25, Proconsul 681 in Macedonien, wo er die Dardaner besiegte. Pison. 19.
Oros. 6, 3.

legem Semproniam] vom C. Sempronius Gracchus, Volkstribunen im J. 631. c. 33.

abrogaverit] eigentlich blos einschränkte, da er
ein anderes, dem Staate minder schädliches,
gab. off. 2, 21. 4.

Cn. Octavium] Cs. 677. c. 60, 3.

patrem] des berühmten Cato von Vtica 31, 4.
Den Vater führt er auch off. 3, 16. 6 an.

Catulum filium] der Vater sowohl, als dieser
sein Sohn ist oben 35, 5 dagewesen, vgl. den
Anh. Nr. 7.

id est a iudiciis] eine offenbare Glosse, wie
46, 10.

in praesidiis reipublicae] als Besatzung des Staats,
d. i. wie er sich sonst ohne Metapher aus-

drückt, als kluge, weise Staatsmänner, dergleichen Antonius Or. 1, 48, 7 schildert: unter denen ein Senator auch ohne eigentliche
Beredtsamkeit seine Meinungen mit Würde
und Nachdruck vortragen kann. M. s. die oben
bei c. 42, 4 angeführten Stellen.   Wegen der
Metapher in *acies* und *praesidia*, s. oben 9, 6.

5) *Caepionem*] dieser Cäpio hier und in *dieser* Zeit
(vgl. c. 49, 6) angeführt, kann, wie ein jeder
leicht selbst sieht, unmöglich eben derselbe
seyn, welcher oben 35, 10 dagewesen ist.
Und doch ist dies Ernesti's Meinung, die aber
alles gegen sich hat, wiewohl sie ihm auch
Ruperti in seinen Römischen Genealogischen
Tabellen S. 209 getrost nachschreibt; denn
einmal ist, wie gesagt, die Zeit, in welcher
wir ihn hier angeführt finden, dagegen; *ferner* würde ja Cicero ganz wider seine Ge-
wohnheit in diesem Buche ihn so zweimal
aufführen: *drittens* charakterisirt Cicero diesen hier durch die Worte: nimis equestri or-
dini deditus, gerade als den Gegenmann von
dem obigen, welcher durch seinen, von Crassus vertheidigten, Vorschlag (43, 10) sich die
Ritter zu Feinden gemacht hatte. Or. 2, 48, 7
und c. 49, 1: *viertens* war dieser Cäpio na-
tür-

türlich weit jünger, wenn er nach dem Zeugnisse der Schriftsteller in seiner Traulichkeit
mit dem Volkstribunen, 662, dem Drusus §. 4
so weit ging, dass sie ihre Frauen mit einander vertauschten, hernach aber die ärgsten
Feinde wurden, wozu ein Ring Veranlassung
gab, bei dessen Versteigerung sie sich über-
boten. Plin. H. N. 33, 6. vgl. 25, 21; Cic.
Dom. 46. Dieser Cäpio also ist der, welcher
nach Her. I, 12 unter dem sechsten Consulat
des Marius, d. i. im J. 653, quaestor urbanus,
und in der Folge in dem Bundesgenossenkrie-
ge 663 Legat des Consuls Rutilius war; auch
mit dem Volkstribunen Drusus (662) in Feindschaft lebte, und sich nach 46, 2 und 56, 10
vom Aelius Reden machen liess.

Cn. Carbonem] dieser Consul oder Usurpator im
J. 668, 669 und 671 wurde von Pompejus dem
Grossen in Sicilien ermordet, 671. ad Div. 9,
21, 10. Wegen seiner Verwechselung mit
dem C. Carbo s. bei §. 1. So wie er in der
angeführten Stelle improbissimus heisst, und
auch hier blos zu den wilden Schreiern
in stürmischen Volksversammlungen gezählt
wird, so heisst er Verr. 1, 4 malus civis, improbus consul, seditiosus homo.

Varium] Gratidianum. Cic. charakterisirt ihn
leg. 3, 16 eben so wie hier, wenn er ihn
homo turbulentus nennt und Off. 20, 3 praetor fraudulentus.

elegantis, der zu wählen weiss, geschmackvoll,
der nicht mit dem ersten besten vorlieb nimmt,
qui nihil potest audire, nisi incorruptum et
elegans, wie er sich Or. 8 ausdrückt.

6) *Quintius*] Volkstribun 679, Cluent. 27, 28
und 40, wo er ihn ebenfalls von der Seite,
wie hier, schildert. vgl. Quintil. 5, 13. 39.

Palicanus] Volkstribun 681, wie man aus Verr.
2, 41 sieht; nach Valer. M. 3, 8, 3 war er
schon für das J. 687 consul designatus; er wurde es aber gleichwohl nicht, weil ihn der
Consul C. Piso nicht als solchen laut aufrufen
wollte.

7) *Gracchos*] c. 27 und 33.

Saturninus] Volkstribun 653 §. 10 und in eben
demselben Jahre ermordet. M. s. Flor. 3, 16
und Freinsh. 69. Cicero selbst schildert ihn
Har. 19 in gleicher Gesellschaft und von gleicher Seite, wie hier, wenn er von ihm sagt:
ita fuit effrenatus et ad animos imperitorum
excitandos inflammamdosque perfectus.

9)

9) *vitae sordibus*] wie oben 60, 2: *homo impurus.*

praetura] in eben dem Jahre, worin Saturnin
Volkstribun war, mit dem er gleiches Schick-
sal hatte, also 653 §. 10. Denn eben jenes
Menschen Rotte wollte ihn zum Consul machen. Flor. 3, 16, 4. Vell. 2, 12, 6.

licere] Denn nach den Gesetzen konnte ein Mann
im Amte (Glaucia war Praetor) nicht um ein
anderes anhalten.

legis] nämlich de civitate. s. Ern. in Indic. legum p. 38.

10) *publice* hat Ernesti mit Unrecht eingeklammert. Denn die Stelle Catil. 1, 2, worauf
mich Schneider aufmerksam gemacht hat,
sagt ausdrücklich, dass durch ein Senatuscon-
sultum (ut consules viderent, ne quid res publica detrimenti caperet,) den damaligen
Consuln Marius und Flaccus der ganze Staat
überlassen worden sey; und nun setzt er hinzu: num unum diem postea Saturninum tribunum plebis et Servilium praetorem mors a
reipublicae poena remorata est? und eben dies
sagt er Rabir. 7, Philipp. 8, 5.

comoediae] besonders Aristophanes in seinen
Lustspielen, der ihn eben so, wie den Cleon,

(7, 6) häufig durchzieht, als einen feigen Krieger, der aus einem Laternenmacher Feldherr
geworden sey, als einen dummen, habsüchti-
gen und betrügerischen Rabulisten und Volksverführer.

11) *Titius*, der dem Consul Antonius 654 als
   Volkstribun viel zu schaffen machte, Or. 2,
   11, 9. 66, 4. und von Cicero als ein aufrüh-
   rerischer Mensch und als Anhänger Saturnins
   (§. 7) geschildert wird, der auch deswegen
   verdammt worden sey. Rabir. 9 vgl. c. 3,
   6, 11, Nach Valer. M. 8, 1, Damn. 3 und Jul.
   Obseq. 106 brachte er auch ein Gesetz wegen
   neuer Vertheilung der Aecker in Vorschlag.

solutus, negligens: *mollis*, weibisch.

K a p. 63.

aliquantum locuti sumus] näml. v. c. 49, 6 am

2) *igitur Antistius*] c. 49, 6.

rabula] und doch zählt er ihn 90, 7 unter den
   Rednern auf, und erhebt ihn hier §. 8 noch
   über den ebendaselbst genannten und auch
   . 62, 1 gut geschilderten Carbo.

tri-

tribun.] 665, da hier Sulpicius, nach 89, 9, Volkstribun in eben diesem Jahre, sein Collega
heisst.

Julii} c. 48 vgl. Anh. Nr. 3 und die daselbst
angeführten Stellen. har. resp. 20, Frsh. supp.
Liv. 75, 40.

5) *quidem*] Schneider will quidam, wie Or. 3,
52. 3 habitus orationis et quasi color aliquis,
wo, wie hier, die Metapher vom Körper hergenommen ist (s. bei c. 13, 8). Denn von diesem gebraucht man eigentlich habitus, wie
der Grieche 'ξις,

6) *inter profectionem* (in bellum Mithridaticum)
reditumque (in Italiam, bello cum rege aequis
conditionibus composito) *L. Sullae,* oder vom
J. 666 bis 670.

sine iure. — respublica] unter den Usurpatoren
und grausamen Wüthrichen, Cinna, Marius,
Cn. Carbo (62, 5), Frsh. s. Liv. 77 ff. Bei der
Zurückkunft des Sulla aber ermordete ihn Da-
masippus, s. bei 90, 7.

7) *etiam autem*] klingt hart. Daher möchte Ern.
gern *autem* wegstreichen, oder *hac etiam causa* lesen.

M 4 8)

8) *Sulpic. occiderat*] ermordet 665, s. Anh.
Nr. 5.

Cotta aberat] in exilio, s. Anh. Nr. 4.

Curio] c 58 — 61: und diese drei waren die
Hauptredner ihrer Zeit. 56, 2. 57, 1. 58, 1
vgl. 90, 7, wo Curio im J. 671 nach Rom zu-
rückkömmt.

Carbonem] C. Carbonem 62, 1, der mit dem
Pomponius (57, 1. 62, 3) erst 671 ermordet
wurde. 90, 7.

K a p. 64.

Sisenna] L. Cornelius Sisenna.

maiorem natu (§. 5) Sulpicium, geb. 639. c. 88.
1; *minori* Hortensio, geb. 639 §. 3.

2) *historia*] er hatte nämlich in 20 Büchern die
Römische Geschichte von der Einnahme Roms
durch die Gallier (Liv. 5, 41) bis auf Sullas
Zeiten (c. 89, 9), also v. J. R. 365 — 665 beschrieben. In seinem Alter fügte er noch die
Geschichte des Sullanischen bürgerlichen
Kriegs hinzu, nach Vell. 2, 9. 5, welche Sallust. bell. Iug. 91 so beurtheilt: Sisenna optime et diligentissime omnium, qui Sullae res
di-

dixere, persecutus, parum mihi libero ore
locutus videtur; und Cic. leg. 1, 2: Sisenna
Macri amicus omnes adhuc nostros scriptores
facile superavit.   Nach Gell. 16, 9. hatte auch
Varro (56, 8) sein Werk über die Geschichte
nach ihm betitelt, und aus dem Ovid. Trist.
2, 443 sieht man, dass er auch einen Roman
des Aristides aus dem Griechischen übersetzt
hatte, woraus Charisius und Servius mehrere
Stellen anfübren, welcher letztere auch seinen Commentar über den Plautus erwähnt:
vertit Aristiden Sisenna: nec obfuit illi, historiae turpes inseruisse iocos.   Nach einer
Inscbrift beim Ursinus war er 675 Praetor.
Wenn er hier bene latine loquens heisst, so
muss man damit 74, 9 vergleichen; so wie
die Worte hier: quantum absit a summo, durch
die Stelle leg. 1, 2 erläutert werden: puerile
quoddam consectatur, ut unum Clitarchum neque praeterea quemquam de Graecis legisse
videatur, eum tamen velle duntaxat imitari,
quem si assequi posset, aliquantum ab optimo tamen abesset.

3) *Phidiae signum*] Minerva. 73, 7. Or. 2, 17. 9.
oder Jupiter Olympius.

con-

consulibus] 658, s. Anh. Nr. 1. und in eben diesem J. vertheidigte er auch die Afrikaner. Or.
3, 61. 10.   War er nun damals, wie er hier
§. 4 sagt, 19 J. alt; so war er 639 geboren,
also, wie er §. 8 sagt, 8 J. älter als Cicero,
welcher 647 geboren war, c. 43, 12. Er starb
nach §. 4 im J. 703, also 64 J. alt. c. 94, 4.

4) *consulibus*] 703, Frsb. 109, 2: also vom Jahre
658 — 703.

5) *paulo post*] c. 92 — 96.

aetatem eius — *in aetatem*, so kurz auf einander
klingt hart.   Daher will Schneider statt des
erstern *iuventutem*, und Ern., weil *eius* in einigen alten Ausgaben fehlt, st. *aetatem eius* lieber gleich *eum* lesen, wofür Schneider auch
aequalem vorschlägt, welches aber Cicero so
nicht gebraucht, wie alle die Stellen deutlich zeigen, wo dies Wort in diesem Buche vorkömmt, z. B. hier §. 6 und 49, 6.
Ich würde also lieber das Ernestische *eum*
wählen und zugleich *disparum* st. *disparem*
vorschlagen.

6) *Attius* 18, 9.

ait] nach Voss. hist. lat. 1, 7 in seinen didasca-
licis, welche Gell. 3, 3 *indices* nennt, und
worauf er sich auch 3, 11 beruft.

iis-

iisdem aedilibus] nach Corradus Vermuthung im J. 613 oder 612, da, nach Eusebii chron., Attius unter dem Consulat des Mancinus und Serranus, d. i. 582 (Liv. 43, 4) geboren war, mithin Pacuvius 532. Vgl. wegen dieses letztern Or. 1, 58. a und die Stellen im Ind., wie auch unten bei 74, 3.

mea aetate et tua] Cic. war geb. 647; Hortensius 639. §. 3; Brutus 668. c. 94, 4; Crassus starb 662. Or. 3, 2. 3; Philipp war Cs. 662. c. 47, 1 und Or. 1, 7. 1.

7) *posui*] oben c. 49, 6.

in eorum numerum facile pervenerat] facile oder sine controversia, omnibus facile concedentibus obtinuerat, ut in iis numeraretur. 45, 3. 35, 5. 32, 9 vgl. 25, 2. 28, 3. 69, 5. 76, 2. *Pison.* 67, 1, *Crassum, Cn. Lent., P. Lent.* 66, 1. 4 und 6.

8) *in studio exercuit*] c. 90, 1. *sumus in spatio* (daher auch hier Rivius *stadio* lesen will) Hortensium ipsius vestigiis persecuti.

dixit] vgl. 94, 4. Jener Appius Claudius Pulcher war nach seiner Zurückkunft aus Cilicien, wo er vom J. 700 bis zum Mai 702 Proconsul

sul gewesen war (s. die Einleitung zum dritten B. der Briefe des Cic. ad div.), sowohl
ambitus als maiestatis wegen vom Dolabella
angeklagt worden. ad div. 3, 10 und 11. Dagegen vertheidigten ihn nun diese beiden, und
da sich auch Pompejus sehr für ihn verwand-
te, ad div. 8, 6. 9; so wurde er losgesprochen.

K a p. 65.

nostrum tuumque initium dicendi] Cic. sprach zuerst für den Quintius 672. c. 90, 10; Brutus
für den Appius 703. c. 64, 8.

eliceretis] diese Rivische Vermuthung fodert der
Sinn st. eligeretis.

4) *te arbitror malle ipsum tacere*, tu, ut arbitror, mavis ipse tacere.

7) *dicent* ist zu zuverlässig und stolz gesprochen, und daher die Ern. Vermuthung di-
cant schicklicher.

8) *tenuisti*] c. 54, 6. Das folgende construire
man so: *quod propero audire de te;* (mit einem semicolon, nicht punctum, welches Ern.
setzt. Denn auch das folg. de virtut. hängt
noch v. audire ab) *nec vero — — sunt, quam*
näm-

(nämlich sermo tuus mihi longior videtur ideo), quod — — studeo. So braucht man nicht mit Ern. quod einzuklammern.

9) quoniam me non iubes ingenii mei dotes praedicare, de virtutibusque dicendi meis tibi exponere (§. 8), sed laborem meum referre, ut, qui gradus mei et quasi processus dicendi fuerint, seu quomodo quibusve exercitationibus progressus in dicendo feoerim, cognoscas. Vgl. unten 92, 8.

Kap. 66.

M. Licinius Crassus, von dessen Vater und Grossvater, so wie von seiner Verwandtschaft mit dem Redner L. Crassus der Anh. Nr. 1 und der Index nachzusehen ist, ist der berüchtigte Triumvir. Er war Cs. mit dem Pompejus 683 und 698; und fand einen verdienten Tod bei den Parthern 700. divin. 2, 9 vgl. 1, 16. Von seinem Reichthume sehe man z. B. off. 1, 8. 2; von den schändlichen Mitteln, wodurch er ihn sich erworben hatte, und von seiner unersättlichen Habsucht siehe off. 1, 30. 13. parad. 6, wo man auch c. 2 sieht, wie er zu seinem Anhange (gratia) kam.

in

in patronis] so vertheidigte er z. B. den Balbus und Muraena. Balb. 7. Mur. 23.

e) *sermo latinus*] sein Ausdruck war rein · lateinisch. 64, 1. 37, 7. Or. 3, 11 und 12. *flos, lumen* s. bei 17, 3.

3) C. Flavius Fimbria, Legat des Consuls Flaccus 667, ermordete diesen bei einem gegen ihn erregten Aufruhr der Armee 668; er liess sich aber nachher, 669, da ihn seine Armee verlassen hatte, und zum Sulla überging, selbst von seinem Sklaven ermorden. Frsb. 82, 22. 57 — 64. und 83, 30 — 35. Von seiner tollen Wuth erzählt Cic. Rosc. Amer. 12 ein Beispiel, und, wie ein rasender Mensch sprechen und toben, nennt Asinius Pollio beim Quintil. 8, 3. 32 *fimbriaturire.*   ~

4) M. Cornelius Lentulus *Clodianus*, Cs. 681, Frsb. 96, 1.

admirando — agendo] der Sinn ist, wie man leicht fühlt, nicht vollständig. Lambin änderte daher: *admirando, irridendo; agendo denique latebat*, st. dessen Ern. lieber will *valebat*. Zwar lässt sich *admirando irridebat* für sich erklären, *dum laudaret et admirari se simularet, irridebat*; aber so stehen die vorhergehenden

den

den Ablative leer; denn zu ihnen passt *irri-debat* nicht, st. dessen daher mein Freund Buttmann vorschlägt *irridendo splendebat.* vgl. 68, 5.

5) *Curio*] c. 58 — 61, besonders 58, 1. 61, 5.

6) P. Cornelius Lentulus, *Sura* .c. 64, 7. vgl. wegen dieses Beiworts Plutarch. in Cic. 17; wiewohl dieser nicht Recht hat, wie Liv. 22, 31 zeigt, §. 6 schon im J. 535 ein Legat dieses Namens vorkommt.   Ob er gleich 682 Cs. gewesen war, Frsh. 96, 38, so verstiessen ihn doch die Censorn im J. 684 aus dem Senat wegen seines schändlichen Lebens: doch wurde er im J. 690, als Cicero Cs. war, wieder Prätor und als Mitverschworner des Catilina im Gefängnisse erdrosselt. Catil. 3, 2 und 5.

Kap. 67.

M. Pupius Piso *Calpurnianus* (adoptirt von M. Pupius. Dom. 13) war Cs. 692. Ein anderer ist C. Piso c. 68, 1. Zwar war dieser erst 2 Jahr nach unserm Cicero Consul, allein er war älter als er, welches man schon aus Or. 1, 22, 14 schliessen kann, wo ihn Crassus im

J.

J. 662, als unser Cicero erst ins 16te Jahr ging, einen adolescens nennt, eloquentiae deditus, summo homo ingenio. Wie man aus 90, 6 und 68 7 sieht, übte sich unser Cicero gemeinschaftlich mit ihm im deklamiren, in den Jahren 667 bis 669.

ex disciplina] dies erklärt sich aus Or. 1, 22, 14, vgl. Nat. Deor. 1, 7. Daher lässt ihn auch Cicero schicklich im 5ten Buche de Fin. als Peripatetiker reden.

2) Er war naturâ acutus in dicendo, arte limatus.

verbis] rei aptis.

versutum] versutus erklärt er selbst Nat. Deor. 3, 10: cuius celeriter mens versatur.

frigidum] rostig, im Witz und in Anspielungen.

4) *virginum*] Vestalium, die man wegen verletzter Keuschheit angeklagt hatte, und zwar, wie man aus Catil. 3, 4 schliessen kann, im J. 681.

5) *Muraena*] eben der, welcher unten 90, 7 wieder vorkommt; er ist sonst nicht bekannt.

rerum veterum] historiae antiquae, oder antiquitatis 56, 7. 59, 2.

8)

8) *Macer*] dessen Sohn 81, 2 vorkommt.

9) *vita, mores*] denn Cicero verdammte ihn
als Praetor im J. 687, da man ihn wegen gemachter Unterschleife angeklagt hatte, wiewohl ihn M. Crassus vertheidigte. Att. 1, 3.
Valer. M. 9, 12, 7.

evertisset] von *Ernesti* st. *everteret*, weil *fuisset*
folgt, eben wie 68, 9: asscendisset, nisi dedisset, und vorher §. 4 gloriam habuisset, nisi
abstraxisset.

nitens, horrida] vom Gemälde hergenommen,
s. bei 17, 3.

inveniendis] s. oben 59, 3 und Or. 1, 31, 7.

K a p.   68.

C. *Calpurnius Piso* Cs. 686. Freinsh. 98, 90.

statarius] s. clav. Ern.

sermonis plenus] Ernesti vermuthet *leporis*, welches das folgende und besonders §. 7 bestätigt.

2) *Glabrionem*] M? Acilium Glabrionem, der mit
jenem Consul war.

Scaevolae] desjenigen, der 620 Consul war.
c. 26, 2.

Anm, 8ter Th.   N   3)

3) *L. Manlius Torquatus*, Cicero's Jugendfreund
und Mitschüler ⟨Cornel. in Att. 1, 4⟩, Consul 688. Sein Sohn kommt unten 76, 6 vor.

existimando, wie oben 54, 4 39, 5 und 24, 4,
vg!. 72, 3.

4) *aequalis*] mit mir in einem Jahre geboren, wie
Vellej. 2, 53, 3 — 4 sagt, wo er eben die
Consuln nennt, unter denen er geboren war;
vgl. Gell. 15, 28, (u. hier 43, 12,) der sie als die-
jenigen anführt, unter denen Cicero geboren
sey. Uebrigens ist dieser Pompejus bekannt
genug. Er war Consul 683, 698, 701, triumphirte dreimal über drei Welttheile 672,
682, 692, und blieb im bürgerlichen Kriege,
wo er im J. 705 in Egypten ermordet wurde.
M. s. seine kurze, aber trefliche Charakteri-
stik beim Vellej. 2; 29, 33, 40 und 53, und Cicero's Lobrede auf ihn pro leg. Manil. und
zum Theil pro Marcell. Sein Vater und seines Vaters Bruder sind oben dagewesen 47 7.

5) beim Vellejus heisst er 2, 29, 3 eloquentia
medius d. i. mediocris. Dies verglichen mit
dem, was er hier von ihm sagt, sieht man,
dass Cic. Manil. 14 als Redner spricht, wenn
er

er sagt: quantum dicendi gravitate et copia
valeat, vos, Quivites, saepe cognovistis.

6) *D. Junius Silanus* **Cs.** 691.. **Wegen** *Vitricus*
s. 62, 4.

7) *Pompejus*] dessen Sohn eben der zu seyn
scheint, an welchen Cicero schreibt ad Div.
6, 17, und der ebendaselbst, Br. 16, an den
Cicero schreibt·, Diesen nennt Cicero hier
ausdrücklich ungefähr (fortasse, d. i. fere,
wie Or. 56 triginta fortasse versus) zwei Jahr
älter als sich.   Desto auffallender ist es also,
wenn Ern. im Clav. ihm mit dem verwechselt, welcher 612 Consul war. c. 25, 9.

Pisone] 67, 1, vgl. 90, 6.

8) *Autronius* Paetus war schon fürs J. 688 consul designatus mit dem R. Cornelius Sulla;
weil sie aber beide von L. Cotta und L. Torquatus (§. 3) überführt wurden, unrechtmäs-
sige Mittel dabei gebraucht zu haben, so verloren sie ihre Würde, und ihre Ankläger
wurden an ihrer Statt Consuln: Autronius
wurde verwiesen. Att. 3, 2.

9) *Stalenus*, wie er auch Cluent 7 und 24 und
topic. 21 geschrieben wird, nicht *Stajenus*.
In der zweiten Stelle kommt Mehreres von

N 2   ihm

. ihm vor; aus Cluent. 26 sieht man, dass er
ein geborner Gallier war.

Aelium] Paetum.

facinore manifesto] dies erklärt sich aus
Cluent. 7.

honores] Volkstribun z. B. war er 695 gewesen,
wie man aus Sext. 32 schliessen kann.

K a p. 69.

Caepasii] von denen er Cluent. 21 sagt: ad Cae-
pasios fratres confugit, homines industrios atque eo animo, ut, quaecumque dicendi po-
testas esset data, in honore atque beneficio
ponerent.

2) *nullo acumine*] d. i. etsi nullum habebat acumen.

3) *secundarum* (partium) *alicuius esse*, jemandes
Anhänger seyn, ihm gleichsam nachspielen,
sein Nachball seyn, wie Plutarch in Cic. 12
sagt, Cicero habe dadurch, dass er seinem
Collegen, dem Antonius, die Provinz Macedonien abgetreten habe, diesen für sich ge-
wonnen ὡσπερ ὑποκριτην εμμισθον αυτω τα δευτερα
λεγειν ὑπερ της πατριδος.

4)

4) *multorum* habe ich eingeklammert, wie Gruter schon rieth, weil es wahrscheinlich blos
durch ein Versehn aus dem folgenden hierher
gekommen ist. Denn man sagt wol, *tempori in-
servire*, aber nicht *alicuius* tempori. Sollte
dies Sinn haben; so müsste es temporibus
(d. i. periculo, wie Manil. 1) heissen. Das
fällt aber hier weg, weil *periculo* selbst
folgt.

5) *in num. perven.*] s. oben bei 64, 7.

6) *Olympiorum*] coronae Olympicae. Lässt man
aber mit cod. Gud. *cupidi* weg, so kann man
jenes als masc. zum vorberg. pugnos (Faust-
schlag, πυξ, Hom. il. 3, 237. vgl. Horat. carm.
1,112, 25. serm. 2, 1. 26) und zu plagas ziehen.

iudic. anni] s. bei c. 94, 3. Da die Redner durch
jenes Gesetz bestimmte Stunden bekamen;
so wurden minder geübte nun ganz abge-
schreckt.

7) *Stalenos et Autron.*] solche niedrige und ver.
worfene Menschen (vgl. bei Or. 1, 48. 6),
wie St. und Autr. 68, 9 u. 8. vgl. 72. 1.

8) *ambitione*] aus Sucht mir dadurch einen
grossen Dank zu verdienen, da sie todt sind.
15, 1. 77, 7. In eben diesem Sinne steht

N 3   am-

ambitiosae rogationes ad div. 6, 13. 7 und am-
bitiosus homo 13, 1. 15.

K a p. 70.

Torquatus, eben der, welcher Planc. 11 vorkommt,
wo er ein Vaters - bruders - sohn heisst von dem
A. Torquatus, welcher 676 Prätor in Afri-
ka war.

Molonis] s. die Stellen von ihm im Ind.

sublato ambitu] durch das vom Pompeius in seinem dritten Consulat 701 (c. 94, 3) dagegen
gegebene sehr geschärfte Gesetz.

3) *municeps noster*] also aus Arpinum. Tusc. 5,
23. leg. 2, 1.

4) M. Valerius Messalla, Cs. 692, Frsb. 103, 25,
also zwei Jahre nach Cicero: ein anderer ist
der 96, 1 vorkommende.

5) Q. Caecilius Metellus *Celer* und *Nepos*, Söhne
des Celer c. 89, 4. Der ältere Bruder war
in Cicero's Consulat Praetor und 693 Cs.;
der jüngere wurde noch in Cicero's Consulat Volkstribun und 696 Cs. S. die 4 ersten
Briefe der Cic. Briefe ad div. und die Einleitung dazu.

nihil in causis versati] *nihil*, plane non *in causis*
in foro agendis *versati*, oder, wie es Ern. er·
klärt, a causis agendis abstinuerunt, solum
concionatorium genus secuti, quod in tribunatu
usurpavit Nepos. ad div. 5, 2.

6) Cn. (nicht C., wie hier Ern. aus Versehn
hat stehn lassen, da er es richtig im Clav. hat)
Lentulus Marcellinus, praetor 694. har. resp.
10, Cs. 697. Frsh. 104, 77. Cic. ad div. 1, 1,
4 und ep. 2, 1.

7) *Memmius* machte als Volkstribun 687 dem
L. Lucullus (62, 4), und als Praetor 695 dem
Proconsul Caesar (60, 6)! viel zu schaffen,
(Sueton. in Caes. 23, Plutarch. Lucull. 37)
und war ein unruhiger Kopf, bis ihn Q. Eru·
cius das ambitus überwies und 699 aus Rom
verbannte. So finden wir ihn in der Verban·
nung zu Athen 702. ad div. 13, 1.   Auch gab
er sich mit der Dichtkunst ab; Ovid. Tr. 2,
433, Plin. ep. 5, 3. und Lukrez widmete
ihm sein Gedicht von der Natur.

Kap. 71.

M. Claudius Marcellus, Cs. 702, war ein hefti-
ger Gegner des Cäsar, der besonders darauf

drang,

drang, dass Caesar sein Commando in Gallien niederlegen und nach Rom kommen sollte, da doch die 10 ihm bewilligten Jahre noch nicht geendigt waren (v. 695 c. 60, 5). Caes. de bello G. 8, 53 vgl. Cic. ad div. 8, 8. 13 — 18. Seine Absicht mochte hier immer patriotisch seyn (mens optima §. 6); aber es war doch nicht politisch, einen so mächtig gewordenen Feldherrn, der ein so geübtes Heer ganz auf seiner Seite hatte, zum bürgerlichen Kriege zu reizen. Da diese Streitigkeiten in dem J. 703 fortgingen, und es 704 wirklich zum Bruche zwischen den sogenannten Patrioten, welche den Pompejus an ihrer Spitze hatten, und dem Cäsar kam; so nahm auch unser Marcell natürlich die Partei des erstern, ging aber nach der verlornen Pharsalischen Schlacht, wie Cicero, (ad div. 7, 3. 10) vom Kriege ab, ad div. 4, 7. 4 und begab sich nach Mitylene in eine freiwillige Verbannung; (§. 7) ad div. 4, 7. 9. blos die dringenden Bitten seines Bruders und die von unserm Cicero beim Cäsar für ihn übernommene Vertheidigung vermochten ihn von seinem Entschlusse abzubringen, nie wieder nach Rom zurückzukehren, weil er, was hier

Bru-

Brutus §. 7 und Seneca ad Helv. 9 an ihm rühmen, in seiner philosophischen Musse recht glücklich lebte. Da er aber nach erhaltener Verzeihung seine Reise nach Rom über Athen antreten wollte, wurde er in der Mitte des Jahrs 708 von einem P. Magius Chilo ermordet und von seinem ehemaligen Collegen im Consulat, damaligen Proconsul in Achaia, dem Servius Sulpicius Rufus (c. 40 — 42) bei Athen begraben. ad div. 4, 7 — 12.

3) *hic — abfuit*] Brutus war geboren 688; c. 94, 4. Cäsar ging schon als Proprätor 692 nach Spanien, und war seit 695 aus Gallien nie wieder zurückgekommen, sondern bis zum Ausbruch des bürgerlichen Kriegs da geblieben.

4) *similem tui*] Eben dies sagt Cicero selbst, wenn er im J. 702 an ihn als Consul schreibt: (ad div. 15, 9. 3.) maxima laetitia afficior, cum ab hominibus prudentissimis virisque optimis, omnibus dictis, factis, studiis, institutis vel me tui similem esse audio, vel te mei. Stärke in der Beredtsamkeit legt ihm Dio Cass. 40, 58 bei. vgl. hier §. 5.

N 5   6)

6) *lectis utitur verbis*] est orator elegans; *frequentibus*, dicit copiose.

cum liceat] nämlich, wie es Ern. richtig erklärt, tractandis doctrinae studiis consolationem quaerere, quod ei solitario et Mitylenis viventi licebat facere sine interpellatione.

7) *vidi*] s. oben bei 5, 12.

ante dixi] bezieht sich auf die Worte §. 6: *se consoletur*.

8) *Cratippo*] dieser sehr gelehrte und berühmte Peripatetiker seiner Zeit (divin. 1, 3 off. 3, 2. 2,) zog hernach von Mitylene nach Athen, wo ihn im J. 708 u. 9 der junge Cicero hörte. off. 1, 1. ad div. 16, 21. 6 u. 12, 16. 6. Unser Cicero hatte ihm beim Cäsar das Römische Bürgerrecht ausgewirkt. Plutarch. in Cic. 25.

Kap. 72.

Autr. Stal.] wie c. 69, 7.

2) *hanc turbam effugere*] hanc oratorum turbam, plebem, vulgus (97, 6) non nominare.

posset ist mit Recht st. *possit* aus einer Pariser Hdsr. von Ern. aufgenommen, da *veritus es* vorhergeht.

tuum

tuum iudicium] theils hatte er sich, wie sich
denken lässt, öfter in Gesprächen darüber
erklärt, theils in seinen Briefen, z. B. ad div.
6, 6. 18 und 9, 16. 8, theils in seiner 699 gehaltenen Rede für den Rabirius c. 15 — 16,
und in der nach dieser Zeit erst gehaltenen Rede für den Marcell (c. 71, 1), so wie in dieser
uns vom Sueton. in Caes. 55 aufbehaltenen,
Stelle eines seiner Briefe an den Cornel Nep.:
„quid? oratorum quem huic antepones eorum,
qui nihil aliud egerunt? quis sententiis aut
acutior aut crebrior? quis verbis aut ornatior
aut elegantior?" Gleiches Lob ertheilt ihm
Quintil. 10, 1. 114: „Caesar si foro tantum
vacasset, non alius ex nostris contra Ciceronem nominaretur. Tanta in eo vis est (vgl. 10,
2. 25 und 12, 10. 11), id acumen, ea concita-
tio, ut illum eodem animo dixisse, quo bel-
lavit, appareat. Exornat tamen haec omnia
mira sermonis, cuius proprie studiosus fuit,
elegantia."

non illius de tuo obscurum] m. s. hier §. 5, und
beim Plin. hist. nat. 7, 31 heisst er ihm omnium triumphorum lauream adeptus maiorem, quanto plus est ingenii Romani terminos
in tantum promovisse, quam imperii.

3)

3) *de hoc audio*] ich höre es aus dem Munde
   unsers Cicero.

aestimatore] richtiger liest Lambin existimatore,
   vgl. 68, 4, wie hier auch wirklich die Vened.
   Ausg. und cod. Gud. hat, dagegen jene c.
   93, 3 aestimator hat.

elegantiss.] s. oben bei 37, 3. vgl. Or. 1, 2. 3.

4) *audiebamus*] c. 58, 4.

5) Schneider ändert *quin* in *qui* und streicht *cum*
   weg, welches um, so treflicher ist, da es
   sich so erklären lässt, wie *cum* in den Text
   gekommen ist, weil wahrscheinlich sich einer jenes *qui* durch *cum* am Rande erklärt
   hatte. Dann würde vor *qui* ein colon, kein
   punctum, stehn müssen, um diesen Satz *qui
   scripserit*, *dixerit*, mit dem vorherg. *est consecutus* zu verbinden.

in maximis occup] er schrieb nämlich dies
   Werk in zwei Büchern bei seiner Reise über
   die Alpen. Sueton. in Caes. 56.

de ratione lat. loq] de analogia, welches Werk
   er dem Cicero widmete. Plin. 7, 31, welches
   auch die Worte hier: hunc nomine affatus
   zeigen. Quintil. 1, 7. 34 sagt davon: an vim
   Caesaris fregerunt editi de analogia libri?

si

si - ut possent] *ut* hatErn. eingerückt, welches aber,
wie I. F. Heusinger in der Vorrede zu off. p. 48
zeigt, nicht nöthig ist, da in *si* dies schon liegt,
wie Caes. bell. g. 1, 8. 4; saepius noctu, *si* per-
rumpere possent, conati; und Plaut. Cist.
1, 37.

hunc facilem — habendum hält Schneider nach
obiger Aenderung noch für Cäsars Worte;
er ändert aber *non delicto* statt *nunc relicto :*
hält man sie hingegen, wie ich auch für besser halte, für Attikus Worte; so würde ich
lieber *evicto* lesen, d. i. demonstrato, extra
omnem dubii aleam posito; wie es auch Corradus erklärt; nunc dicendum non est, eum
(Caesarem) quotidianum hunc sermonem novisse: nam apparet eum novisse. Ernesti,
welcher mit Lalemand *num derelicto* ändert,
erklärt es: genus hoc sermonis esse negligen-
dum, aut negligi. Wie dies in den Zusammenhang passen soll, sehe ich nicht ein.

Kap. 73.

te laudatum puto, quem] te laud. puto a Caesare,
cum te — dixerit 72, 5.

vin-

vincebamur a victa Graecia]

> *Graecia capta ferum victorem cepit et artes intulit agresti Latio,* wie Horaz sagt ep. 2, 1, 15. 6.

cum illis communicatum]   da wir an dir einen eben so grossen Redner haben, als Athen an seinem Demosthenes hette, s. bei 43, 13 vgl. Tusc. 1, 1 — 3.

2) *supplicationi*] die ihm der Senat wegen glücklich unterdrückter Catilinarischer Verschwörung decretirte, quod urbem incendiis, cives caede, Italiam bello liberasset, Pison. 3. ad div. 15, 4. 26: eben so wie hernach wegen seiner Siege in Cilicien. S. die darüber gewechselten Briefe ad div. 15, 10 und 13 und ep. 4, 23; und die, worin er dafür dankt, ad div. 15, 11 vgl. 8, 11 und Att. 7, 1. Uebrigens habe ich *non,* welches ganz unlateinisch hinter *supplicationi* stand, auf Ern. Rath vor *tuae* gesetzt.

3) *quisquis est ille*] d. i. ego. vgl. bei 43, 13.

multi triumphi] Flor. 2, 3. 5 führt als die Sieger dieser Ligurer, die er §. '4. imis Alpium iugis adhaerentes nennt, und von denen er sagt: hos dumis sylvestribus implicitos maior ali-

quan-

quanto labor erat invenire quam vincere, den
Fulvius, Cs. 516, Baebius und Posthumius an.

4) *imperatorum sapientia*] diese Worte, welche
gar keine Construction haben, da der Ablativ *quibus* da ist, zu dem sie vermuthlich eine
erklärende Randglosse waren, habe ich eingeklammert. Den Sinn druckt er off. 1, 22.
3—7 so aus: vere si volumus iudicare, multae res exstiterunt urbanae maiores clariores-
que, quam bellicae u. s. w. Vgl. Or. 1, 2. 6
und die Rede für den Muraena.

5) *Curio*] s. bei 39, 1 und einen ähnlichen Ausspruch Or. 1, 44. 1.

castellanos triumphos] triumphos de castellis Li-
gurum (§. 3) deportatos.

7) *Minervae — Phidiam*] Or. 2, 17. 9.

8) *praesertim — possint*] diese Worte, welche
nicht den Satz, der vorangeht, im Allgemeinen ausdrücken sollen, sondern den speciellern erklären, will Ern. deswegen lieber gleich
hinter fabrum tignorium setzen.

K a p. 74.

2) „Der Boden, worein man säen, worauf man
bauen muss, ist, wie du siehst, locutio (oder
wie

wie ed. Venet. und cod. Gud. hat *elocutio*)
emendata et latina. vgl. 72, 3 mit 37, 3.

cuius penes quos u. s. w. et in iis, penes quos
huius laus fuit, qui ob hanc sunt laudati, non
fuit rationis aut sc. Or. 1, 4. 3.

3) *Lael.*, *Scip.*] 21, 8. 23, 1.

Caecilius Statius, welcher auch Att. 7, 3 malus latinitatis auctor heisst, schon deswegen,
weil er ein geborner Mailänder war, behauptete, dies abgerechnet, einen ansehnlichen
Rang unter den Komikern; Gell. 15, 24 und
Varro beim Nonius giebt ihm den Vorzug
vor allen in Behandlung seines Gegenstandes.
Er starb 584. Von Pacuvius siehe 64, 6, woraus erhellet, dass, da er 532 geboren und
damals 80 J. alt war, er noch über 612 hin-
aus lebte; und da ihn im J. 624 Laelius beim
Cic. in Lael. 7, 9 noch seinen Gastfreund
nennt, so sieht man daraus, dass er über 90
J. alt geworden ist.

os — barbarie — infuscaverant] diese Ern. Ver-
hesserung habe ich in den Text genommen.
Denn die gewöhnliche Lesart: qui — nec
eos — barbaries — infuscaverat hat keine
Construction.

4)

4) *Romae* — *Athenas*] eben so ist es allen unsern Haupt - und Residenzstädten gegangen, besonders wegen des Manufactur - und Fabrikwesens.

5) *consul*] 630. c. 28, 12. Q. Caecilius Metellus, sein College, hatte den Zunamen *Balearicus.*

bene latine] nämlich loqui, welches vielleicht herausgefallen ist.

7) *paulo ante*] 35, 5. *literarum* oder *syllabarum,* wie Or. 48.

8) statt *quia* will Ern. ganz richtig lieber *qui* gelesen wissen. Denn es soll kein Grund angegeben werden.

Cotta] L. Cotta 36, 4. Auch Quintil. 11, 3. 10 rügt an ihm verborum atque ipsius soni rusticitatem, vgl. Or. 3, 11. 5 und c. 12, 3.

dilatandis literis, wie Or. 2, 22. 4. latitudo verborum, und πλατυασμον Theocr. 15, 88, d. i. nach dem Schol. διωρζουσαι.

alia quidem] besser mit Ern. und Lambin *quadam.*

9) *Sisenna*] 64, 1 — 2.

Erucio] diesen von Pighius (in annal. ad a. 613) vorgeschlagenen Namen habe ich hier, so wie §. 10 und c. 75, 1 aufgen. st. *Rusio*, da es

wahrscheinlich der auch Rosc. Am. 13 als
Ankläger vorkommende Erucius ist.

Kap. 75.

1) *dicas*] besser mit Ern. *dicat*, da er die Richter anredet.

2) *ille*] Sisenna.

3) vgl. 72, 3 und 74, 5.

4) vgl. oben 37, 4.

5) *voce, motu*] Sueton. in Caes. 55: prohuncias-
se dicitur voce acuta, ardenti motu gestuque,
non sine venustate.

forma — quod.] nämlich *est*, wenn man es nicht
als Ablativ mit dem Vorigen in gleicher Constr.
will fortgehn lassen, oder mit Sueton. in Caes.
55 lesen will; formâ magnificam et gene-
rosam.

6) *orationes*] s. z. B. bei 92, 3.

rerum suarum] rerum a se in Gallia et bello civili gestarum. Dies sind die bekannten sieben
Bücher vom Gallischen Kriege (das achte ist
nicht von ihm) u. die drei vom Bürgerlichen,
die wir noch haben, welche das bewähren,
was Cic. hier und Hirtius de bello gall. 8
praef. §. 4—7 von ihnen rühmen.

da

detracto] andere Ausg. und Hdsr. haben detrae-
ta, auf *veste* bezogen. Wegen der Vergleichung s. bei 79, 4.

7) *parata, unde sumerent*] weil es eigentlich
blosse Tagebücher sind, Memoires, keine
Geschichte.

volent] st. *volunt* (denn darnach müsste er sie
damals schon gekannt haben) v. Ern. mit
Lambin.

calamistris inurere] so wie vestire, ornare (79, 4)
im Allgemeinen, so ist dies specielle vom Ein-
brennen, Einkräuseln der Haare, auf einen
geschmückten Vortrag übergetragen, wie
Maecenatis calamistri Tacit. Or. 26, calami-
stros adhibere Cic. or. 23, und Plato beim
Dionys. Haic. τους εαυτυ διαλογυς κτενιζων και
βοστρυχιζων και παντα τροπον εναπλικων.

8) nihil est in historia pure et dilucide conscrip-
ta dulcius brevitate.

Kap. 76.

Pompeii] c. 25, 9.

imo] mit Lambin st. *iam*. Jenes nimmt den
Satz wieder halb zurück: von Vergleichung
der Zeiten aber ist die Rede nicht,

Her:

Hermagoras ein Rhetor zu Rhodus, den er eben
so wenig schätzt. inv. 1, 6. 51, hier 78, 3,
vgl. wegen der Sache selbst Or. 2, 27. 5 – 6.

3) *Varro*] s. bei 2, 1. 2, und §. 4 zeigt, dass unser Cic. gleichen Unterricht mit ihm genoss.

4) *mortuus*] wie man aus Att. 3, 23 sieht, lebte
er noch im J. 696.

5) Schneider will lieber: *quidem* st. quaedam,
und *et rapidâ celeritate* coecata (wie agrar.
2, 14 cur hoc est tam obscurum atque coe-
cum?)

6) *Torquatus*] dessen Vater oben vorkam, 68, 3.
vgl. über diesen fin. 2, 19. Sull. 2 und 12. Er
war Prätor 704. πολιτικος, Staats - Rechts-
kundig, wie Plutarch. dem augur ·Scaevola
(26, 12) diesen Namen giebt in Cic. 3.

7) *dignitas*] von Rivius st. gravitas. Jenes passt
zu decorabat; dies ist aus dem vorhergehenden wiederholt.

8) *plena senectutis*] wie c. 43, 7 oratio *senilis*.
Dieser C. Valerius Triarius war erst 702
Volkstribun.

literatas] denn fin. 1, 5 heisst er inprimis gravis et doctus, und man sieht zugleich daraus,
dass

dass er den Plato, Aristoteles und Theophrast schätzte und fleissig las.

9) *nihil valuisse*] s. oben bei 1, 3 und c. 2, 3 und ad div. 7, 3. 7.

perdidisset] von Torquatus Tode s. de bello Afr. 96. vgl. bell. civ. 3, 11. 2: vom Triarius de b. c. 3, 5. 3.

10) *acerbior exspectatio reliquorum*] Daher sagt auch Cornel. in Att. 16, 4: Cicero non ea solum, quae vivo se acciderunt, futura praedixit, sed etiam quae nunc usu veniunt, cecinit ut vates. Belege dazu findet man ad div. 9, 17. 3. 4; 14. 3. 6, 6. 4 und 11. 7, 3. 12. und Phil. 2, 15, wo es heisst: Pompejus, auf seiner Flucht nach der Pharsalischen Schlacht, me vidisse plus fatebatur, se speravisse meliora.

K a p. 77.

eodem bello] quo Torquatus et Triarius occiderunt 76, 9.

M. Calpurnius Bibulus, der sonderbare College des Cäsar im Consulat 694 (Sueton. in Caes. 19 u. 20. Cic. ad Att. 2, 3—25. ad div

O 3   1.

1, 9. 3) starb, auf der Flotte. Caes. de bello c. 3, 18.

2) *Appius*, welcher oben schon 64, 8 dagewesen ist, starb, wie Valer. M. erzählt 1, 8. 10, in Griechenland.

socer tuus] s. ad div. 3, 4. 5, und unten 94, 4: die andere Tochter des Appius hatte den jungen Pompejus zum Gatten. ad div. 3, 10. 34.

collega] in auguratu, ad div. 3, 4. 5 und ep. 10, 29, vgl. hier 1, 2.

familiaris] in wie fern, zeigen die Briefe des dritten Buchs ad div. vgl. 1, 9. 8.

auguralis] dies trieb er mit besonderer Vorliebe und mit vielem Aberglauben; er schrieb auch darüber ein eigenes Werk, welches er seinem Collegen Cicero widmete. s. ad div. 3, 4. 3. ep. 9, 8. und 11, 12. vgl. Tusc. 1, 16. divin. 1, 58.

3) L. Domitius Ahenobarbus, des vorherg. College im Consulat 699. Wie er starb, erzählt Caes. de bell. c. 3, 99. 4. Sein Vater ist oben 45, 1 dagewesen.

4) *Publius ille*] P. Cornelius Lentulus *Spinther*, der als Cs. 696 den Cicero aus seiner Verweisung

sung zurückberief. Man lese die hinterher
im J. 697 - 99 an ihn geschriebenen Briefe
im ersten Buche 1 — 9. ad div. und die Reden post red. in sen. 4 und 9, ad Quir. 5,
Sext. 6g.

splendor] nämlich *erat*, welches man sich aus
dem vorherg. *deerat* herausnehmen muss. S.
Or. 3, 14. 4.

5) L. Cornelius Lentulus war. Cs. 704; wegen
der grossen Schulden, worin er steckte, wünschte er den bürgerlichen Krieg und fachte ihn
an, Caes. de b. g. 8, 50. 4, de b. c. 1, 1, 1-3.
c. 2, 3. c. 4, 2 vgl. Cic. ad div. 6, 6. 9. Vell.
2, 49, 4. sagt kurz und treffend: Lentulus
salva republica salvus esse non poterat, vgl.
Cic. ad div. 7, 3. 6. Daher bedachte er sich
denn auch zum voraus mit einer schönen Beu-
te; Schade, dass die verlorne Schlacht in
Thessalien und seine Ermordung in Egypten ihn sie nicht geniessen liess! ad Att. 11,
6. Caes. de b. civ. 3, 104. 4.

in rep. — satis] vgl. 45, 1.

6) *Posthumius*] Prätor 696, nach Corradus eben
der, welcher 704 als Pompejaner Sicilien erhielt. Att. 7, 16.

de

de rep.] cum ageretur de republica in senatu.

7) *ambitiosum*] s. oben bei 69, 8.

8) *Servilium*] Volkstribun 693 mit dem Zunamen
Geminus. Att. 6, 3. Da er hier unter den
Todten genannt wird, so ist natürlich der
710 als Volkstribun genannte ad div. 12, 7. 2
ein anderer.

Kap. 78.

quam non — digni] Wenige nur wagten es als
Redner aufzutreten, und unter diesen We-
nigen verdienten wieder sehr wenige den
Namen Redner. Vgl. bei 87, 5.

2) *equit. Rom.*] nämlich *praeteree* aus dem vorhergehenden praeteriisse. c. 77, 8, vgl. 79, 1.

Cornelium] im J. 688. M. s. den Inhalt des Asconius von dieser verloren gegangenen Rede ed.
Ern. pag. 1041 vgl. Quintil. 8, 3. 3. Plin. ep.
1, 20; und in einer vom Lactant. 6, 2. 15 uns
aufbehaltenen Stelle des Cic. in Hortens. sagt
Catulus (62, 4) zum Cicero: malo vel unum
parvum de officio libellum, quam longam orationem pro *seditioso* homine (maiestatis reo)
Cornelio.

respondi] 687. Die Reden selbst haben wir noch.
Nach Schneiders Vermuthung kann dieser Accius, oder, wie er Cluent. 23 und 24 heisst,
Attius, woraus Ern. im Clav. zwei Personen gemacht hat, ein Sohn des Dichters sein
64, 6. Denn von dem Dichter sagt Euseb. ol. 160:
ab eo fundus Accianus iuxta *Pisaurum* dicitur,
quia illuc inter colonos fuerat ex urbe deductus.

Hermagorae] 76, 1.

3) *opima* ist richtig von Rivius verbessert st.
optima, da das folg. zeigt, dass die Metapher
von Kämpfen und Siegen hergenommen ist.
vgl. Ern. Cl. in *ament.* und Or. 1, 57. 3.

4) *genero meo*] seit 689. Att. 1, 8; vgl. seiner
auch hier gerühmten Eigenschaften wegen ad
div. 14, 1. 9. ep. 3. 6. post red. in sen. 15,
ad Quir. 3; er starb schon 696, wie man aus
Sext. 31 sieht und Vatin. 11. Der zweite Gat-
te der Tullia war Crassipes, 697. ad Q. fr.
2, 5. Att. 4, 5, ad div. 1, 7. 28 und seit 703
der kleine Dolabella mit dem grossen Degen
(Macrob. 2, 3) ad div 3, 12. 6. 8, 13. 1.

5) *evolare*] wie Or. 1, 35. 3.

retunde constr.] vgl. 79, 5.

O 5 Kap.

Kap. 79.

Coelium] dem die Briefe im achten Buche ad
div. zugehören, die er an den Cic. nach Cilicien schrieb, von wo Cic. auch mehrere an
ihn schrieb B. 2.

in exitu — fuit] im Anfange des bürgerlichen
Kriegs nahm er Cäsars Partei, ad div. 8, 16,
vgl. 2, 16. Caes. de b. c. 1, 2. 3 Daher gab
ihn Cäsar dem Curio (81, 2) als Quästor mit,
de bello c. 2, 43. In der Folge aber, da er
sich dadurch beleidigt fand, dass Cäsar den
Trebonius zum Prätor gemacht hatte, und
nicht ihn, (ad div. 8, 17 vgl. Dio Cass. 42,
22,) verliess er Rom, und wurde als ein Auf-
rührer und Aufwiegler zu Thurii von Cäsars
Reitern ermordet. Caes. de b. c. 3, 20-22.
Vell. 2, 68. Schon hieraus und vorzüglich
aus Cicero's Rede, worin er ihn 697 vertbei-
digte, ersieht man den unruhigen, nichtswürdigen Menschen, welchen Vell. 2, 48. 3 als
ein würdiges Gegenstück zum Curio aufstellt.
er war nach ihm: vir nobilis, eloquens,
audax, suae alienaeque fortunae et pudicitiae
prodigus, homo ingeniosissime nequam et fa-
cundus malo publico; cuius cupiditatibus vel
libi-

libidinibus neque opes ullae neque voluptates
sufficere possent: und dieser 2, 68. 1: vir
eloquio animoque Curioni simillimus, sed
utroque perfectior, nec minus nequam. M.
vgl. auch Senec. 3, 8.

tribun. pl.] im J. 701, wo er den Cic. bei seiner
Vertheidigung des Milo gegen den Pompejus
muthig unterstützte. Mil. 33 vgl. Ascon. ar-
gum. Milon.

oratio] so unruhig sein Kopf war, so verwor-
ren war er auch. M. lese nur die oben angeführten Briefe im achten Buche, und was
Tacit. Or. 18, 2. 21, 7. 25, 6 und Quintil. 10,
2. 25 von seinem Ausdrucke sagen. Da findet man sordes verborum, hians compositio,
inconditi sensus, antiquitatem redolentes, genus dicendi horridum et impolitum, rude et
informe, amaritudo et asperitas. Cicero beurtheilt ihn hier mehr als Freund.

2) *accusationes tres*] nämlich gegen den ehemaligen Collegen des Cic. im Consulat, den Antonius, welchen er 694 verklagte, Coel. 29
und 31; gegen den Atratinus; Coel. 31. gegen den Lälius; Quintil. 6, 3. 39 u. 41.

ex reip. contentione] ab eo pro republica con-
tendente *illa* (accusationes) *meliora*; er war
stärker im Angreifen, als im Vertheidigen.
Daher heisst er beim Quintil. 6, 3. 39 bona
dextra (womit der Degen, die Lanze geführt
wird,) mala sinistra (die den Schild hat).

3) *aedilis*] im J. 703. ad div. 2, 9.

discessu meo] nach Cilicien, s. bei 1, 1(

eos, quos] cives perditos §. 1 im Gegens. von *bonorum* causa, das.

4) *Calidius* war Prätor 697, s. post red. in sen. 9,
welche Stelle zeigt, dass er als praetor designatus sich bei Zurückberufung des Cicero an
den Lentulus (77, 4) anschloss, so wie er hernach auf die Schadloshaltung des Cic. für sein
vom Clodius verbranntes Haus drang. Quintil. 10, 1. 23.   Er starb als Parteigänger des
Cäsar in Spanien nach Euseb.

e multis] turba, vulgo 97, 5 u. 6.

recond. — sent.] daher ist sein rednerischer
Charakter beim Quintil. 12, 10. 11 subtilitas.

vestiebat] 75, 6. Or. 1, 31. 7. 2, 28. 5.

5) *Lucilius*] dessen hieher gehörige Verse er Or.
3, 43. 6 anführt.   Von ihm selbst s. bei Or.
1, 16. 6.

quae

quae primum] *quae*, wie Ern. bemerkt, bezieht sich auf *oratio* §. 4, nicht auf das nächst vorherg. comprehensio verborum (Or. 3, 48. 8).

tralata] Or. 38. 6 — c. 43, 3.

7) *non soluta*] sondern certis numeris adstricta, wie Isocrates (oben 8, 6) verbis *solutis numeros* primus adiunxit. In einer andern Bedeutung in Verbindung mit *facilis* ist es oben 29, 3. 47, 4 und 5. 48, 11 dagewesen, wie es auch 81, 2 steht.

8) *σχηματα*] 17, 10. 37, 5.

in ornatu] in reliquo ornatu, wie es Ern. erklärt, wenn man nicht lieber mit Lambin es wegstreichen will.

9) *qua de re agitur*] was die Sache selbst anbetrifft, wovon jedesmal die Rede ist, causa, causae status, wie fin. 5, qui acute in causis videre solet, quae res agatur.

id st. *et* von Ern. denn es geht *multis locis* vorher, *et* aber kann hier nichts verbinden. Mein Freund Buttmann verbindet beides, wenn er gelesen wissen will: *et quid esset, et ubi esset.*

Kap.

K a p. 80.

Dazu kam noch, dass er seine Sachen systematisch ordnete, seine Gedanken nach
der Kunst oder den Regeln der Kunst gemäss
miteinander zu verknüpfen wusste; dass er
einen freien Anstand hatte, (placidum, wie
sonst placide fluens vom Flusse hergen. c.
79, 5) und ohne Schwulst (§. 7 und 8 vgl. 13,
8) sprach.

2) *paulo ante*] 49, 12.

devinciret] richtiger wol mit Ern. *deliniret*, wie
70, 3. Denn vincire, devincire, vinculum
ist kein Unterbegriff von voluptas.

3) *diximus*] 21, 6. 23, 1. Or. 1, 12. 7. 2, 53. 7.

nec ulla contentio] daher heisst er auch beim
Coelius ad div. 8, 9. 13 in accusatione satis
frigidus.

hoc illi abfuit, dies zeigte er nicht, *defuit*, hatte er nicht.

4) *Gallius*] welchen jener nach seiner im J. 688
verwalteten Practur des ambitus wegen verklagte 689. M. sehe einige Bruchstücke der
Cic. Rede für ihn bei Ern. p. 1053.

salu

solute, eigentlich von der Kleidung, *leniter* vom Flusse, vgl. 79, 5, *oscitanter* gähnend.

5) entweder muss man mit Ern. *praesertim* weg-streichen, oder mit Lambin *praesertim ista eloquentia* durch ein comma mit dem vorherg. verbinden, und *cum* zu dem folg. wie hier, ziehen. Denn die Constr. geht so fort: hic ageres: cum soleas, — negligeres.

pedis supplos.] 38, 1. und femur ferire, sagt Quintil. 11, 3. 123, quod Athenis primus fe-cisse creditur Cleon (7, 6), et usitatum est et indignantes decet et excitat auditorem.

8) vgl. oben 55, 3.

Kap. 81.

redeamus] denn er hatte schon oben 64, 1 u. 3 c. 65, 6 von ihm gesprochen.

postulat] 65, 6 und 8.

2) *Curionem*] dies ist der Sohn des Curio, von dem er oben 58 bis 61 gesprochen hat. Er selbst war, wie wir aus Cicero's Briefen im 2ten Buche wissen, im J. 700 Quästor in Asien gewesen, und wurde im J. 703 Volks-tribun. ad div. 8, 4. 3. Hier hielt er es, wie

Vel-

Vellej. 2, 48, 4 erzählt, zuerst mit dem Pompejus; bald that er, als wäre er gegen ihn sowohl, als gegen den Cäsar zu gleicher Zeit, im Herzen aber war er für den Cäsar. vgl. Caesar de bell. gall. 8, 52, 4. u. de bell. civ. 1, 3, 4. Id, setzt jener hinzu, gratis, an accepto H. S. centies (ungefähr 20,000 Thlr.) fecerit, ut accepimus, in medio relinquemus. M. vgl. damit, was Cölius an den Cicero schreibt ad Div. 8, 4, 4 und ep. 6, 13. Er flüchtete darauf im J. 704 mit den beiden Volkstribunen M. Antonius und Q. Cassius zum Caesar, ad Div. 16, 11, 4. Caes. de bell. civ. 1, 2, 7 und c. 5, 5, und wurde so eine Fackel des bürgerlichen Kriegs. Vell. 2, 48, 3. Seine Thaten für Cäsar und seinen Tod im J. 705 beschreibt uns Caesar de bell. civ. 1, 30 und 2, 23 — 42.

quod verisimile dixisset] diese Worte, welche so keinen Sinn haben, weswegen sie Ernesti auch für untergeschoben erklärte und Lambin ganz wegstrich, ändert Schneider: *quod verisimile vix est* oder *esset*.

6) *honos — — videtur*] M. vgl. die erläuternde Stelle Agrar. 2, 1.

in.

iudicio studioque civium] von Bürgern, welche einen lieben und mit Recht lieben.

honestus, welcher honos oder dignitas hat; es steht hier in Verbindung mit honoratus, so wie sonst mit dignitas, ad Div. 7, 11, 6, vgl. §. 5 u. ep. 17, 9; mit auctoritas 16, 9, 8.

8) *P. Licinius Crassus*, ein Sohn des M. Crassus, welcher c. 66, 1 dagewesen ist. Ueber seine Vorfahren, die Cicero ihm hier zum Muster vorstellt, vgl. Anh. 1.

verecundus] eben deswegen und wegen seines vorzüglichen Eifers für Wissenschaften und Beredtsamkeit schätzte und liebte ihn auch Cicero mehr als seinen Bruder. ad Div. 5, 8, 11. 13, 16, 1; ad Q. fr. 2, 9.

10) *navarat miles — — imp.*] er hatte als Legat in Gallien unter dem Cäsar gedient. (Dio Cass. 30, 44 — 46.) Dieser Feldherr schickte ihn hernach mit 1000 Reutern seinem Vater in dem Parthischen Kriege zu Hülfe; und da er in der bekannten unglücklichen Schlacht seine Schande und sein Unglück nicht überleben wollte, so liess er sich, um nicht in die Gefangenschaft zu gerathen, von seinem Waffenträger tödten. Plut. in Crass. 26.

11) *Cyri et Alexandri*] denn beide hatten in früher Jugend Heldenthaten verrichtet und den Grund zu den furchtbaren Persischen und Macedonischen Reichen, gelegt; und in so fern cursum suum transcurrerant: Alexander von seinem 20sten bis 32sten Jahre, da er auch vorher schon als Kronprinz grosse Thaten verrichtet hatte, so wie Cyrus nach Xenophon in der Cyropaedie ebenfalls als Prinz mit seinen Persischen Hülfstruppen bei seinem Onkel Cyaxares. Davon, und nicht von dem Antritt ihrer Regierung muss man es erklären, wenigstens beim Cyrus; denn dieser kam nach Cic. de Divin. 1, 23 erst in seinem 40sten Jahre auf den Thron. An den jüngern Cyrus, dessen Feldzug gegen den Bruder uns Xenophon beschrieben hat, ist hier nicht zu denken.

L. Crassi et multorum Crassorum] s. Anh. Nr. 1.

Kap. 82.

orator fuisset cum] diese Worte lassen sich retten, wenn man sie so mit einander verbindet, da gewöhnlich das Comma hinter *fuisset* steht, welches Ernesti deswegen in *fuit* verwan-

wandeln wollte; und orator sollte denn aus-
gestrichen werden. Nach jener Abtheilung
aber construire man, nach einer, dem Cicero
in diesem Buche nicht ungewöhnlichen, Ver-
setzung, diese Worte so : cum fuisset orator
litteris eruditior, tum etiam afferebat genus,
d. i. nach der sonst gewöhnlichen Construction: orator fuerat, oder fuit cum litteris eruditior, tum afferebat. Allein Cicero construirt *cum*, wenn er ihm *tum* folgen lässt,
wo es im Grunde so viel ist als *et et*, auch
sonst als Zeitpartikel, z. B. c. 71, 8; ad Div.
10, 16, 2; 9, 14, 9.

Dieser C. Licinius Calvus (81, 2) ist der
Sohn des oben (67, 8) dagewesenen C. Licinius Macer; er zeigte sich auch als Dichter
und zwar sowohl als Satyrischer, wie auch
als Liebesdichter. ad Div. 7, 24, 3 vgl. Horat.
Serm. 1, 3, 4; Ovid. Trist. 2, 4 31. Was er
als Redner war, sagt uns Cic. hier, womit
man vergleichen kann ad Div. 15, 21. 7;
Quintil. 10, 1, 115; Tacit. Or. 25, 5. 21, 4-6
und 18, 6; und wenn ihm Cicero hier ein ac-
curatius dicendi und exquisitius genus beilegt,
so legt ihm Quintil. 10, 2, 25 und 12, 10, 11
iudicium und sanctitas bei.

viti-

vitiosum (80, 8) — — *verum sanguinem*] beides
ist vom Körper hergenommen. 13, 8.

2) *nimia religione*] durch zu grosse Aengstlichkeit, wie Or. 9 religiosae Atticorum aures.

devorabatur] nach Budaeus, Gessner und Ernesti
soll devorare hier so viel heissen, als non satis animadvertere, non satis gustare. Allein
Schneider merkt dagegen richtig an, dass in
allen andern Stellen es gerade das Gegentheil
von dem bedeutet, was es hier heissen soll.
Der Gegensatz hier, *erat illustris*, zeigt, dass
das Volk seine zu philosophischen Reden
nicht ganz verstanden, wenigstens nicht gehörig zu schätzen gewusst habe. Dieses tertium comparationis liegt aber doch nicht in
Verschlingen. Denn man verschlingt Speisen,
die einem zu gut schmecken, nicht aber solche, deren Geschmack man eigentlich gar
nicht angeben kann. Und jenen Sinn macht
selbst der Zusatz meines Freundes, des Herrn
Buttmann, *non gustabatur*, noch nicht aus.

3) M. vgl. was er über Attische Beredtsamkeit
Or. 3, 50 — 51 und Or. 9 sagt, so wie vom
Calvus selbst Tacitus Or. 21, 6 sagt: Calvi secunda in Vatinium oratio est verbis ornata et
sen-

sententiis, auribus iudicum accómmodata; ut
scias, ipsum quoque Calvum intellexisse, quid
melius esset; nec voluntatem, quin sublimius
et cultius diceret, sed ingenium ac vires de-
fuisse.

consequebatur] wie sonst das frequent. consecta-
batur, wie 83, 3.

4) *non inepte* oder rei apte, seinem Gegenstan-
de angemessen, mithin *non putide*, nicht klein-
lich, läppisch, kindisch, und so *non odiose*,
dass man gern gehört wird.

5) *insolentiam*] wie 79, 6: verbum insolens.

sanitatem, *integritatem*, wieder wie §. 1, vgl.
13, 8, vom Körper hergenommen; *relig.* wie
§. 2; *verec.* 81, 9: so wie man wegen der
§. 6 folgenden Wörter wieder 13, 8 vergleichen kann, und im Allgemeinen 17, 6 u. c. 84.

7) Wegen der hier genannten Männer s. c. 9
u. den Index. st. *idem* liest man mit cod. Gud.
besser *iidem*.

K a p. 83.

2) *Hegesias*] man vgl. über seine Schreibart
Or. 67, und Ruhnken ad Rutil. Lup. pag. 25.

---

illos] c. 82, 7.

6) *nec velim*] eben weil er zu kurz und gedrängt schreibt, 7, 7 und 17, 4: von seinen Reden sagt er noch besonders Or. 9: multas habent obscuras abditasque sententias, vix ut intelligantur.

7) *Opimium*] Cs. 632. c. 34, 3. In Betreff der Sache sagt Vell. 2, 7. 5: hic est Opimius, a quo consule celeberrimum Opimiani vini nomen.

L. Anicius Gallus war Cs. 593, Frsh. s. Liv. 46, 40. So wie man nach Consuln überhaupt rechnete, so bezeichnete man auch die Weinfässer und Weinschläuche mit dem Namen der Consuln, unter denen sie beigelegt oder in den Rauch aufgehängt waren. M. s. z. B. Horat. Carm. 3, 21. 1.

8) *lacus* ist, wie Schneider bemerkt, nicht dolium, wie Ern. glaubt, sondern der unter der Presse stehende Eimer. Daher gefällt ihm de musto in Verbindung mit de lacu nicht, und er will lieber musteam de lacu ac fervidam lesen; vgl. wegen fervid. 91, 13.

Kap.

Kap. 84.

2) *isti videlicet* (scilicet) *Attici nostri*, isti, quos
dixi, e nostris, qui exiliter dicentes Attice
sibi videntur dicere. c. 82, 3.

3) *corona*] c. 51, 8 vgl. 7.

stantem iudicem] kann wol nicht index leviorum
causarum seyn, wie Manut. ad div. 13, 10. 5
meint; denn hier sassen die Dichter auch.
Quintil. 11, 3. 134. Eher kann man sich also
mit Ern. den Prätor dabei denken, der ste-
hend Bescheid ertheilet, oder einen besonders
angenommenen Schiedsrichter.

5) Vgl. über diese Wirkungen eines Redners 54,
4—6, und über Roscius Or. 1, 28. 9.

6) *audivimus*] I. F. Heus. will hier, wie Or. 1, 60.
6 wirklich steht, aus cod. Gud. gelesen wissen *audimus*. Eben so will er Or. 2, 22. 10
geändert wissen. Allein Cic. sagt ja in gleichem
Sinne c. 86, 1 accepimus. Ueber die hier
genannten Männer s. den Ind.

solidum nimmt Ern. richtig, wie das folg. ex-
siccatum (82, 5. 55, 5), wie cibus solidus und
siccus, d. i. saluber inprimis, im Gegensatze

von cibus mollis und iurulentus. vgl. wegen
der Metapher 13, 8.

8) *Attice* in jenem Sinn, d. i. subtiliter, exiliter,
nicht *bene*, d. i. perfecte. Denn dies begreift
nicht blos docere in sich, sondern auch con-
ciliare und movere. 49, 12.

redeamus] denn 81, 1 war er schon zum zweiten
Male von ihm wieder abgekommen.

Kap. 85.

2) *ad perorandum*] ad finem, extremum, wie 51,
1. 57, 4 u. 5. vgl. bei Or. 1, 31. 8.

3) *ironiam in Socrate*] de Graecis dulcem et facetum festivique sermonis atque in omni oratione *simulatorem*, quem ειρων Graeci nomina-
verunt, Socratem accepimus, sagt Cic. off. 1,
30. 10, und erläutert es acad. 4, 5 (vgl. Or. 1,
11. 6. 3, 16. 1 — 3. c. 19, 4. c. 31, 1. c. 32, 6),
wo er von ihm sagt: de se ipse detrahens in
disputatione plus tribuebat iis, quos volebat
refellere, aliud dicens atque sentiens; und
speciell fin. 2, 1: Leontinum Gorgiam et ceteros sophistas (s. oben 8, 1. Or. 3, 16. 1 — 3.
c. 32, 2 — 7), ut e Platone (in dessen, nach
jenen benannten, Gesprächen Protagoras, Hippias,

pias, Gorgias) intelligi potest', lusos videmus
a Socrate. Vgl. Or. 2, 67. 3.

Xenophontis libris] in den Denkwürdigkeiten und
im Gastmale.

Aeschinis libris] in dessen Gesprächen.

minime inepti.] s. Or. 2, 4. 7.

Epicuro] so wie auch Zeno deswegen nat. deor.
1, 34 ihn scurra Atticus nannte.

4) *in testimonio*] hierbei muss man gewissen-
haft seyn (§. 6 religio), denn man schwört
vorher, dass man die Wahrheit sagen wolle;
iurati testes dicebant, sagt Ascon.

6) *comparabas*] oben 17, 4, vgl. wegen Lysias
bei 9, 1; so wie wegen der hier und §. 7 am
Cato gerühmten Eigenschaften die Stellen im
Ind.. Ueber die an seiner Schreibart gerüg-
ten Fehler (c. 17, 9) vgl. 87, 2. Or. 2, 12. 9.

dicamus ist richtig von Ern. geändert st. *diceré-
mus*, da asseveramus, ne sit; vorhergeht.

9) s. oben 17, 3 — 4.

ne e Graecis — potest] wegen ihrer gedrängten
Kürze s. 83, 6, u. die das. angeführten Stellen.

Tusculanum] Catonem in Tusculo natum. Vell. 2.
128. 2. Cornel. in vit, 1, 1.

Kap. 86.

Galbam laudas] oben 21, 6 und c. 22. *sunt*, su-
perstites sunt c. 23, 5.

2) *probas Lepidi or.*] c. 25, 6. *paulum*, welches
in cod. Gud. fehlt, verwirft auch Schneider.
Afric., *Lael.* c. 21. und §. 9 *negas.*

vitae elegant] vita elegans oder vitae elegantia
ist s. v. a. innocentia, integritas, wie er diesen
Uebergang c. 74, 3 selbst andeutet, da jenes
bei sermo, oratio gebraucht s. v. ist als purus,
latinus; purus aber bekanntlich vom Menschen, seinem Charakter und Leben, unschuldig, fleckenlos, lasterrein bedeutet.

3) *Carbonem*] s. oben c. 27, vgl. andere Stellen
im Ind.

quo nihil est melius oder optimum *solet laudari,*
qualecunque} *est*, nämlich sine comparatione,
c. 52, 1 und 5, oder so lange man nichts bes-
seres damit vergleichen kann.

4) *Gracchis*] c. 27 und 33, vgl. andere Stellen
im Ind.

per-

perfectam putas eloq.] c. 36, 8. 40, 3, 43, 13.

5) *Polycteti*] s. oben bei 18, 3.

suasionem legis Servilianae] Crassi orationem,
qua legem Serviliam suasit 43, 10.

magistr. fuisse] c. 44, 6.

6) *iis ipsis*] Crasso et Antonio c. 36 - 44: so wie
von Cotta c. 49 und 55, Sulpicius c. 55, Coelius c. 79. Hernach liest cod. Gud. besser
und wohlklingender: *hi enim certe fuerunt.*

7) *operarios*] wie Or. 1, 62. 2.

K a p. 87.

pepulisti] wie κινιν λογον, μυθον, also movisti.
Gesner dachte dabei an *fides pellere* 54. 3,
Uebrigens ist jenes eine Verbesserung von
Victorius, da andere depulisti, detulisti lesen.

2) *lineamentis — florem — colorem*] vom Gemälde hergenommen, wie 17, 3 u. 9.

5) *ante dixi*] c. 78, 1 vgl. 69, 8-9; auch 49, 4.

6) *εξρωπα*] c. 85, 3.

ne si Afr. quidem fuit, — velim] das non, welches in *ne* liegt, muss man sich bei *velim* hin-
zudenken, nicht bei *fuit* lassen: „auch dann
nicht

nicht einmal wünsche ich für einen *ηφωι* gehalten zu werden, wenn es auch ein A. wäre.“ Eben so. Milon. 33: ne cum solebat (senatus) quidem id facere in privato hoc, aliquid profecerat, d. i. ne tum quidem aliquid profecerat, cum sol: und Verr. 5, 2: ne cum in Sicilia quidem fuit (bellum), pars eius in Italiam ulla pervasit, st. ne ulla quidem belli pars in It. pervasit, cum fuit. Hieraus ergiebt sich von selbst, dass die Lesart des Aldus *nolim* st. *velim* falsch sey.

in historia] 26, 11 vgl. Or. 2, 67. 3.

7) *explicabis*] welches er §. 1 halb versprochen hatte.

8) *vero*] gewöhnlicher ist, wie Lambin auch hier liest, ego vero. Allein auch vero allein findet man so, z. B. Tusc. 2, 11. divin. 1, 46. Muraen. 31.

licebit] Ern. vermuthet *libebit*, denn in utroque loco vicini sumus. Also deswegen *konnten* sie es, wenn sie sonst wollten.

Kap. 88.

Hortensius igitur] s. bei 84, 8.

Q. Hor-

Q. Hortensius war geboren 639. c. 64, 3 und 4, mithin 8 Jahr älter als Cicero, §. 8. und starb 703, c. 64, 4, in seinem 64sten Jahre. c. 94, 4.

Sein Schwiegervater war Q. Catulus, von dem im Anh. Nr. 7 gesprochen wird, nach Or. 3, 61. 9.

Schon in seinem 19ten Jahre trat er als Redner auf. c. 64, 3, vgl. Or. 3, 61, 10.

Einige Jahre darauf finden wir ihn im Italischen Kriege, in dessen erstem Jahre, 663, er diente, so wie er im zweiten Kriegstribun war, c. 89, 1. Aber an dem darauf 665 ausgebrochenen bürgerlichen Kriege nahm er keinen Theil. ad Div. 2, 16, 12.

Als *Aedil*, 678, c. 92, 5 gab er sehr prächtige Spiele. Off. 2, 16, 12.

Prätor war er 681 ; so wie

Consul 684. Freinsh. 98, 31.

Als *Augur* nahm er 700 den Cicero zum Collegen auf. c. 1, 2.

Noch im J. 702 vertheidigte er den Messalla c. 96, 1. Einen Tag darauf aber wurde er bei seiner Erscheinung auf Curio's Theater aus-

ausgezischt, er, der, wie Cölius bemerkt ad div.
8, 2, 5, noch nie war ausgezischt worden.

Seinen *Reichthum* ersieht man schon daraus,
dass Cicero c. 93, 2 sagen kann, er habe beim
Ueberflusse an Allem ein ganz glückliches Leben führen können. Und eben dies bewei-
sen auch hinlänglich seine vielen prächtigen
Villen, von denen man 4 namentlich angeführt
findet, nämlich: das eine beim Plin. H. N. 35,
40 sect. 26 und Cic. Acad. 4, 3; ein anderes
Acad. 4, 40 und Varro de ling. lat. 3, 17; ein
drittes ad Att. 7, 3; ein viertes beim Varro
de re rust. 3, 13. Von ihrer Pracht zeugt,
ausser den Beiwörtern, womit man sie dort
angeführt findet, und ausser der Beschreibung,
die uns Varro von dem letzten giebt, auch
der Umstand, dass er auf seinem Tusculanischen Landgute z. B. ein Gemälde vom Cy-
dias, die Argonauten, mit 15,000 Fl. bezahlt
hatte; (Plin. 35, 40. sect. 26.) so wie von seinem prächtigen Hause in Rom der Umstand,
dass, wie Cic. ad Att. 11, 6 sagt, sich der
saubere Consul L. Lentulus (c. 77, 5) es als
künftige Siegesbelohnung ausdrücklich vorbe-
hielt. Er hinterliess auch nach Plin. 14, 17,
der es dem Varro, seinem Zeitgenossen, nach-

er-

erzählt, 10,000 Fässer Wein.   Eben so musste
er auch verhältnissmässig in andern Dingen
viel Aufwand machen, und Dio Cass. 39, 37
bemerkt ausdrücklich, dass er sich dem Auf-
wandsgesetze, welches die Consuln Pompejus
u. Crassus 698 vorschlugen, heftig widersetzte.

Wie er zu diesen nicht gemeinen Reich-
thümern gekommen sey, zeigen mehrere
Winke des Cicero in den Verrinischen Reden
nur allzudeutlich, so wie man auch einzelne
Angaben dazu Off. 3, 18, 3 und beim Quintil.
6, 3, 98 findet.

Nach ihm hatte Cicero das Buch benannt,
worin er seine Mitbürger zur Philosophie er-
munterte, (Divin. 2, 1) welche er gering
schätzte. Acad. 4, 1.   Die einzelnen Bruchstücke dieses verloren gegangenen Buchs findet man ed. Ern. p. 1092 — 98.

Seine Rednertalente lernt man aus diesem
Kapitel und c. 92 — 96, c. 64 und Or. 3,
61, 9 näher kennen.   Vorzüglich glänzte er
durch seine Action und durch seine bilder-
reiche, aber nicht Attische, sondern Asiati-
sche Sprache. c. 95.   Daher kann Quintil. 11,
3, 8 sagen: plurimum Hortensium actione valuisse, tradit Cicero.   Cuius rei fides est,
quod,

quod eius scripta tantum infra famam sunt,
qui diu princeps oratorum, aliquando aemulus Ciceronis existimatus est, novissime, quo
ad vixit, secundus: ut appareat, placuisse
aliquid eo dicente, quod legentes non inveni-
mus.   Allein seine Action war affectirt und
öfters kindisch, wenigstens mehr einem Wei-
be zu verzeihen, als an einem Manne zu lo-
ben. Denn Gell. 1, 5 sagt ausdrücklich: quod
multa munditia et circumspecte composite-
que indutus et amictus esset manusque eius
inter agendum forent argutae admodum
et gestuosae, maledictus compellationibusque
probrosis iactatus est, multaque in eum, quasi in histrionem, in ipsis causis atque iudiciis
dicta sunt. Vgl. Valer. M. 8, 10, 2. Daher
Cicero hier §. 7 ihn immer noch sehr liebe-
voll beurtheilt, wenn er blos sagt; motus et
gestus etiam plus artis habebat, quam erat
oratori satis.

Um den ersten §. zu verstehen, erinnere
man sich kurz wieder an die oben schon dagewesenen Umstände: Hortensius trat in seinem 19ten Jahre als Redner auf, c. 64, 4,
im J. 658: Cotta und Sulpicius werden hier
ausdrücklich, 10 Jahr älter, als er, angegeben;

sie

sie waren also 629 geboren; dieser war Volkstribun 665, und jener bewarb sich schon
662 darum. S. Anh. Nr. 4 und 5: Crassus
starb 662: Antonius wurde ermordet 666, s.
Anh. Nr. 1 und 2: Philipp und Julius sind
c. 47 und 48 dagewesen: jener war Cs. 662,
dieser Aedilis 663.] c. 89, 5.

2) Sein vorzüglich glückliches Gedächtniss, welches er hier rühmt, und welches bei einem
Redner der alten Zeit ein wesentliches Stück
war (Or. 1, 5, 7), rühmt er auch sonst an
ihm, z. B. Tusc. 1, 24; Or. 3, 61, 12; Acad.
4, 1; vgl. unten 96, 2.

5) *attulerat*] d. i. habebat, ostendebat, wie
82, 1.

partitiones] M. vgl. Quintil. 4, 5, 24 mit Cicero,
Quint. 10 und Caecil. 14 und Fragm. p. 1095,
wo er den Hortensius so anredet: quis te aut
est aut fuit unquam in partiundis rebus, in de-
finiendis, in explanandis pressior?

collectiones sind nach Ern. summae dictorum
vel a nobis vel ab aliis, das Griechische συν-
αγωγη, ad Att. 9, 10, Inv. 1, 40 *conductio*.

6) *verborum splendor*] s. bei c. 17, 3 und 9, und
wegen elegans 37, 3.

8) S. bei §. 1, vgl. 89, 5.

bello] Italico oder Marsico, sociali im J. 663
und 64 und im Anfange des J. 665.

in forum venimus] im J. 662 oder im Anfange
des J. 663, gleich nach Crassus Tode, wie er
es näher bestimmt Or. 3, 2, 2.

K a p. 89.

Varia] s. bei 62, 2.

qui freq. aderant ist sonderbar gesprochen. Ein
Redner, der sich selbst vor Gericht vertheidigt, muss natürlich nicht blos oft, sondern
jedesmal daseyn, wenn seine Sache vorgenommen wird. Daher ändert Schneider sehr
passend *cui* (iudicio) *frequenter aderam*, da ed.
Venet. und cod. Gud. *qui frequens aderam* haben. Denn Cic. sagt gleich darauf §. 2: reliqui
quotidie a nobis in *concionibus* audiebantur.
Also diese drei hier §. 1 genannten Redner
hörte er vor Gericht; die §. 3 und 4 genannten beim Volke. Die folgenden Worte: *quamquam pro se* lässt S. nach einem hinter *aderam*
gesetzten Punkte ohne Parenthese fortgehen.

Memmius c. 36, 1: Pompejus 56, 10, hier §. 9.
teste Philippo, c. 47, 1, indem oder da P. ihr

Zeu-

Zeuge war, oder: und für beide sprach P. als
Zeuge. *cuius in testimonio contentio*, d. i. qui
quidem testis contendens (cum accusatore)
vim accusatoris habebat et copiam, non minus
graviter dicebat quam accusator et copiose.
Philipp zeigte sich also wirklich als Redner,
so dass Cic. ihn benutzen konnte, wiewohl
man dies in jener Lage nicht erwarten sollte,
weil ein Zeugniss kurz (Or. 2, 84. 3 und hier
c. 13, 6) seyn musste, und also keinem Gelegenheit geben konnte, sich als Redner zu zeigen; weil er ferner als Zeuge *für* einen sich
hüten musste, durch seine Heftigkeit und
Hitze (vis) Richter und Zuhörer gegen sich
und seinen Clienten aufzubringen.

3) Curio (c. 58) also und die §. 4 genannten waren Volkstribunen im J. 663: mit §. 7 geht das
J. 664, so wie mit §. 9 das J. 665 an.

4) Metellus, dessen beiden Söhne c. 70, 5 dagewesen sind.

Varius] c. 62, 2.

Carbo] der jüngere, von dem c. 62, 1: *Pompon.*
c. 57, 1.

5) von *Julius* und *Cotta* s. Anh. Nr. 3 u. 4.

Q 2   6)

6) *exercitat.*] vgl. 1, 34. 1 — 4.

tantum] dies liegt schon in *contentus*, daher ver-
muthete schon Corradus *tamen*, welches Ern.
besser findet, da Cic. nach §. 7 und 10 auch
das Recht und die Philosophie trieb. Die
Abkürzung im cod. Gud. *tm̄* zeigt, wie man
hieraus so gut tamen als tantum, machen
kann.

8) Er spricht hier vom Jahr 664, wie §. 7 zeigt,
vgl. §. 3; also ist der Scävola, von dem er
hier spricht, der Augur (Anb. Nr. 6). Denn
dieser lebte auch noch in dem folgenden J.
665, wie Lael. 1, 6 — 7 deutlich zeigt: also
ist P. F. falsch. Denn er war nicht *Publii*,
sondern *Quinti* filius (Anb. Nr. 6). Der andere Scävola, Cs. 658 (s. Ind.), welcher P. F.
war, kann, wie Corradus und Ern. im clav.
glauben, hier nicht gemeint seyn, weil Cic.
zu diesem erst nach des Augurs Tode ging,
Lael. 1, 4. Man setze also Q. st. P.

9) *consule*] 665. *Sulpic. trib.* s. Anb. Nr. 5 und
vorzüglich die das. angeführte Stelle harusp.
resp. 19.

10) *Philo*] vgl. Or. 3, 28. 5. Plutarch. in Cic. 3.

Mi·

Mithridatico bello] diesen Krieg führte der Consul Sulla.   Vell. 2, 18. Cic. Manil. 3. Valer.
M. 9, 2 ext. 3.

Statt *et si — tamen*, welche Partikeln hier
keinen Sinn geben, schlägt Ernesti *et — et*
vor: sehr passend.   So führt Cicero einen
doppelten Grund an, warum er die Philosophie
unter Philo (den er auch nat. deor. 1, 3. ad
div. 13, 1. 6 Tusc. 2, 3 seinen Lehrer nennt)
so eifrig getrieben habe: einmal, um der Sachen
selbst willen, die jener lehrte; zweitens, weil
er bei der Zerrüttung der Republik keine Aus-
sichten als Redner hatte.   Will man dies nicht,
so kann man, wiewohl etwas gewaltsamer,
mit H. Buttmann *tamen* wegstreichen und an
dessen Stelle das oben weggestrichene *quod*
setzen, so: attentius, et si — retinebat,
quod subl.

11) *illo anno*] 665 nach §. 9: wegen der folgenden im J. 666 ermordeten.   S. Anh. Nr 2
3 und 7.

12) *actori caus.*] Valer. M. 2, 2. 3 und hier
90, 9: *magistro*, rhetori, Quintil. 3, 1. 16.
Soll aber dieser Molo einerlei Person mit Ap-
pollonius seyn, so muss er damals schon sehr

alt

alt gewesen seyn, da ihn nach Or. 1, 17. 2
schon Scävola im J. 632 als einen berühmten
Lehrer gehört hatte; vgl. Or. 1, 28. 1, wo
er Alabandensis heisst von seiner Geburts-
stadt Alabanda in Carien, so wie er sonst
von seinem gewöhnlichen Aufenthalte Rho-
dius heisst. M. s. auch bei 90, 9.

Kap. 90.

preposit. rat.] c. 5, 9.

voluisti] c. 65, 8.

Attico — sunt] denn Atticus war 3 J. älter als C.

Hort. — persec.] c. 64, 8.

2) *triennium*] in den J. 667 - 69, da, wie er hier
sagt, fuit urbs sine armis, aber nach c. 63, 6
respublica sine iure et sine ulla dignitate.

„*Aber*, wiewohl nämlich Rom nicht mit Soldaten besetzt war, sondern sich geduldig von
seinen Usurpatoren beherrschen liess; s. bei
63, 6. so waren doch etc.“ Also steht *sed*
ganz richtig, welches Ern. in *et* verändern
wollte. Die Redner waren theils ermordet
(c. 89, 11), theils nicht in Rom (§. 7),
theils geflüchtet (wie Cotta, Crassus).

Cras-

Crassus] c. 66, 1 nach der Ermordung seines Vaters. Or. 3, 3. 6 und vgl. die Anm. das. auch Anh. Nr. 1.

Lentuli duo] c. 66, 4 und 6. Der letzte, mit dem Zunamen Sura, war Quästor des Sulla in Asien. Plutarch in Cic. 17.

primas (partes) *agebat in causis*, princeps patronorum erat, vgl. wegen der Metapher 69, 3.

Antistius] 63, 6 — 8.

Piso] M. Piso 67, 1. 68, 7 vgl. hier §. 6.

Pomponius, Carbo] c. 89, 4.

Philippus] 89, 1.

2) *Diodoto*] von dem Cic. acad. 4, 36 sagt hunc a puero audivi; hic mecum vivit tot annos; hic habitat apud me; hunc et admiror et diligo. Nach Tusc. 5, 39 lehrte er noch im hohen Alter und in seiner Blindheit Geometrie, u. er starb, wie man aus Att. 2, 20 sieht, im J.! 694. Seine Gelehrsamkeit und seine mannichfaltigen Kenntnisse rühmt Cic., wie hier §. 5, auch ad div. 13, 16. 8. Nach ad div. 9, 4 behauptete er, wie unsere Metaphysiker sagen, a non esse ad non posse non valet consequentia.

me-

mecumque liest Rivius·aus acad. 4, 36, st. des sinnlosen *cumque.*

4) *dialectica*] s. oben 41, 4 und 42, 1. und wegen *iudicasti* 42, 5 u. 6, 5 u. 6. Denn hierin waren die Stoiker vorzüglich stark. c. 31, 4. Or. 1, 10. 7. Der Redner erwarb sich bei ihnen also wenigstens die erste Eigenschaft, das donum docendi (49, 12), subtiliter disserendi, vgl. Or. 2, 38. 1: aber freilich ist das nur die erste, nicht die einzige Eigenschaft des Redners: die eloquentia ist, wie er hier sagt, eine dialectica dilatata; denn in dialecticis vagum illud orationis et fusum et multiplex non adhibetur genus 31, 6. Vgl. überh. die im Ind. bei *Stoici* angeführten Stellen.

5) *exercit. Or.*] c. 89, 6.

6) *Piso*] §. 2.

Pompeius] 68, 7.

graece saepius] er selbst sagt dies auch in einer ·Stelle eines uns vom Sueton (de cl. rhet. 2) aufbehaltenen Briefes: equidem memoria teneo, pueris nobis (im J. 660, s. im Anh. Nr. 1. das Edikt des Crassus in seiner Censur dagegen) primum *latine* docere coepisse L. Plautium quendam. Ad quem cum fieret concursus,

sus, quod studiosissimus quisque apud eum
exerceretur, dolebam, mihi idem non licere.
Continebar autem doctissimorum hominum
auctoritate, qui existimabant, *graecis exerci-*
tationibus ali melius ingenia posse.

7) *interim*] nach dem Verlauf der drei Jahre
§. 2, also im J. 670, in welchem Sulla aus dem
Mitbridatischen Kriege (89, 10) zurückkam,
die Usurpatoren besiegte und ermordete (s.
bei 63, 6), und in so fern rempublicam re-
cuperabat, welche bis jetzt sine iure et sine
ulla dignitate fuerat. Daher im folgenden:
leges et iudicia constituta (a Sulla). vgl.
bei §. 9.

In dem folgenden J. 671, noch ehe Sulla
in Rom einrücken konnte, wurden die drei
hier genannten Redner als Anhänger Sullas
von den Marianern ermordet. S. die bei Or.
3, 3. 6 angeführte Stelle des Velleius Pat. 2,
26. 2 und die Anm. dazu, und wegen Antistius hier §. 2, vgl. c. 63.

reditus Cottae] c. 89, 5 vgl. c. 63.

Curionis] welcher 663 Volkstribun, c. 89, 3. und
wie man aus dieser Stelle schliessen kann,
beim Sulla bis jetzt im Kriege gewesen war.

Q 5 Cras-

Crassi, Lentulorum] §. 2.

Pompeii] dies ist Cn. Pompeius Magnus, der
unter seinem Vater und hernach für den Sulla viel im Kriege gethan hatte. Vell. 2, 29.
Die Beredtsamkeit dieses Mannes hatte er
oben 68, 4 berührt; und in so fern kann er
ihn hier wieder anführen. Denn einen andern Pompejus weiss ich hier nicht zu finden:
Q. Pompeius Bithynicus z. B., welcher 3 J.
älter war, als Cicero (c. 68, 7,), war aus
Rom nicht weggekommen §. 6; und Q. Pompejus Rufus, auch Redner, (c. 89, 1) und
Consul 665 (c. 89, 9) war in dem nämlichen
Jahre noch ermordet worden. Liv. epit. 77.

Pomponius] §. 2 Censorinus, ist der oben 67, 6
dagewesene: Ernesti aber, der hier, wie
sonst sehr oft, auf den Wortschall des Namens, nicht aber auf Sache und Umstände
sieht, hält ihn, der 671 starb, für eine Person mit dem, welcher 604 Consul gewesen
war. c. 15, 10, vgl. 27, 9.

Muraena] der, welcher eben 67, 5 dagewesen
ist, dort wie hier, neben Censorinus. Ernesti aber verwechselt ihn mit dem L.
Muraena (dessen Vorname Publius ist) welcher

cher Sulla's Legat im Mithridatischen Kriege
gewesen war und über jenen König auch *trium-*
phirte. Allein ausserdem, dass jener einen
andern Vornamen hat, ist auch der Umstand
dagegen, dass er erst nach Sulla's Zurückkunft
triumphirte, wie man aus Manil. 3 deutlich
sieht; dieser aber hier bei Sulla's Zurückkunft
schon als todt angegeben wird.

9) *eodem tempore — — dictatore Sulla*] Sulla
liess sich am Ende des J. 671 von dem In-
terrex L. Valerius Flaccus zum Dictator er-
nennen und blieb es bis zum J. 674. Unter
ihm konnte also Molo als Rhodischer Gesandter nach Rom kommen, um für seine Insu-
laner etwas bei ihm auszuwirken, da sie in
dem Mithridatischen Kriege so viel für den
Sulla gethan und vom Mithridates gelitten
hatten. Verr. 2, 65; Liv. Epit. 78; Vell, 2,
18, 3. Dieser historische Umstand wäre also
gegen Schneider, wenn dieser diesen 9ten §:
eodem tempore bis *venerat* von hier weg oben
ans Ende c. 89, 12, hinter die Worte: *et*
magistro versetzt wissen will. Sie würden
freilich dort in so fern hinpassen, weil sie
einen Grund angäben, warum Molo damals
nach Rom gekommen sey: und eben so bequem

quem könnten sie hier des Zusammenhanges
wegen wegbleiben, weil so die Worte des
§. 8: *doti in forum veniremus* sich genauer an
die des §. 10: *itaque prima causa dicta* an-
schliessen würden. Aber wie gesagt, die Geschichte ist dagegen. Denn oben c. 89, 12,
steht er beim J. 666 und da konnte Molo in
dieser Absicht nicht nach Rom kommen; denn
die Rhodier stritten zwar im Allgemeinen
für die Römer, aber doch zunächst für den
Sulla; in Rom aber herrschte Sulla's Gegen-
partei, nämlich die Usurpatoren Carbo und
Cinna, bei denen er also nichts würde ausgerichtet haben. Sollen also die Worte an einer von beiden Stellen weggestrichen werden, so müsste es eher oben als hier geschehen, wiewohl auch Molo damals im J. 666
nach Rom geflüchtet seyn kann, wie Philo
aus Athen (c. 89, 10), weil sein Vaterland
von Mithridatischen Truppen bedrängt war.

10) *dicta*] unter dem Consulat des L. Cornelius
Sulla II. und des Q. Metellus Pius, wie Gell.
15, 28 bemerkt, d. i. im J. R. 673, als Cicero
27 Jahr alt war. Die Rede selbst haben wir
noch, und er selbst beurtheilt sie im J. 709,
Off. 2, 14, 18, so: **maxima et gloria' paritur**

et

et gratia defensionibus eoque magis, si quando accidit, ut ei subveniatur, qui potentis alicuius opibus circumveniri urgerique videatur:
ut nos et saepe alias et adolescentes contra L.
Sullae dominantis opes pro Sex. Roscio Ame-
rino fecimus. Dies war, wie er hier sagt,
die erste causa *publica;* denn einen Privat-
process hatte er schon 672 für den P. Quintius geführt. Gell. 15, 28.

afferebamus] c. 88, 5 und Manil. 1.

Kap. 91.

2) *si accedit*] ist Cicero's Urtheil. Man darf also nicht mit Ernesti *accedat* lesen, welches
dann wohl angehen würde, wenn es mit dem
vorhergehenden *putatur esse* in Verbindung
stände, oder wenn Cicero dies als fremdes
Urtheil anführte.

4) *discedendum* geht gut in der angefangenen
Metapher fort: der junge Redner betritt die
Laufbahn des Ruhms, scheut keine Gefahr
darauf, quodvis periculum adit, und lässt sich
durch Nichts von diesem Wege ablenken,
non discedendum putat a gloria oder a via

ad

ad gloriam ducente, c. 81, 8. So braucht
man Ernesti's Vorschlag *desciscendum* nicht.

ea causa] also Erholung und Stärkung, oder vielmehr Wiederherstellung seiner zerrütteten
Gesundheit war die Ursach seiner Reise,
nicht, wie Plutarch. in Cic. 3 träumt, Furcht
vor dem Dictator Sulla. Denn da hätte er
eher reisen müssen. Aber er verliess, da er
den Roscius schon im J. 673 vertheidigt hatte, erst in der Mitte des J. 674 Rom und kam
dahin 676 zurück.

6) *biennium*] in den Jahren 672 und 673. s. oben
   bei 90, 10.

7) Antiochus, Schüler des Philo, c. 89, 10, Stif-
ter der 5ten Akademie, Freund und Gesell-
schafter des L. Lucullus. (62, 4) Acad. 4, 2.
Sein Bruder Aristus war Brutus Lehrer; c.
97, 17. Acad. 1, 13. Cicero rechnet ihn hier
zu der alten Akademie, weil er von den
Grundsätzen der neuern und namentlich von
denen des Philo abging und diesen in Schriften widerlegte; Acad. wird er 1, 4. daher
auch gegen die Grundsätze der neuen Akademie redend eingeführt. Acad. 4, 5—18:
dagegen suchte er die alte Akademie mit den
Stoi-

Stoischen Grundsätzen zu vereinigen. Acad.
4, 43. vgl. Plutarch in Cic. 4.

renovavi] denn er hatte schon ehemals im J.
665 unter dem Philo Philosophie studirt.
c. 89, 10.

9) *molestiarum*] wie oben 3c, 9; 33, 6.

10) *Aeschylus*] Aus 95, 3 lernt man sie näher
kennen.

11) *audiveram*] c. 89, 12 und 90, 9, vgl. Quintil.
12, 6, 7 : Tullius cum iam clarum meruisset
inter patronos nomen, in Asiam navigavit,
seque praecipue Apollonio Moloni Rhodi rur-
sus formandum ac velut recoquendum dedit.

22) *redundantes*] M. vgl. Or. 2, 21, 2 und was
er selbst Or. 30 im J. 707 in seinem 61sten
Jahre über die in seinem 27sten Jahre gehal-
tene Rede für den Roscius (hier c. 90, 10)
anmerkt.

13) *biennio post*] also 676. c. 92, 5. vgl. bei §. 6.
Sulla war indess 675 gestorben.

deserverat] dies steht Or. 30 und es fodert auch
der Sinn, der das gewöhnliche *reserverat* verwirft, wiewohl es Ern. im clav. eben so erklärt; aber es heisst gerade das Gegentheil,
z. B. Rosc. Com. 6.

cor-

corpori] so habe ich mit Ern. st. *corporis* geändert. Die Gleichheit der Glieder fodert
es: lateribus vires; corpori habitus. Liest
man aber *corporis*, so käme ja diese Construction heraus: vires et corporis habitus ac-
cedunt lateribus; was heisst aber habitus corporis accedit lateribus?

Kap. 92.

Von Cotta s. Anh. Nr. 4; von Hortens.
bei c. 88.

cognovisti] Hortensius war 639 geboren; c. 64,
3. Brutus 668; c. 94, 4: Cicero 647. c, 43, 12.

3) *videram*] nämlich noch vor meiner Reise
nach Asien (im J. 674 c. 91, 6), da Cäsar in diesem J. den Dolabella, Consul im J.
672, anklagte. Tacit. or. 34, 8. Sueton. in
Caes. 4.

4) *agentem*] wie imagines agentes Or. 2, 87. 6.
Her. 3, 22.

5) Er kam im J. 676 zurück; c. 91, 13, bewarb
sich also im folgenden J. um die Quaestur;
war Quästor 678, wie Cotta Cs. Frsh. 92, 16,
und Hortensius Aedilis. Von seiner Quästur
in

in Sicilien sprach er Pis. 1. Verr. 5, 14. act.
Verr. 1, 12. Planc. 26. Tusc. 5, 23.

7) *recepissem*] im J. 679.

8) *ingenium — laborem*] s. oben 65, 8 - 9.

9) *quinquennium*] vom J. 679, in welchem er
nach §. 8 aus Sicilien zurückgekommen war,
bis zum J. 683, worin er den Verres angriff,
da er aedilis designatus, und Horsensius Cs.
designatus fürs J. 684 war. Frsh. 98, 31.

K a p. 93.

3) Die Abnahme des Feuers bei dem Redner
Hortensius bemerkte in den drei ersten Jahren nach seinem Consulat 685 - 87 nicht Jedermann, sondern nur der Kenner. 72, 3.
vgl. wegen der Sache überhaupt c. 49 - 54.

5) *stylo*] c. 24, 3.

6) *praetor factus*] im J. 687. Dass er dies seiner Thätigkeit, welche ihm eine allgemeine
Liebe erworben hatte, zu verdanken hatte,
zeigt die Sache selbst; er konnte es also hier
sowohl, wo er davon spricht (c. 92, 8), als
auch an andern Stellen öffentlich rühmen;
z. B. Manil. 1. Pis. 1. Planc. 27, wo der ed-

le Mann spricht: pressi forum; neminem a
congressu meo neque ianitor meus, neque
somnus absterruit. Ecquid ego dicam de oc-
cupatis meis temporibus, cui fuerit ne otium
quidem unquam otiosum? — si quam habeo
laudem, quae quanta sit, nescio, partá Romae est, quaesita in foro.

populari] Ern. will mit Lambin lieber *populi*,
wie Cic. sonst gewöhnlich schreibt. *his* st.
iis, welches in Hdsr. stets verwechselt wird,
habe ich mit Riv. aufgenommen, weil *hoc*
vorhergeht.

7) *novitate*] dadurch sagt er deutlich genug,
dass *er* das hatte, was die andern Redner
nicht hatten, Sprachkenntniss, Belesenheit in
Dichtern (literae Or. 3, 33. 2), Philosophie
(Or 1, 5. 2 - 3 Tusc. 5, 2), als mater bene
dictorum (Or. 1, 5. 2. und hier c. 41, 4),
Kenntniss des bürgerlichen Rechts (Or. 1,
5. 5 und hier 40, 9), der Römischen Geschichte (Or. 1, 5. 5, ex qua *quasi* — dies will Ern.
hinzugesetzt wissen, weil das folg. doch un-
eigentlich zu verstehen ist — ab inferis testes excitaret); ferner nach §. 9 Witz (Or. 1,
5. 4 vgl. Anb. 2) und §. 10 die Geschicklich-
keit

keit durch passend angebrachte Gemeinplätze
(c. 21, 6 und vorzüglich Or. 3, 3o. 6) zu rüh·
ren (c. 49, 12) und nach Gefallen Leidenschaften zu erregen. (traducere §. 10 und impel·
lere §. 11 von Ern. st. traduceret, impelleret,
da es, wie dilatare, von posset abhängt) Or.
1, 5. 3. und oben 50, 7 — 8. Im Allgemeinen vgl. oben die Anm. bei 43, 13 u. 44, 1.

Kap. 94.

anno meo] legitimo.

consul] 690.

essemus, videremur] essem, viderer. Denn er
meint blos sich.

2) zwölf J. oder im zwölften J. nach meinem
Consulat, nämlich 701. §. 3.

ego mihi — anteferr.] vgl. oben 51, 1.

admirabatur — laude] s. die bei 1, 4 angeführte
Stelle Att. 2, 25 und Phil. 2, 5.

3) *armis*] bello civili. Vgl. oben 1 u. 97, 1.

lege Pompeia] Nach diesem Gesetze, welches
Pompejus in seinem dritten Consulat 701 gab,
mussten die Zeugen in drei Tagen verhört werden, ein Tag wurde darauf dem Kläger und

Beklagten eingeräumt, und zwar so, dass der Kläger 2, der Beklagte oder sein Advocat 3 Stunden sprechen durfte. Fin. 4, 1. Tacit. Or. 38. 2.

Nach diesem eben erst gegebenen Gesetze vertheidigten Cic. und Hortensius den Milo, als man ihn wegen Ermordung des Clodius angeklagt hatte.

4) Hortensius trat zuerst 658 auf. c. 64, 3. Or. 3, 61. 10: Brutus war also 668 geboren. Jener starb 703, c. 64, 4. also 64 J. alt: und noch in diesem J. vertheidigte er mit Brutus den Appius c. 64, 8. 72, 2.

5) *orationes utriusque* (nostrûm). Cicero's Reden haben wir noch; von den Reden des Hortensius s. das bei 83, 1 angeführte Urtheil des Quintil. 11, 3. 8.

K a p. 95.

2) *primum* ist] richtiger, als, was Ern. will, primam (causam), da *quod* folgt.

Asiaticum] s. oben 13, 8 und vgl. Or. 8. Quintil. 12, 10. 17.

sententiosum — venustis] spruchreich und gekünstelt (§. 5), worin aber die Gedanken nicht

so-

sowohl durch Ernst (oder Würde 93, 9. Or.
2, 56. 4) und Nachdruck, als durch Antithesen und gesuchten Putz sich auszeichnen.

Hierocles und *Menecles*, die berühmtesten Rhetorn und die allgemeinen Muster in ganz Asien.
Or. 2, 23. 5. Or. 69. Diesen hatte auch Antonius in Asien gehört, Or. 2, 23. 5, und, wie
hier aus §. 5 sich zu ergeben scheint, auch
Hortensius.

Alabandeus oder Alabandensis (Or. 1, 28. 1) aus
Alabanda in Karien; eigentlich war er aber
nach Strabo 14 p. 976 aus Rhodus; er hatte
. also diesen Namen von seinem gewöhnlichen
Aufenthaltsorte, wie Molo (89, 12 Anm.)

3) *Aeschylus* 91, 10: *Aeschines*, welchen auch Strabo
14 p. 942 u. Seneca controv. 1, 8 anführen.

5) *clamores*] 44, 7. ad div. 10, 16. 2, vgl.
hier §. 8.

6) *vibrans*] vgl. Or. 78. 3.

probabantur ist richtig von Ern. geändert st. probantur; denn es geht *erat* vorher und folgt
videbam; und es ist kein allgemeiner Satz.

Philippum] Cs. 662, als Hortensius 24 J. alt war,
der 22 J. erst nach ihm Cs. wurde. Jener
R 3 selbst

selbst war ein vorzüglicher Redner 45, 3.
64, 6, der also den Hortensius wohl beurtheilen konnte.

7) *primas* (partes) *tenebat*] c. 92, 3 vgl. §. 6
und 90, 2.

8) *exercitatione*] 88, 4.

verborum comprehensio] Periodenbau. 44, 3.
Or. 3, 48. 8.

9) *senior auctoritas*] seine, Würde als consularis, c. 93, 2.

vestitu ornata] vgl. über diese Metapher 1, 31.
7. und 2, 28. 5.

10) *si — potuisses*] „wenn du ihn früher kennen
gelernt hättest." Kam Brutus früh aufs forum; so wars mit seinem 17ten Jahr, etwa
684, da jener Cs. war, vgl. 92, 1.

facultate] da florere facultate keinen Sinn giebt,
so vermuthet Ern. richtig *aetate*, wie 92, 1
eum deflorescentem cognovisti.

Kap. 96.

Messalla] M. Valerius Messalla wurde 699 des
ambitus wegen angeklagt, ad Q. fr. 3, 8. aber
losgesprochen und wirklich 700 Consul; Frsh.

107,

107, 15; nach Endigung dieses Amtes im J.
702 wurde er wieder angeklagt, und nun vom
Hortensius vertheidigt, wie hier Brutus sagt
und Coelius unserm Cic. schreibt,` (ad div. 8,
4: 2. vgl. Br. 2, 7.) welcher als Proconsul in
Cilicien war (s. bei c. 1, 1). Hortensius aber
vertheidigte ihn, weil er sein Schwestersohn
war, wie Valer. M. 5, 9. 2 bemerkt. Es ist
also dieser nicht der Messalla 70, 4, welcher
692 Cs. gewesen war. Ern. hält aber im Clav.
beide für einen. Jener wurde hernach noch
einmal verklagt, verdammt und sein Verthei-
diger Hortensius ausgezischt. ad div. 8, 2.
1 — 5 vgl. Br. 4, 1.

3) s. oben bei 94, 4, und über Cicero, der unter der Dictatur des Sulla (90, 9) 672 zuerst
aufgetreten war, die Anm. bei 90, 10. Unter
dem Consulat des P. und Marcell selbst im J.
703 hatte er keine Rede gehalten: denn er
war damals in Cilicien. Daher sagt er ad
eosdem *fere* c. 55. Nach diesem Gespräche hielt
er noch etliche Reden, z. B. 707 für den Marcell und Ligarius; 708 f. d. König Deiotar;
und nach Cäsars Ermordung 709 und 10 die
14 Philippischen Reden.

R 4   · 4)

4) *Hort. vox exstincta fato suo*] „er starb gerade
beim Ausbruche des bürgerlichen Kriegs c.
1, 1, vor dem meine Beredtsamkeit verstum-
men musste, 94, 3, da das *fatum* (interitus)
publicum oder reipublicae dawar.“

6) *in privatorum cupid.*] s. die bei 1, 3 angeführte Stelle ad div. 6, 6. g und wegen der
694 vorhergegangenen Verbindung des Pompejus mit Cäsar und Crassus das. §. 6.

felicitas — vindicasse] vgl. oben c. 1, 8.

8) Nach Victorius (var. lect. 14, 11) hat hier
Cic. des Aristoteles Redekunst, die er dem
Alexander gewidmet hatte, vor Augen gehabt,
worin er den König so anredet: εγω σι πα-
ρακελευομαι διαφυλαττειν ουτω τας λογας τατας, οπως
ιιοι καθεστωτες υπο μηδινος χρηματι διαφθαρησαν-
ται, κοσμιως δε μετα σα διαβιωσαντες, ιις ηλικιαν
ελθοντες δοξης ακηρατου τευξονται.

custodia liberali] wie es sich für ein freigebor-
nes, edles Mädchen schickt, nicht sklavisch.

amatorum] Ern. hat diese Vermuthung des Victor. und Lamb. aufgenommen st. *armatorum*,
welches man allenfalls damit rechtfertigen
und erklären könnte, dass man sagte, eben
jene

jene proci impudente sseyen armati, und dies
sey also als Erklärung hinzugesetzt.

9) *literis*] c. 3, 5 und 6.

de me — viverent] Ern. will das zweite dort
überflüssige me lieber so versetzen: de me,
etiam tacente, — — mortuoque me. „Meine Thaten würden, schriebst du mir, meine
patriotischen Absichten bewähren. Denn,
ginge es glücklich; so könnte es blos geschehen, wenn man meinem Rathe folgte;
richtete man aber den Staat zu Grunde; so
thäten es die, die meinen Rath verachteten
und mich verfolgten."

Kap. 97.

per medias — vehentem] „der du die Bahn des
Ruhms (c. 91, 4. 81, 8) so muthig und hitzig,
wie die Olympische Rennbahn, betreten hast."
Vgl. 90, 1.

transversa reip. fortuna] das erste Wort führt die
Metapher fort: nach einer andern sagt er §. 5
importuna clades civitatis.

angit] diese von Corradus und Lambin vorgeschlagene und von Ern. gebilligte Verbesse-

R 5   rung

rung st. *tangit* habe ich aufgenommen, da'
sie das folg. Zeitwort sollicitat so deutlich
rechtfertigt.

socium eiusdem iudicii] der eben so vortheilhaft
von dir denkt, wie ich, ad div. 5, 7. 7 und
10, 13. 3.

2) *duorum generum*] Iunii et Servilii. Nach
dem Junischen, seinem väterlichen Geschlechte, stammte er von L. Junius Brutus her, dem
Verjager der Tarquinier und dem Gründer
des Freistaats; 14, 1. nach dem Servilischen,
seinem mütterlichen (s. bei 62, 4), vom C.
Servilius Ahala, welcher 316 den Maelius ermordete, den man beschuldigte, er habe nach
der Alleinherrschaft gestrebt, da er viel Korn
unter den verarmten Pöbel verschenkt hatte.
Liv. 4, 13 — 14. Welche Winke! Und etwas
dachte sich Cic. gewiss dabei, wenn man Phil.
2, 11 vergleicht, wo er den Antonius fragt,
ob er die beiden Bruter zur Ermordung Cäsars habe zu bereden brauchen, quorum uterque L. Bruti imaginem quotidie videret, alter
etiam Ahalae?

3) *linguam acuisses*] s. bei Or. 3, 30. 9.

gra

graviorum artium] der Philosophie §. 7 u. 31, 9.

5) *turba*] §. 6 vulgo, wie 36, 5. 72, 2.

6) *urbe ea*] Athenis c. 7, 2.

7) *Aristus*] nach Acad. 1, 3. Tusc. 5, 8 ein Bruder des Antiochus 91, 7. Vgl. in Absicht der Sache 31, 9. 40, 7. Freundschaftlich spricht er futuri sumus st. futurus es.

8) Man kann mit Corradus folgende Zeitalter der Redner herausziehen: 1) Galba 21, 6, mit dem ältern Cato 15, 10. 2) Lepidus 25, 6. 3) Carbo und die beiden Gracchen; 25, 8. 27 und 33. 4) Antonius und Crassus 36, 8 — c. 44. 5) Cotta und Sulpicius c. 55 und 49, 7. 6) Hortensius und Cicero selbst, c. 88 — 95.

Singulis — constitisse] dass auf jedes Zeitalter fast immer nur zwei zu stehn kamen. Vgl. in Rücksicht der Sache. Or. 1, 2. 8. und Tusc. 1, 3.

in multis] in vulgo §. 6. Der Sinn der letzten Worte ist nicht vollständig, soll aber, wie Corradus meint, etwa dieser seyn: sollte man mich auch unter den grossen Haufen geworfen ha-

haben; so würde ich die Beredtsamkeit nicht
hoch geschätzt haben; und das folgende ergänzt er so: si *tamen* operosa est concursatio
magis opportunorum *ita ut difficile sit cognoscere, qui sint oratores magis opportuni*; quum
quivis id possit intelligere et lita iudicare, an
ego in multis sim numerandus, an inter pau-
cos collocandus. —

An-

Anhang I.

Von den Personen des Gesprächs in den drei Büchern vom Redner.

---

1) Lucius Licinius *Crassus* — welchen Cicero unter allen Rednern vor seiner Zeit am meisten schätzt, welchen er daher auch die Hauptrolle spielen und im ersten und dritten Buche das Wort führen lässt, dem er auch seine Meinung von dem Redner, dessen Anlagen, Bildung, hoher Würde und ausserordentlicher Wirkung in den Mund legt, und durch den er sich selbst so offenbar schildern lässt, indem dieser blos ein Ideal eines Redners aufstellen soll (m. s. die im Ind. angeführten Stellen unter *Cicero*), — war im J.R. 613 geboren, (also 34 Jahr älter, als unser Cicero, wie dieser selbst Brut. 43, 12 sagt,) und zwar aus einem alten Geschlechte nach diesem Stamme :

a)

a) P. Licinius Calvus, trib. militum consulari potestate a. u. 355, der erste, welcher aus seiner plebejischen Familie diese Würde bekam. Liv. 5, 12. 9. dessen Sohn

b) P. Licinius Calvus erhielt eben diese Würde auf Bitten seines Vaters 359, da man sie dem Vater wegen seiner weisen Mässigung zum zweiten Male hatte geben wollen. Liv. 5, 18. 1 und 6. Dessen Sohn

c) P. Licinius Varus bekleidete keine Ehrenstellen: und eben so unbekannt ist sein Sohn

d) P. Licinius Varus. Desto berühmter dagegen ist

e) P. Licinius Crassus *Dives*, dessen Einsicht in das Römische Recht Cic. vorzüglich rühmt 3, 33. 5. vgl. dabei die Anm. Eine ausgezeichnete Ehre genoss er dadurch, dass man ihn zum Pontifex maximus im J. 540 wählte, da er sich erst um die Würde eines Aedils bewerben wollte, und ihn zwei andern Mitbewerbern vorzog, welche schon Consuln und Censoren gewesen waren, Liv. 25, 5. Im J. 542 nahm ihn der dictator Q. Fulvius Flaccus zu seinem magister equitum

Liv.

Liv. 27, 5. 19. Eben so ausgezeichnet war die Ehre, dass er schon 543, noch ehe er Prätor und Consul gewesen war, Censor wurde Liv. 27, 6. 17. Jenes wurde er darauf 544. Liv. 27, 21. 5, und dies 547. Liv. 28, 38. 6 er starb 569. Liv. 39, 46.

f) Sein durch nichts bekannter Sohn P. Licinius Crassus adoptirte

g) den P. Licinius Crassus, einen Sohn des P. Mucius Scävola, von dem er also auch Mucianus hiess, Brut. 26, 1 — 3.

h) Des vorigen Sohn L. Licinius Crassus war der Vater unsers Crassus.

Was seine Familienumstände anbetrift; so war er ein Schwiegersohn des Augurs Scävola Nr. 6, und seine Gattin Mucia eine Enkelin des Weisen Lälius 1, 9.. 1 vgl. Brut. 58, 4—5. Von seinen Töchtern hatte die ältere Licinia den P. Scipio Nasica, einen Enkel eben des Scipio Serapio, der den Tiberius Gracchus ermordet hatte, Brut. 58, 4, dessen Sohn P. Scipio Nasica, oder, wie er nach seiner Adoption durch den Metellus Pius hiess, Q. Caecilius Metellus Pius Scipio (ad div. 8, 8. 15), der Schwiegervater und im J. 701 der College

lege des Cn. Pompeius M. wurde: die jüngere Licinia aber war die Gattin des jungen Marius und Mutter zweier Söhne C. und M. Marius. Daher heisst der alte Marius Or. 1, 18. 4, und Balb. 21 des Crassus affinis. Einen zweiten Enkel von seiner ältern Tochter adoptirte er selbst Brut. 85, 5. Plin. 34, 8. Seines Grossvaters Bruder ist der 1, 36 4 genannte Crassus, dessen Sohn der 3, 3. 6 ermordete P. Crassus ist.

Er selbst war *Quästor* in Macedonien 1, 11. 2. 3, 20. 4.

Tribunus plebis wurde er 648. Brut. 43, 8 - 11.

Aedilis curulis war er mit Q. Mucius Scaevola, dem Pont. M., mit dem er die prächtigsten Spiele gab off. 2, 16. 11, welches er selbst damit entschuldigt, Or. 3, 24. 5., dass die Römer schon zu sehr verwöhnt gewesen wären, als dass er hätte hoffen dürfen, sie mit den gewöhnlichen Spielen zu befriedigen. Plinius hist. nat. 17, 1 führt unter andern an: aedilitatis gratia ad scenam ornandam advectas columnas quatuor Hymettii marmoris, in atrio domus statuerat, quum in publico nondum essent ullae marmoreae. Nach Valer. M.

M. 9, 1. 4 hatte er sie centum millibus nu-
mûm gekauft, d. i. ungefähr für 5000 Thlr.

Die *Prätur* bekleidete er im J. 653 mit eben
diesem Scävola, wie man aus Rabir. 7 sehen
kann. Und mit eben diesem war er auch

Consul 658, wo er die nach beiden genannte
legem Liciniam et Muciam gab (Brut. 16, 6),
ne esset pro cive, qui civis non esset, wie es
off. 3, 11. 4 heisst. Dies veranlasste den, einige Jahre darnach durch die Drusischen Vorschläge (Nr. 8) ausbrechenden, Bundesgenossen - Krieg. Daher konnte Cicero in diesem
uns von Asconius aufbehaltenen Bruchstücke
seiner Rede für den Cornelius (p. 1045 ed.
Ern. vol. 4 p. 2) sagen: legem Liciniam et
Muciam civibus regundis, quam duo consules omnium, quos vidimus, sapientissimi tu-
lissent, video constare inter omnes, non modo inutilem, sed perniciosam reipublicae
fuisse.

Proconsul war er im J. 659 in Gallien, wo er
auch Krieg führte, den er selbst gesucht hatte.
Weil es aber mehr einzelne Räuberbanden auf
den Gebirgen, als eigentliche Feinde gewesen
waren; so vereitelte ihm sein College den

Triumph, nach dem er jetzt mit eben dem Eifer
geizte, womit den Krieg gesucht hatte. Pison.
26. inv. 2, 37. Im Uebrigen rühmt Valer. M.
3, 7. 6 seine dort bewiesene Redlichkeit und
Gerechtigkeit-

Censor war er mit dem Cn. Domitius Ahenobarbus (im J. 660. Brut. 44, 2. vgl. 43, 12.
Brut. 45, 1), der ein J. vor ihm Consul gewesen war. Allein die grosse Verschieden-
heit des Charakters dieser beiden Männer
veranlasste, dass sie sich selbst unter einander
strenger, bittrer und gröber behandelten, als
irgend einen andern. Crassus griff jenen in einer
förmlichen Rede an. c. 44, 7, und bot gegen
diesen, durch seinen Ernst und sein ehrwür-
diges Aeussere Ehrfurcht einflössenden, Mann
(Or. 2, 56. 10) allen seinen Witz auf §. 1, um
ihn lächerlich zu machen, und die von jenem
auf ihn losgedrückten Pfeile abprellen zu lassen; er spielte sogar mit seinem Namen und
nach Sueton. in Ner. 2 sagte er: 'non esse
mirandum, quod aheneam barbam haberet,
cui esset os ferreum, cor plumbeum. Ein anderes Bruchstück aus dieser Rede steht 2, 11.
3. Domitius dagegen hatte ihm vorzüglich
seine Prachtliebe und Verschwendung (s. oben
bei

bei *aedilis*) vorgeworfen, wovon Plin. 17, 1
eine artige Anekdote erzählt, welche zugleich
zeigt, wie weit dieser Redner seinem Gegner
an Witz und Gegenwart des Geistes überle‑
gen war, und woher das kam, was Cic. Brut.
44, 7 und Cäsar Or. 2, 56. 1 von jener Rede
rühmen. Er sagt so: nobilissimarum gentium
ambo, Crassus atque Domitius, censuram
post consulatus simul gessere frequentem iur‑
giis propter dissimilitudinem morum. Tum
Cn. Domitius, ut erat vehemens natura, prae‑
terea accensus odio, quod ex aemulatione avi‑
dissimum est, graviter inerepuit tanti censo‑
rem habitare, pro domo eius sestertiûm mil‑
lies identidem (nach Harduin 10 Mill. Livres)
promittens. Et Crassus, ut praesens ingenio
semper et faceto lepore solers, addicere se
respondit, exceptis sex arboribus. Ac ne
uno quidem denario, si adimerentur, emtam
volente Domitio, Crassus, utrumne igitur ego
sum, inquit, quaeso, Domiti, exemplo gra‑
vis, ab ipsa mea censura notandus, qui in
domo, quae mihi hereditate obvenit, comi‑
ter habitem, an tu, qui H — S millies sex ar‑
bores aestimes? Eae fuere loti, patula ramo‑
rum opacitate lascivae.

Auch

Auch *Augur* war er, wie sein Schwiegervater, wie man aus Or. 1, 10. 1 sieht.

Seinen Tod im J. 662 und die Ursachen
desselben erzählt uns Cicero schön und rüh-
rend. Or. 3, 1 — 2.

Was seinen Charakter als Mensch und Redner anbetrift; so finden wir davon folgende
Züge aufgezeichnet.

Seiner ernsten Miene und seinem ehrwürdigen Aeussern wusste er durch ein gefälli-
ges Betragen und durch den feinsten Witz
das Abschreckende zu benehmen und sich dadurch Liebe zu verschaffen (erat in eo multus lepos off. 1, 30. 9; in summa comitate habebat etiam severitatis satis (Brut. 40, 5). Und
ganz vorzüglich charakterisirt ihn dies als
Redner, off. 1, 37. 7, und Brut. 38, 6: erat
summa gravitas; erat cum gravitate iunctus
facetiarum et urbanitatis oratorius, non scurrilis lepos. Ganz vorzüglich rühmt dies an
ihm Antonius Or. 2, 56. 4; er führt als Beispiel
die Rede desselben gegen seinen Collegen Scävola an (s. bei Brut. 39, 1) Or. 1, 57. 6 — 7,
so wie eben dies Cicero thut Brut. 53, und
Cäsar in mehrern Beispielen. Or. 2, 54. 10 —
c. 56; wie auch 65, 4 — 5. c. 70, 7.

Auch

Auch in der griechischen Literatur war er wohl bewandert. Or. 2, 1. 4. vgl. 3, 22. 1; wovon Cic. selbst ein Beispiel anführt. Or. 1, 11. 2. vgl. 3, 20. 4: nur wollte er kein Aufsehn damit machen, und lieber den Schein haben, als schätze er sie nicht, 2, 1. 7, vgl. 3, 22. Und wenn man dagegen das von ihm in seiner Censur gegen die lateinischen Rhetorn gegebene Edikt anführen wollte, so führt er selbst den Grund davon an: Or. 3, 24. 8 dass er dadurch Gelehrsamkeit im Geringsten nicht verbannen, sondern Eifer dazu bei den jungen Römern erwecken wollte. Schon vorher war, wie Gellius 11, 11 erzählt, ein Senatsschluss im J. 592 gemacht worden: M. Pomponius praetor senatum consuluit, quod verba facta sunt de philosophis et de rhetoribus. De ea re ita censuerunt, uti M. Pomponius praetor animadverteret, curaretque, uti ei e republica fideque sua videretur, uti Romae ne essent. Hierauf führt er nun auch dies von den Censorn Crassus und Domitius gegebene Edikt an: renunciatum est nobis, esse homines, qui novum genus disciplinae instituerunt, ad quos iuventus in ludum conveniat: eos sibi nomen imposuisse latinos rhetoras: ibi homines

adu-

adulescentulos dies totos desidere. Maiores
nostri, quae liberos suos discere et quos in ludos itare vellent, instituerunt: haec nova,
quae praeter consuetudinem ac morem maiorum fiunt, neque placent, neque recta videntur. Quapropter et his, qui eo venire con-
suerunt, visum est faciundum ut ostendere-
mus, nostram sententiam nobis non placere.

Auch das bürgerliche, dem Redner unent-
behrliche, Recht hatte er bei seinem Schwiegervater studirt. Or. 1, 10. 2. c. 55, 1. Daher
rühmt ihn Cic. Brut. 39, 3 c. 40, 3 als elo-
quentium iurisperitissimum und disertorum
consultissimum. Auch war ihm dazu der
Umgang mit dem Cölius Antipater, einem
eben so ausgezeichneten Rechtskenner als Geschichtschreiber seiner Zeit, sehr nützlich.
Brut. 26. 13. Von seiner treflichen Action
spricht Cic. Brut. 43, 2.

Also besass Crassus die drei, nach Cicero
einem Redner unentbehrlichen, Eigenschaften,
Philosophie oder Griechische Literatur, Kenntniss des bürgerlichen Rechts und Alterthums-
kunde (Or. 1, 5. 1 — 7)¿ wiewohl er sich
darin immer noch übertreffen liess, und alles

les dies nur so viel getrieben hatte, als ihm seine Staatsgeschäfte erlaubt hatten. Brut. 43, 13. Or. 3, 22. 2 und 11. Und alles dies hatte er auch mit so wenigem Geräusche getrieben, dass die meisten glaubten, er habe es gar nicht getrieben. Or. 2, 1. 1.

Diese seine Kenntnisse machte er so früh geltend, dass er schon als ein einundzwanzigjähriger Jüngling allgemeines Aufsehn erregte, und dass man ihm zuletzt ganz allgemein den ersten Rang unter den Rednern, wenigstens den neben dem Antonius einräumte. Brut. 36, 8 c. 38, 4. c. 43, 3. Or. 2, 28. 4. Denn in jenem Jahre, dem 21sten seines Lebens, 634 nach R. E. verklagte er den Carbo, wie er selbst Or. 3. 20. 3 erzählt, wegen seiner aufrührerischen, ehemals in seinem Volkstribunat geäusserten Grundsätze. M. s. Brut. 27, 2 und 6 — 9. vgl. Or. 1, 10. 2. So rühmlich dieser in einem solchen Alter über einen so glänzenden Redner erhaltene Sieg auf der einen Seite auch für ihn war, (off. 2, 13. 13 vgl. Brut. 43, 4,) besonders, da er nach seiner eigenen Erzählung Or. 1, 26. 12 so schüchtern und furchtsam auftrat,

und

und seinen Gegner so in die Enge trieb, dass
dieser in einem verzweifelten Selbstmor-
de seine Rettung suchte; so lästig wurde ihm
zugleich auf der andern Seite dieser Ruhm,
weil er dadurch Aller Aufmerksamkeit auf
sich hingelenkt hatte und man allgemein seinen moralischen Charakter seit dieser Zeit
desto schärfer beobachtete und desto strenger
beurtheilte. Verr. 3, 1. Eine Stelle aus dieser Rede hat uns Cic. Or. 2, 40. 8 aufbehalten.

Eben so rühmlich für ihn war seine durch
Witz und bittern Spott so glänzende Rede gegen den, durch seine Anklagen so berüchtigten, M. Brutus (Brut. 34, 9), aus der uns Cäsar eine lange Stelle aufbehalten hat. Or. 2,
55, vgl. c. 54, 10.

Die von ihm gegen seine Collegen in der Censur und im Consulat, den Domitius und Scävola, für ihn selbst und für den Curius gehaltenen
Reden sind schon oben angeführt; vgl. wegen
dieser letztern die Anm. bei Brut. 39, 1 und
wegen einiger andern die bei c. 44, 4; so wie
Cicero selbst ihn Brut. 38, 4 ff. schildert und
ihn in dem ersten und dritten Buche des R.
selbst reden lässt, um seine Leser aus seinen

Re-

Reden die Richtigkeit dessen abnehmen zu lassen, was er von ihm urtheilt, wenn er ihn den grössten Redner seiner Zeit nennt. Brut. 38, 5. 40, 3. 36, 8. 43, 13. 47, 1. 50, 2 und c. 53 vgl. 86, 5 und 87, 3 - 4 und Or. 1, 17. 4. c. 21, 3. c. 23, 2. c. 27, 1. 2, 28. 4.

Unser Cicero selbst konnte ihn um so besser schildern, da er bei seinem Tode schon 15 Jahr alt war, ihn bei seinem Vater öfter gesehn und sprechen gehört hatte Or. 2, 1. 3 u. 4; da ferner Aculeo, unsers Cicero Vetter (Or. 2, 1. 3) der vertraute Freund dieses Mannes war (Or. 2, 1. 3. 1, 43.l 1. 2, 65. 4), und besonders Crassus Schwiegervater, der alte Augur Scävola, noch einige Zeit sein Führer und Lehrer war. Nr. 6 und Lael. 1, 1 - 3.

2) M. *Antonius*, der am Ende des ersten Buchs c. 48 - 61 und im zweiten Buche spricht, war der Sohn des C. und Enkel des M. Antonius. Ihn pflegt unser Cicero gewöhnlich von andern durch das rühmliche Beiwort des *Redners* zu unterscheiden.

Seine Söhne waren:

a) M. Antonius, der sich als Prätor 679 den Beinamen des *Kretikers* erwarb; und

S 5   b)

b) C. Antonius, Cicero's College im Consulat 690. Des erstern Sohn war M. Antonius,
der berüchtigte Triumvir, welcher 710 unsern Cicero, den warmen Lobredner 'seines
Grossvaters, aber auch seinen eignen bittersten
Feind und heftigsten Gegner, wie die Philippischen Reden noch jetzt deutlich genug zeigen, ermorden liess.

Er selbst war *Prätor* 651, und ging mit dem
Range eines *Proconsuls* nach Cilicien. Or. 1,
18. 5. 2, 1. 3 Brut. 45, 10:

Consul war er 654, *Censor* 656, in welchem
Jahre ihn M. Duronius anklagte, als sey er
es durch Bestechung geworden, Or. 2, 68. 1.
vgl. c. 64, 3. Er schmückte die rostra im-
peratoriis manubiis, wie Cic. or. 3, 3. 4 sagt,
d. i. nach Gellius (13, 24) Erklärung, pecu-
nia per quaestorem populi ex praeda vendita
contracta.

In dem scheuslichen, zwischen dem Sulla
und Marius ausgebrochenen, bürgerlichen Kriege, welchen er vorausgesehn hatte (ad div. 6,
2. 6. vgl. Or. 1, 7. 5), wurde er von dem
Wüthrich Marius ermordet im J. 666. M. vgl.
Or. 3, 3. 4. Brut. 89, 11. mit Vell. 2, 22. 3.

Va.

Valer. M. 9, 2. 2. vgl. 8, 9. 2. Flor. 3, 21. 14.
Cic. Tusc. 5, 19.

Als *Redner* lernen wir ihn' näher aus Brut.
37, 1 kennen; und ich habe schon vorher
beim Crassus angemerkt, dass man ihn mit
diesem einstimmig für den grössten Redner seiner Zeit hielt.

Auch er machte mit seiner Gelehrsamkeit
kein Aufsehn, sondern verachtete sie öffentlich, Or. 2, 1. 1 und 8. Quintil. 2, 17. 6. welches er aber that, weil er als blosser, mit
keiner griechischen Gelehrsamkeit prunken-
der, Römer mehr Eingang bei seinen Römern
zu finden hoffte, wie er selbst sagt Or. 2, 36. 4.
c. 37, 7. Das bürgerliche Recht kannte er im
Grunde nicht, wenigstens nicht systematisch,
sondern nur höchst oberflächlich. Or. 1, 37. 5.
Brut. 59, 2. Or. 1, 58. 6.

Er war in der griechischen Literatur gar
nicht fremd, wiewohl er sie erst spät kennen
lernte Or. 1, 18. 5. c. 89, 6; dass Catulus Or.
2, 29, 1. vgl. 2, 89. 1 — 3. sagen konnte, Gelehrsamkeit habe bei ihm eben so viel gethan, als die Natur ihm geschenkt habe. Daher konnte ihn Cicero im R. auch die griechischen

schen Geschichtschreiber so treffend schildern lassen 2, 12. 5 — c. 14, 2: daher konnte
er aus seinem Aristoteles so schön von der
Erfindung und Ausführung im zweiten Buche
sprechen Or. 2, 36. 2. Was er also der
Gelehrsamkeit Or. 1, 62. 2 zu nehmen schien,
giebt er ihr wieder Or. 2, 10. 4 — 5.

Ein Büchelchen de ratione dicendi, welches er in seinen frühern Jahren geschrieben
hatte, schätzte er in spätern selbst nicht mehr,
Or. 1, 21. 1, vgl. Brut. 44, 4. so wenig wie Cicero, als er diese Bücher in seinem 52sten
J. schrieb, die in seinem zwanzigsten J. geschriebenen Bücher ähnlichen Inhalts de inventione schätzte. Or. 1, 2. 2. Die dort daraus angeführten Worte; disertos cognovi non-
nullos, eloquentem adhuc neminem, erklärt
Cicero Or. 5, wie sie dort zum Theil auch
Antonius selbst erklärt, weil er sich nämlich
unter eloquens einen vollkommnen Redner
oder ein Ideal denke. Auch Quintil. 3, 6. 44
führt eine rhetorische Eintheilung daraus an,
nennt es aber auch nur ein opus inchoatum
atque id ipsum imperfectum.

Zu

Zu den vorzüglich glänzenden Reden, die seinen Ruhm gründeten, gehört vorzüglich die Vertheidigung des *Aquilius*, von der er selbst spricht Or. 2, 47, weil er sich hier vorzüglich in dem zeigte, worin er Meister war, in Erregung der Leidenschaften und in der Rührung zum Mitleiden, da er dem verklagten Feldherrn die Brust entblösste und dem Volke sowohl a's den Richtern die fürs Vaterland in dem Sklavenkriege erhaltenen Narben zeigte, wodurch diese, zur Theilnahme und zum Mitleiden bewegt, nicht mehr auf den Fufius (Brut. 62, 3) sahen, welcher ihn wegen gemachter Unterschleife verklagt hatte im J. 655. M. vgl. Brut. 38, 1. c. 59, 4. Daher Quintil., der auch seine Action lobt, z. B. 11, 3. 8, sagen konnte 2, 15. 7 mit Rücksicht auf Cic. Or. 2, 47. 3: Aquilium defendens Antonius cum scissa veste cicatrices, quas is pro patria pectore adverso suscepisset, ostendit, non orationis habuit fiduciam, sed oculis populi Romani vim attulit: quem illo ipso adspectu maxime motum in hoc, ut absolveret reum, creditum est. M. s. auch Tusc. 2, 24.

Noch misslicher war die Lage des *Norbanus*. Dieser hatte als Volkstribun 658 gegen den

den Q. Căpio (Brut. 35, 10) einen förmlichen
Aufstand erregt; Or. 2, 47. 7. weshalb ihn Cicero sowohl als Crassus off. 2, 28. 8 einen aufrührischen, schädlichen und tollen Menschen
nennen. Gleichwohl vertheidigte ihn Antonius gegen den Sulpicius 659, weil er sein
Quästor gewesen war; Or. 2, 47. 6 c. 48, 2.
wie? sagt er selbst Or. 2, 21. 5. c. 25, 6. c.
39, 5. c. 40, 2, und Crassus Or. 2, 28. 8. vgl.
c. 45, 1. und c. 47 — 51, wo auch Sulpicius,
sein Gegner, zeigt, wie er jenen Tauge-
nichts, welchen er so muthig und mit so guten Waffen angegriffen hatte, ihm doch ent-
rissen habe.

Umgekehrt hatte er es mit einem Volkstribunen in seinem Consulat zu thun, wovon er
selbst Or. 2, 11. 9 spricht. vgl. c. 66, 4 und
3, 3. 4.

3) C. Julius *Cäsar* Strabo, die dritte Hauptper-
son dieses Gesprächs, war ein Sohn des C.
Julius Cäsar, ein Bruder desjenigen L. Julius
Cäsar, welcher im J. 663 Consul und 664 Censor (Arch. 5) war. Mit dem Q. Catulus (Nr. 7)
hatte er eine Mutter, die Popilia, Or. 2, 11. 1,
c. 3, 6, wiewohl nicht einen Vater.

Er

Er selbst war Aedilis curulis 663. Brut. 89,
5 vgl. Or. 3, 24. 5, und wollte, ohne Prätor
gewesen zu seyn, wider die leges annales,
gleich Consul werden, um welche Würde
er sich fürs J. 665 bewarb; er erhielt sie aber
nicht, theils weil ihm die Gesetze, theils
auch viele Männer, vorzüglich Antistius (Brut.
63, 2) und Sulpicius, sonst sein Freund (Nr. 5),
entgegen waren. Brut. a. O. har. 20. Frsh.
75, 40.

Er wurde mit seinem Bruder, dem oben
genannten L. Julius Caesar, wie Antonius,
von dem Wütbrich Marius und dessen Partei
ermordet. M. vgl. Or. 3, 3. 5 und Tusc.
5, 19 Brut. 89, 11. mit Valer. M. 5, 3. 3.

Von seinen Rednergaben spricht Cic. Brut.
48. Und was er da von ihm rühmt: festivita-
te, facetiis et superioribus et aequalibus suis
omnibus praestitit, oratorque fuit minime ille
quidem vehemens, sed nemo unquam urba-
nitate, nemo lepore, nemo suavitate conditior, eben dies wiederholt er in mehrern andern Stellen, z. B. off. 1, 37. 8. c. 30, 9, und
Tusc. 5, 19, wo er sagt: C. Cinna praecidi
caput iussit C. Caesaris, in quo mihi videtur
fu·

fuisse specimen humanitatis, salis, suavitatis, leporis. Eben dies lässt er den Crassus Or. 3, 8. 4 — 5 an ihm rühmen; und weil Antonius dasselbe an ihm bemerkt hatte, so ersucht ihn dieser, diesen Abschnitt, in so fern er für den Redner gehört, abzuhandeln Or. 2, 54. 1 — 2; welches er denn auch thut Or. 2, 54 — 71.

Seine Verwandtschaft mit dem nachherigen Dictator Caesar ist diese:

Sex. Julius Caesar, trib. milit. 571, Liv. 40, 27. 6.

1) Sex. Jul. Cäsar, Cs. 596.	2) C. Jul Cäsar
L. Jul. Cäsar.	C. Jul. Cäsar.
a) L. Jul. Cäsar,	ex Martia
Cs. 663.	C. Jul. Cäsar
b) C. Jul. Cäsar,	ex Aurelia.
Noster.	C. Jul. Cäsar
	Dictator.

4) C. Aurelius *Cotta*, auf dessen und des Sulpicius Bitten Crassus und Antonius dies Gespräch halten, war 629 geboren, Brut. 88, 1. mithin damals 34 J. alt. Er bewarb sich in dem J. dieses Gesprächs 662 um das Volkstribunat, Or. 1, 7. 3; allein, da er nach dem

Va-

Varischen Gesetze (Brut. 56, 6) angeklagt
wurde, und, statt zu bitten, seine Richter,
die Römischen Ritter, bitter angriff, sich dagegen desto mehr lobte; so ging er, da er hier
keinen günstigen Ausspruch für sich erwarten konnte, freiwillig ins Exil, Appian. de b.
c. 1, 37. einige Monate nach diesem Gespräche, wie man aus Or. 3, 3. 8 sieht, d. i. nach
dem September (s. die Anm. bei 1, 7. 1), also
im Anfange des J. 663 nach Brut. 88, 8 und
89 5. Aus diesem Exil kam er erst im J. 671
unter Sullas Dictatur zurück; Brut. 90, 7. er
wurde darauf *Consul* 678. Brut. 92, 5, so wie
sein Bruder M. Aurelius Cotta 679. In diesem Amte paulum tribunis plebis non potesta-
tis, sed dignitatis addidit, wie Cic. in einer
uns vom Asconius aufbehaltenen Stelle der
Rede für den Cornel (ed. Ern. p. 1048 fr.)
sagt, d. i. nach seiner Erklärung, legem tulit,
ut tribunis plebis liceret postea alios magistratus capere, quod lege Sullae iis erat adem-
tum.

Als *Proconsul* ging er nach Gallien Brut. 92, 6,
wo ihn bei dem Eifer, womit er Krieg suchte, um sich einen Triumph zu verdienen, der
Tod übereilte. Pison. 26.

Als Redner beurtheilt ihn Cic. Brut. 55, wobei, ich auch die dazu gehörigen Stellen aus diesen Büchern mit angeführt habe. Auch seine Reden zeigen, dass er die Akademische Philosophie mehr als mittelmässig getrieben hatte. Und eben weil er hierin sich auszeichnete, lässt ihn Cicero auch in dem dritten Buche von den Göttern als Akademiker gegen die Epikurische und Stoische Meinung davon sprechen.

Unser Cicero kannte ihn sehr genau, und er will aus seinem Munde dies Gespräch des Crassus und Antonius dem Hauptinhalte nach gehört haben. Or. 1, 7. 4. c. 8, 1 u. 3, 4. 5.

5) P. *Sulpicius* Rufus, gleiches Alters mit dem Cotta Brut. 88, 1, war im J. 663 und 64 *Legat* in dem Bundesgenossen - Kriege. Brut. 89, 1; *Volkstribun* aber 665 (Brut. 89, 9. c. 63, 2:) wo er von dem alten ehrsüchtigen Marius, der alles, was adelich hiess und dachte, bitter hasste, verführt, von seiner Würde verblendet, und von jugendlicher Tollkühnheit, die um so gefährlicher wurde, je mehr sie durch Beredtsamkeit blendete, hingerissen, durch seine Vorschläge einen bürgerlichen Krieg anfach-

fachte, vor dessen Abscheulichkeiten erbe-
bend er sich selbst verflucht haben würde,
wenn er das Ende erlebt hätte, und nicht selbst
unter den ersten Schlachtopfern desselben
mitgefallen wäre. Denn nach der epit. Liv.
77 leges tulit, ut exsules revocarentur (Her.
2, 18), novi cives libertinique distribueren-
tur in tribus, et ut Marius adversus Mithridà-
tem Ponti regem dux crearetur. Dies letzte
war Beleidigung für den Sulla, den Consul
dieses Jahrs, cui, wie Vell. 2, 18. 4 sagt,
sorte obvenerat Asia provincia. Is egressus
urbe cum circa Nolam moraretur, P. *Sulpicius*,
tribunus plebis, disertus, acer, opibus, gratia,
amicitiis, vigore ingenii atque animi celeber-
rimus, cum antea rectissima voluntate apud
populum maximam quaesisset dignitatem, quasi pigeret eum virtutum suarum et bene con-
sulta ei male cederent, subito pravus et prae-
ceps, C. Mario post septuagesimum annum
omnia imperia et omnes provincias concupis-
centi addixit, legemque ad populum tulit, qua
Sullae imperium abrogaretur, C. Mario bellum decerneretur Mithridaticum, aliasque leges perniciosas neque tolerandas liberae civi-
tati tulit: quin etiam Q. Pompeii consulis fi-

T 2

lium

lium eundemque Sullae generum per emissa-
rios factionis suae interfecit. Den Erfolg davon habe ich kurz bei Or. 3, 3. 8 erzählt, und
§. 9 sagt Cic. von ihm: Sulpicius, quibuscum
privatus coniunctissime vixerat, hos in tribunatu spoliare instituit omni dignitate: cui quidem ad summam gloriam eloquentiae efflo-
rescenti ferro erepta vita est, et poena teme-
ritatis non sine magno reipublicae malo constituta. Den ersten Umstand erklärt uns eine
andere Stelle des Cic. Lael. 1, 6: Sulpicius
trib. pl. capitali odio a Q. Pompeio, qui tum
erat consul, dissidebat, quocum coniunctissime et amantissime vixerat, vgl. mit der obigen Stelle des Velleius. Den zweiten erklärt
uns Vell. 2, 19. 1: Sulpicium assecuti equites
Sullani in Laurentinis paludibus iugulavere,
und zwar, wie die epit. Liv. sagt, cum in
quadam villa lateret, iudicio servi sui retrac-
tus et occisus est: caputque eius, wie Vell.
hinzusetzt, erectum et ostentatum pro rostris,
velut omen imminentis proscriptionis fuit.

Von seinen ganz vorzüglich glänzenden Rednergaben spricht Cic. Brut. 55, wobei besonders
sein ganzes Aeussere unvergleichlich und zum
Be-

Bezaubern hinreissend war. Man lese selbst
das ehrenvolle Urtheil eines Kenners, des
Crassus, darüber Or. 1, 8. 2. 1, 29. 2 und 3,
8. 7. 1, 22. 3, und des Antonius 2, 21. 1.
Hierin übertraf er den Cotta sehr weit, wiewohl er ihm in andern Stücken nachstand,
da er, wie er selbst Or. 3, 36. 7 — 8 gesteht,
Philosophie nie geschätzt und getrieben hatte.
Cicero selbst, der bei dem Tode desselben schon
19 J. alt war, und ihn als Volkstribun täglich
bei dem Volke hatte reden hören, Brut. 89, 9,
schildert seine Beredtsamkeit als noch grösser
und hinreissender, wenn er har. resp. 19 von
ihm sagt: eius tanta in dicendo gravitas, tanta iucunditas, tanta brevitas fuit, ut posset,
vel ut prudentes errarent, vel ut boni minus
bene sentirent, perficere dicendo. Eben deswegen konnte er ihm und dem Cotta neben
dem Crassus und Antonius mit Recht die näch-
ste Stelle anweisen Brut. 49, 7. 55, 8. Von
seiner Rede gegen den Norban s. man die
Stellen oben bei Antonius Nr. 2 am Ende.

6) Q. Mucius *Scaevola*, der am ersten Tage,
also bei dem Gespräche des ersten Buchs, auch
gegenwärtig ist, den er aber mit Bedacht am

T 3 Abend

Abend weggehen lässt, Or. 1, 62. 7 vgl. ad
Att. 4, 16, war ein Schwiegersohn des weisen
Lälius, dessen ältere Tochter Lälia er zur
Gattin hatte, Brut. 26, 10, und der Schwiegervater des Crassus, der seine Tochter, die Mucia, zur Gattin hatte. Brut. 58, 4. Or. 1, 9.
1. 3, 12. 2. 2, 6. 1.

Sein Geschlecht ist dieses:

1) Q. Mucius Scävola, Prätor 537. Liv.
23, 24. 4.

2) Q. M. S., Cs. 578. Liv. 41, 21.

3) Noster.

Seines Vaters Bruder war P. Mucius Scävola, Cs. 577. Liv. 41, 19; dessen Sohn, also
Geschwisterkind mit dem Unsrigen, war P.
Mucius Scävola, Cs. 620, von dem man die
Stellen im Ind. nachschlagen kann, ein Bruder des von P. Crassus adoptirten P. Crassus
Mucianus Dives, Cs. 622. S. den Ind., welcher zugleich zeigt, dass dieser Sohn, also
ein Bruderssohn des Unsrigen, Q. Mucius
Scävola war, eben der, welcher im Consulat der College des Crassus war 658. Dieser
letzte sowohl, als unser Scävola, bei dem
wir

wir hier stehen, war Cicero's Lehrer im
bürgerlichen Rechte. Lael. 1, 1 - 4. Jenes
(Cs. 658) Tochter, die Mucia, war die Gattin des Cn. Pompejus, ad div. 5, 2. 15. Att.
6, 12. Da ihr dieser aber bei seiner Rückkunft aus Asien 692 den Scheidebrief voranschickte, ad Att. 1, 12 Sueton. Caes. 50, so
nahm sie hernach den M. Aemilius Scaurus
zum Gatten.

Um nun wieder auf unsern Scävola zu kommen, so nennt ihn Cicero; gewöhnlich *Augur*
(z. B. Lael. 1, 1), wozu ihn sein Schwiegervater angenommen hatte. Brut. 26, 10.

Consul war er im J. 636, vorher, 632, Prätor in Asien. Or 1, 17. 2. 2, 67. 2. Er benutzte den Unterricht des Stoikers Panaetius
Or. 1, 17. 2, der auch der Lehrer seines
Schwiegervaters und Schwagers war; Brut.
26, 10. und diesem seinem Lehrer und der
strengen Stoischen Moral, so wie seinem edlen
Schwiegervater, machte er durch sein strenges Leben und durch seine Dienstgefälligkeit
gegen Jedermann alle Ehre. Denn noch in
seinem hohen Alter stand er nicht blos in seinem Hause einem jeden zu Diensten, son-

T 4   dern

dern ging auch alle Tage mit Tagesanbruch
aufs forum, und besuchte noch regelmässig
den Senat. Phil. 8, 10. Or. 1, 45. 5 — 6. Er
glänzte nicht sowohl als Redner, (m. s.
Brut. 26, 12. 58, 7. Or. 1, 49. 4. 30, 7 vgl.
Or. 1, 53. 8), als vielmehr als Rechtsgelehrter, (wie fast alle Scävoler Or. 1, 10. 1. c.
15, 5.) wesbalb auch Cicero einige Zeit lang
einen genauen Umgang mit ihm hatte. Brut.
89, 8. Im J. 665 lebte er noch, wie man
aus Lael. 1, 6 sieht; er ist aber wabrschein-
lich bald darauf gestorben, da Cicero sagt,
er sey nach seinem Tode (Lael. 1, 4) erst
zum Scävola P. M. gegangen, der im J. 671
ermordet wurde. Brut. 90, 7 vgl. Or. 3, 3. 6.
Weil er ein so geschickter Rechtsgelehrter
war, so lässt ihn Cicero auch hier passend
das Recht gegen den Crassus in Schutz
nehmen. Or. 1, 9. 10. vgl. c. 17, 1 — 5.
c. 62, 7.

7) Q. Lutatius *Catulus*, welcher mit seinem Bruder, dem Cäsar, Nr. 3 am zweiten Tage dazu
kommt, also dem Gespräche im zweiten und
dritten Buche mit beiwohnt, Or. 2, 3. 6. war

im

im J. 651 mit dem C. Marius *Consul* gewesen und hatte mit ihm die Ehre des Siegs über die Cimbrer getheilt; und gleichwohl fertigte dieser Wüthrich in dem bürgerlichen Kriege, so wie gegen alle Sullaner und Gemässigte, so auch gegen diesen Mann einen Mordbefehl aus, dem dieser durch einen Selbstmord zuvorkam. M. vgl. die bei Or. 3, 3. 3 angeführten Stellen im J. 666. Brut. 89, 11.

Er glänzte nicht sowohl als Redner (m. s. Brut. 35, 2 — 6 und Or. 2, 18. 1), als vielmehr durch seine Gelehrsamkeit und Humanität. Wegen dieser letztern heisst er Tusc. 5, 19 paene alter Laelius, mit dem Zusatze des Cicero: nam hunc illi duco simillimum. Und eben diese Gefälligkeit, Gesprächigkeit, Herablassung gegen Jedermann rühmt er sowohl an ihm, als an seinem Sohn (Cs. 675, Censor 688) off. 1, 30. 15. Eben so zeigt ihn seine Laune zu scherzen Or. 2, 69. 2. c. 54, 9.

Als Gelehrten zeigte er sich in dem Werke, welches er von seinem Consulat herausgegeben und dem Dichter Furius zugeeignet

hat-

hatte, dessen Schreibart Cicero Brut. 35, 2
molle et Xenophonteum genus sermonis nennt.
Eben so finden wir ihn in diesem Gespräche
wieder; wenn er mitunter das Wort nimmt;
z. B. 2, 5. 1 - 2. c. 17, 1 - 3 c. 18. c. 29, 1 - 2.
c. 36, 1 - 3. c. 37, 1 - 5. c. 32, 5 und 7. 3,
22. 1 - 3. c. 32.

Von seiner feinen Kenntniss der griechischen Sprache, so wie von der reinen und
so' vorzüglich angenehmen Aussprache seiner Muttersprache findet man bei Brut. 35, 5
die Stellen des Cicero gesammelt.

8) Theils zur Erklärung der Stelle 1, 7. 1 und
3, 1. 4, theils um den Mann selbst, den Freund
des Crassus und Sulpicius näher kennen zu
lernen, der in der Römischen Geschichte ein
so bedeutender Mann geworden ist, setze
ich hier noch ein Paar Worte von dem M.
Drusus hinzu.

M. Livius *Drusus*, dessen Bruder, C. Drusus, der Vater desjenigen L. Drusus war, der
sich nach der Schlacht bei Philippi selbst ermordete (Vell. 2, 71. 3), dessen Tochter die
be-

berühmte Livia, Gattin des Augustus und Mutter des Kaisers Tiberius war, heisst bei eben
diesem Schriftsteller 2, 13 1 ein vir nobilis-
simus, eloquentissimus, sanctissimus, meliore
in omnia ingenio animoque, quam fortuna
usus, nach Cicero aber (der ihn besser wür-
digt und ihm nicht, wie Vell., des Kaisers Tiberius wegen schmeichelt) gravis orator, ita
duntaxat, cum de republica diceret. Brut.
62, 4.

Als Volkstribun in dem Jahre dieses Gesprächs, 662, wollte er dem Senat, die durch
den jüngern Gracchus ihm entrissene Ge-
richtsbarkeit (s. bei Brut. 43, 10) wieder geben und sie den Rittern abnehmen. Um dies
desto leichter durchzusetzen, suchte er durch
einige, wegen Getreidevertheilung an das Volk
und wegen Vertheilung vieler Italischen u. Si-
cilischen Aecker unter dasselbe, gethane Vorschläge das Volk für sich zu gewinnen. Da
er aber zu gleichem Zwecke und um sich
noch wichtiger zu machen, den Italischen
Bundesgenossen das Römische Bürgerrecht
und das Stimmenrecht bei Vertheilung der
Ehrenstellen versprach, wenn sie ihm zu seinem

nem Vorhaben behülflich zu seyn versprä-
chen; so verdarb er es dadurch wieder ganz
bei dem Senat, dem er zwar auf der einen
Seite schmeichelte, auf der andern aber zugleich Unruhen und unabsehbare Streitigkeiten
bereitete, die das Ansehn desselben schwächen
mussten, wenn dieses in Zukunft von einer solchen ungeheuern Völksmenge abhangen sollte: kurz in iis ipsis, quae pro senatu molie-
batur, senatum habuit adversarium, wie Vell.
2, 13. 2 sagt. Auch wenn man auf jene Folgen
nicht sieht, nahm er doch im Grunde dem Senat mit der andern Hand das wieder, was er
ihm mit der einen gegeben hatte, wenn er
ihn erst mit 300 Rittern wieder vollzählig
machen wollte, ehe er ihm die Gerichte anver-
traute. Da er in dieser Lage einst von einer grossen Menge Volks nach Hause begleitet wurde, in atrio domus suae cultello percussus,
qui affixus lateri eius relictus est, intra pau-
cas horas decessit. c. 14, 1. Nach Cicero nat.
deor. 3, 33 war Q. Varius (Brut. 62, 2) sein
Mörder. Sueton. Tiber. 3 sagt blos: diversa
eum factio per fraudem interemit. Nach
Plin. hist. nat. 28, 41 aber traditur caprinum

san-

sanguinem bibisse, quum pallore et invidia
veneni sibi dati insimulare Q. Caepionem
inimicum vellet: welches auch Aurel. Vict.
ill. vir. 66 sagt: repente in publico concidit
sine morbo comitiali, seu hausto caprino san-
guine, semianimis domum relatus.

Der Ernst, den Cicero an ihm rühmt off.
1, 3o. 9, charakterisirt sich auch in dem,
was Vell. 2, 14. 3 von ihm erzählt: cum ae-
dificaret domum in Palatio, promitteretque ei
architectus, ita se eam aedificaturum, ut li-
bera a conspectu immunis ab omnibus arbi-
tris esset, neque quisquam in eam despicere
posset: tu vero, inquit, si quid in te artis
est, ita compone domum meam, ut, quid-
quid agam, ab omnibus perspici possit.
Seine Heftigkeit und Hitze zeigt sich in dieser vom Aurel. Vict. l. c. aufbehaltenen
Anekdote, wenn sie anders wahr ist: consuli Philippo, vgl. Cic. Or. 3, 1. 4) legibus
agrariis resistenti ita collum in comitio obtor-
sit, ut multus sanguis efflueret e naribus;
quam ille luxuriam exprobrans, muriam de
turdis esse dicebat: so wie sein unbegränz-
ter

ter Ehrgeiz von eben demselben und vom Flor.
3, 17. 6 erzählt wird: ipse professus est, nemini se ad largiendum praeter coelum et coe-
num reliquisse.

Von seiner anfänglich herzlichen Freund-
schaft und nachherigen bittern Feindschaft
mit dem Cäpio s. bei Brut. 62, 5.

An-

Anhang II.

zu Buch 2, Kap. 54 — 71.

Cicero handelt, wie man sieht, diesen Abschnitt von Scherz und Witz verhältnissmässig sehr weitläufig ab. Schon dies zeigt, dass
er ihn mit Liebe behandelt haben muss, so
wie uns die Geschichte seines Lebens auch
wirklich sagt, dass er sich dadurch vorzüglich ausgezeichnet, aber auch sich selbst viele Feinde gemacht habe.

So sind z. B. seine Briefe an den Trebatius
und Pätus im siebenten und neunten Buche
voll von dergleichen witzigen Einfällen, sinn-
reichen Anspielungen, freundschaftlichen Nek-
kereien und zum Theil beissenden Spötte-
reien. Wer diesen Abschnitt hier aus Cäsars
Munde gern gehört hat, der wird sich
auch dort mit dem Cicero gern unterhalten,

weil

weil er ihn eben so wieder findet, da er dort
ad div. 7 32. 4 ausdrücklich bemerkt, 'er
wünsche hierin nach den hier festgesetzten
Grundsätzen beurtheilt zu werden.

Er selbst sagt uns ad div. 9, 16. 8, dass
schon Cäsar, welcher ein Bändchen von dergleichen Apophthegmen sammelte, auch mehrere von ihm darin aufgenommen habe. Auch
Quintil. 6, 3 handelt davon in Rücksicht Cicero's, und sagt unter andern §. 5 wie Macrob. Saturn. 2, 1, dass auch Cicero's Freige-
lassener, Tiro, drei Bändchen von Cicero's
Scherzen gesammelt habe, so wie man aus
ad div. 15, 21. 4 schliessen kann, dass schon
Trebonius eine ähnliche Sammlung gemacht
hatte. Macrobius Saturn. 2, 3 widmet ihnen
auch ein eigenes Kapitel. Allein dieser muss,
wie Plutarch. in Cic. c. 25 — 27 (vgl. dessen
apophth. pag. 770 — 774 ed. Reisk.), mit Vor-
sicht und Prüfung gelesen werden, da diese
Ehrenmänner das Gefühl nicht haben, das
Cicero hatte und das er von seinen Beurthei-
lern verlangt, wenn er pro Plancio spricht:
„quia dico aliquid aliquando, non studio adductus, sed contentione dicendi, aut

la-

lacessitus; et quia, ut fit in multis, exit aliquando aliquid, si non perfacetum, attamen fortasse non rusticum; quod quisque dixit, me id dixisse dicunt. Ego autem si quid est, quod mihi scitum esse videatur et homine ingenuo dignum atqne docto, non aspernor; stomachor vero, cum aliorum non me digna in me conferuntur.

Sollte man aber dem Cicero selbst dies feine Gefühl etwa deswegen absprechen wollen, weil er off. 1, 29. 10 sagt: est iocandi genus elegans, urbanum, ingeniosum, facetum, qno non modo Plautus noster et Atticorum antiqua comoedia, sed etiam philosophorum Socraticorum libri referti sunt; was ihm ein unbefangener Leser nach unsrer jetzigen Erziehung und Staatsverfassung und den davon abhangenden bürgerlichen Verhältnissen unmöglich wird nachsagen können, der vielmehr bei einem *Aristophanes* mit Meiners (schön. Wissensch. S. 174) finden wird, dass sein Witz sehr oft in schmutzigen oder Ekel erregenden oder Wahrheit und Tugend beleidigenden Schwänken oder wohl gar nur in frostigen Wortspielen, Antithesen oder An-

spielungen auf die Tragiker seiner Zeit be-
steht, und darin Wielanden und Horazen (ep.
1, 2. 170) Recht geben wird, wenn jener sagt,
dass es dem Plautus an Geschmack und an feinem Gefühl gefehlt habe, welches auch niemand
läugnen kann, dem es nicht selbst daran ge-
bricht: sollte man, sage ich, alle diese Vorder-
sätze richtig finden; so wird man gleichwohl
daraus nicht sogleich gegen den Geschmack unsers Redners entscheiden, sondern, ehe man das
Endurtheil fällt, wenigstens den Umstand erst
in seiner ganzen Weite übersehen müssen,
dass jene in einer Republik, in einer demo-
kratischen Verfassung, lebten. Und wie viel
Tausende dergleichen witziger Einfälle werden jetzt in Frankreich allgemein schön gefunden und bewundert, über die unter den
Ludwigen ohne Gnade und Barmherzigkeit,
wenn sie sich je in glänzenden Gesellschaf-
ten hätten hören lassen, das Verdammungs-
urtheil würde ausgesprochen seyn!

Zeit-

Zeittabelle

zu Cicero's Brutus, und dem 3ten Buche
vom Redner.

I. J. R.

1 - 37 Romulus reg. 1, 9. 4.

39 - 81 Numa reg. 1, 9. 5.

175-219 Ser. Tullius reg. 1, 9. 5.

196 Solon st. 7, 4: ungefähr 400 Jahr nach
dem Homer 10, 5, und 284 J. nach dem
Lykurg 1, 13. 6.

227 Pisistratus st. 7, 4.

230 Aeschylus geboren, 28 J. vor Sophokles,
und 40 vor Euripides 3, 7. 6.

245 Clisthenes, Anführer der Alkmäoniden,
verjagt den Hippias 7, 4.

L. Brutus. Vertreibung der Könige. Consuln 14, 1. 1, 9. 6.

259 Democrit geb. 1, 11. 13.

260

I. J. R.

26o M? Valerius stillt als Dictator die bürgerlichen Unruhen 14, 2.

285 *Sokrates* geb. 8, 2.

288 Themistocles st. 7, 5. 11, 1.

289 Corax und Tisias lehren Rhetorik 12, 4.
Diodor versetzt sie in Ol. 81, 3, d. i.
ins J. R. 3o1.

3oo Zeuxis und Myron blühen 18, 3 u. 4, noch
vor ihnen Polygnotus 18, 4.

3o3 Decemvirn entwerfen das Gesetzbuch 1,
13. 7. vgl. 1, 44. 1.

3o6 L. Valerius Potitus besänftigt das Volk
14, 3.

314 Herodot schreibt seine Geschichte in sei
nem 44sten Lebensjahre. 1o, 5. Anm.

326 Pericles st. 7, 3.
Cleon, sein Zeitgenosse 7, 6.
Polycletus blüht 18, 3.

33o Um diese Zeit blühen die Sophisten Gorgias, Thrasymachus, Protagoras, Prodicus, Hippias 8, 1. 12, 6. vgl. 8, 5.

341 Lysias kommt nach Athen zurück. 16, 6.
Anm.

344 Thucydides endigt seine Geschichte, in
welcher Xenophon fortfährt.

I. J. R.

350. Philistus blüht 17, 4.

351 Alcibiades kommt um 7, 7.

Theramenes wird ermordet 7, 7.

Critias st. 7, 7.

355 Sokrates trinkt den Giftbecher in seinem 70sten Jahre 8, 2.

357 Canachus blüht 18, 3.

360 Theopomp endigt seine Geschichte, die er vom J. 344 angefangen hatte. 17, 4.

Ephorus, sein Mitschüler, ebenfalls Geschichtschreiber 56, 3.

363 Thucydides st. 7, 3. 11, 2.

Antiphon aus Rhamnus sein Zeitgenosse.

376 Lysias st. 9, 1; ein mehreres von ihm 16, 5 — 8. geb. 296.

396 M. Popillius Laenas CS. stillt den Volksaufruhr 14, 6.

407 Plato st. 31, 12: ihm folgt Speusippus 3, 18. 6: diesem 416 Xenocrates 3, 17. 1.

417 Isokrates st. im 99sten Lebensjahre 8, 5.

420 Um diese Zeit blüht Theopompus, dessen Brief an Alexander den Grossen, (gest. 431) Att. 12, 40 erwähnt wird.

427 Lycurgus, der Redner, st. 9, 4.

431 Aristoteles st. 12, 4. 31, 12. vgl. 3, 17, 1.

De-

I. J. R.

e. a. Demosthenes st. in seinem 62sten Lebensjahre 9, 2.

Hyperides kommt um 9, 4.

Aeschines, der Redner, Demosthenes Zeitgenosse und Nebenbuhler 9, 4.

434 Demades wird ermordet 9, 4.

449 Cn. Flavius aedilis 1, 41. 4.

450 Euclides blüht zu Alexandrien 3, 33. 2.

453 M? Curius, Volkstribun, widersteht dem
Appius 14, 5.

463 Dinarchus st. im 70sten Lebensjahre 9, 4.

467 Theophrast st. in seinem 85sten Jahre 9,
7. 31, 12.

· Maenius giebt sein Gesetz 14, 5.

470 Demetrius Phalereus st. 9, 7.

473 App. Claudius räth den Senat vom Frie-
den mit dem Pyrrhus ab 14, 4.

Fabricius geht als Gesandter zum Pyrrhus
14, 4.

Coruncanius CS. 14, 5.

480 Timaeus blüht als Geschichtschreiber 16,
6 und Aratus als Dichter 1, 16. 1.

513 Livius Andronicus giebt sein erstes Stück
18, 8.

514 Ennius geb. 18, 8. vgl. 15, 1.

I. J. R.

517 P. Lentulus Cs. 19, 7.

525 C. Flaminius Volkstribun 14, 8.

Q. Fabius Maximus Cs. II. widersetzt sich
dem Vorschlage jenesTribunen überVer-
theilung der Gallischen Aecker 14, 9.
vgl. Cic. Caton. 4, 4 und hier 19, 7.

532 Pacuvius geb. 64, 6.

535 C. Flaminius Cs. 14, 8. 19, 7.

536 C. Varro Cs. 19, 7. vgl. 3, 8.

540 Archimedes st. 3, 33. 2.

546 Q. Metellus Cs. 14, 9. 19, 7.

547 P. Crassus Cs. 19, 7.

Africanus der ältere Cs. 19. 7 u. 8.

548 M. Cornelius Cethegus Cs. 15, 6.

Cato Quästor 15, 6.

Naevius st. 15, 8.

554 Sex. Aelius Cs. 20, 1.

557 Cato Cs. 15, 10, von dem ein mehreres
c. 16-17.

563 M. Fulvius Nobilior, Freund des Ennius,
Cs. 20, 5.

568 Cato Censor 15, 9.

Africanus der jüngere geb. 74, 3 Anm.

Plautus st. 15, 9.

569 Q. Fabius Labeo Cs. 21, 3.

I. J. R.

575 Ti. Gracchus *der Vater* Cs. 20, 4.

582 Attius (Accius) geb. 64, 6. 18, 9.

583 Ennius st. 20, 3. vgl. 15, 1 in seinem 70sten
      Jahre, wie Cic. Caton. 5, 5 sagt, da er
      in demselben Jahre sein Trauerspiel
      Thyestes gegeben hatte. 20, 3.
   Ti. Gracchus Censor 20, 4. 1, 9. 8.
   C. Sulpicius Gallus Prätor 20, 6.

584 L. Paulus *Macedonicus* Cs. 20, 6.
   Caecilius Statius komischer Dichter, st.
      74, 3.

585 Q. Aelius Paetus, M. Junius Pennus Con-
      suln 28, 11.

590 Nicander d. Dichter blüht 1, 16. 1.

591 Scipio Nasica *Corculum* Cs. 20, 5.
   P. Cornelius Lentulus Cs. 28, 3.

597 L. Lentulus Cs. 20, 5.
   Terentius st.

598 Carneades, Critolaus und Diogenes Athe-
      nische Gesandte in Rom 2, 37. 4.

600 Q Fulvius Nobilior *der Sohn* (vom Vater
      beim J. 563) Freund des Ennius, Cs. sein
      College T. Annius Luscus 20, 5.

602 A. Albinus, L. Lucullus Consuln 21, 2.

604

I. J. R.

604 M? Manilius, L. Marcius Censorinus Consuln 27, 9. 15, 10.

L. Piso Frugi schlägt als Volkstribun zuerst das Gesetz über das Wiedererstat-
ten der Gelder vor.

Ser. Galba, den Libo der Volkstribun und
Cato Censorius angeklagt hatten, wird
frei gesprochen 23, 2.

Cato st. 15, 10. 20, 6.

606 Africanus der jüngere Cs. 21, 5 u. 8 - 12.

607 L. Mummius *Achaicus* Cs. 25, 1.

609 L. Cotta, Ser. Galba Consuln 21, 5.

610 Q. Metellus *Macedonicus* Cs. 21, 4.

App. Claudius sein College 28. 6.

M. Antonius der Redner geb. 43, 12.

611 Africanus der jüngere und L. Memmius
Censorn 22, 2.

612 Q. Pompeius Nepos Cs. 25, 9.

613 C. Lälius der Weise Cs. 21, 5.

L. Crassus der Redner, geb. 43, 12

615 D. Brutus Cs. 22, 1. 28, 1.

L. Atticus (s. bei 583) sein Zeitgenosse
und Vertrauter schreibt Annalen in Versen 28, 1. 18, 9.

P.

I. J. R.

e. a. P. Scipio Nasica *Serapio* Cs. 22, 1. 28, 2.

C. Laelius und Ser. Galba, gewesene Consuln (im J. 609 und 613), sprechen für
die Generalpächter.

Die *Cäpionen* zeugen wider den Q. Pompejus 25, 11.

616 M. Lepidus Cs. 25, 6. 27, 10.

C. Hostilius Mancinus Cs. 27, 10.

L' Cassius, Volkstribun, schlägt das Gesetz über die Täfelchen vor 25, 10.
27, 10.

617 L. Furius Philus Cs. 28, 4.

618 Ser. Fulvius, Cs. 21, 2.

620 P. Scävola, P. M., Cs. 26, 2. 28, 5,

L. Piso *Frugi* Cs., Redner und Verfasser von Annalen 27, 9.

Ti. Gracchus nimmt dem M. Octavius das
Tribunat 25, 5.

Q. Tubero ist dem Ti. Gracchus entgegen
31, 2.

622 P. Popillius Cs. 34. 2: Lucilius der Dichter dient in Spanien 1, 16. 6.

P. Crassus Mucianus Cs. 26, 1.

C. Carbo aufrührischer Volkstribun 27,
1 und 4.

624

I. J. R.

624 C. Tuditanus Cs. 25, 4.

Africanus der jüngere st. 31,'1.

626 Carneades st. 1, 11. 2.

627 L. Aurelius Orestes Cs. 25, 2.

M. Aemilius Lepidus Cs. 28, 11.

M. Pennus Volkstribun 28, 11.

C. Graccus Quästor 28. 11.

628 M. Fulvius Flaccus 28, 7.

629 L. Cotta und P. Sulpicius geb. 80, 2.'

630 T. Flamininus, Q. Metellus Balearicus Cs.
28, 12. 74, 6.

631 C. Fannius C. F. Cs. 26, 4.

C. Fannius M. F. schreibt Annalen 26, 9.

L. Coelius Antipater, sein Zeitgenosse, beschreibt den zweiten Punischen Krieg
26, 13.

M. Drusus, Volkstribun, Gegner seines
Collegen C. Gracchus 28, 9.

M. Pennus Gegner des C. Gracchus
28, 10.

632 Q. Fabius Maximus Cs. 28, 2.

L. Opimius Cs. 34, 3.

M. Fulvius Flaccus, gewesener Consul (im
J. 628), wird ermordet 28, 7. Anm.

C·

I. J. R.

e. a. C. Curio Prätor 32, 3.

C. Gracchus Volkstribun, ermordet 33, 1.

Bestia und Nerva Volkstribunen 34, 2 u. 4.

633 Carbo Cs. 27, 7.

634 L. Crassus verklagt den Carbo 43, 4. Or. 1, 10. 2.

636 Q. Scävola der *Augur* Cs. 26, 10.

638 M. Scaurus Cs. 29, 1.

P. Decius Prätor 28, 8.

639 C. Cato Cs. 28, 7.

Q. Hortensius, geb. 64, 3 und 4.

640 L. Crassus der Redner vertheidigt die Vestalinn Licinia, 43, 5.

642 P. Scipio st. in seinem Consulat, 34, 1.

C. Memmius Volkstribun 36, 1.

643 Sp. Albinus Cs. 25, 2. 34, 3.

C. Galba wird verurtheilt, 33, 7.

L. Bestia wird nebst drei andern gewesenen Consuln verurtheilt. 34, 3.

644 Q. Metellus *Numidicus*, M. Silanus Consuln, 35, 7.

645 Q. Pompejus Bithynicus, geb. 68, 7.

646 Thorius thut einen Vorschlag wegen Vertheilung der Aecker, 36, 2.

Char-

I. J. R.

e. a. Charmadas, Clitomachus, Aeschines, Metrodorus, *Academici*, Mnesarchus, *Stoicus*, Diodorus, *Peripateticus*, blühen 1,
11. 2 — 4.

647 Q. Caepio Cs. 35, 10.

C. Attilius Serranus Cs. Gell. 15, 28.

Q. Scaevola, P. M., Volkstribun 43, 10.

L. Crassus der Redner räth den Servilischen
Vorschlag an, 43, 12.

Cicero geb. 43, 12.

648 P. Rutilius Rufus Cs. 30, 1.

L. Crassus der Redner Volkstribun 43, 10.

649 C. Fimbria Cs. 34, 5.

651 Q. Catulus *der Vater* Cs. 3ū, 2.

653 P. Sextius wird als praetor designatus auf
Anklage des T. Junius verurtheilt
84, 12.

Glaucia Prätor und Saturninus Volkstribun werden ermordet 62, 7 — 10.

654 A. Albinus Cs. 38, 8.

M. Antonius der Redner Cs. von dem c. 37.

Antonius widersteht in seinem Consúlat
dem aufrührischen Volkstribun, Sex.
Titius 62, 11.

655

I. J. R.

655 M. Gratidius, praefectus des Proconsuls M. Antonius, ermordet 45, 10.

656 L. Fufius klagt den M? Aquillius an 62, 6; M. Antonius vertheidigt ihn 37. Anm.

657 Cn. Domitius, Cs. 45, 1.

658 L. Crassus der Redner vertheidigt als Consul den (im J. 647) gewesenen Consul Q. Caepio 44, 2.

Q. Scaevola P. M. war, so wie in allen obrigkeitlichen Aemtern, ausser im Tribunat und in der Censur, so auch im Consulat sein College 43, 10 und 11, c. 39.

Q. Hortensius tritt zuerst als Redner auf. 64, 3. Or. 3, 61, 10.

659 C. Coelius Caldus, von unadelicher Geburt, Cs. 45, 2.

Sulpicius klagt den C. Norbanus an. 55. Anm.

M. Antonius der Redner vertheidigt ihn 37. Anm.

660 M. Herennius Cs. 45, 3.

L. Crassus der Redner Censor 44, 7. sein College in der Censur

Cn. Domitius. ebendas. und 45, 1.

661

I. J. R.

661 C. Clodius Cs. 45, 4.

P. Rutilius Rufus, gewesener Consul, (im J. 648) wird verurtheilt und geht nach Smyrna. 22, 1. vgl. 30, 1.

L. Crassus der Redner führt den Process des M? Curius gegen den P. M. Q. Scävola bei den Centumvirn 39, 1 — 4.

Um diese Zeit blüht C. Titius, Röm. Ritter, Redner und Dichter 45, 5 und L. Afranius der Dichter 45, 8.

662 L. Philippus Cs. 45, 3. 47, 1.

Sein Zeitgenosse L. Gellius 47, 5, vgl. 27, 7.

Crassus, Antonius, Cotta, Sulpicius, Julius, Catulus und Scävola sprechen vom Redner. 1, 7. 1 - 2 und 2, 3. 6.

M. Marcellus aedilis 1, 13. 5.

C. Cotta wird als Tribun abgesetzt und aus der Stadt verjagt. 55 u. 88, 9.

L. Crassus der Redner st. 38, 4 u. 88, 9. Or. 1, 2. 3.

M. Drusus, Volkstribun, ermordet 62, 4.

663 Den Volkstribun C. Curio verlässt die Versammlung 89, 3. Sein College Q. Varius 62, 2. Anm. und 89, 4.

Q.

I. J. R.

e. a. Q. Metellus Celer Volkstribun 89, 4. sein
College Carbo 89, 4 u. Pomponius das.

C. Julius Cäsar Strabo aedilis curulis 89, 5.

Q. Hortensius Soldat im Italischen Kriege. 89, 1.

664 Cn. Pompejus, des Grossen Vater, Cs.
47, 7.

Sext. Pompejus, sein Bruder 47, 7.

Q. Varius wird nach seinem Gesetze verurtheilt 89, 7.

Cicero hört den Scävola *Augur* 89, 8.

M. Brutus, C. Bilienus 47, 8.

Q. Hortensius Kriegstribun 89, 1.

665 Q. Pompejus Rufus Cs. 56, 10.

L. Sulla Cs. 89, 9.

P. Sulpicius, Volkstribun, wird ermordet, 89, 11.

Q. Rubrius Varro wird vom Senat für einen Feind erklärt. 45, 9.

Cicero hört den Akademiker Philo 89, 10.

666 Q. Catulus, M. Antonius, C. Julius werden von den Anhängern des Marius ermordet. 89, 11 u. Or. 3, 3.

Cn. Octavius Cs. ermordet 47, 9.

Cicero hört den Molo 89, 12.

M.

I. J. R.

u. a. M. Virgilius, Volkstribun, verklagt den Sulla 48,

P. Magius Volkstribun 48, 10.

Von diesem Jahre an bis 670 führt Sulla den Mithridatischen Krieg 63, 6. 90, 2.

668 M. Brutus geb. 94, 4.

669 C. Fimbria kommt um 66, 3.

670 L. Scipio Cs. 47, 7.

671 Cn. Carbo Cs. wird vom Cn. Pompejus ermordet 62. Anm. zu §. 5.

C. Carbo, gewesener Praetor, Q. Scaevola, P. M., Antistius werden ermordet 90, 7.

672 Cicero hört den Molo von Rhodus 90, 9.

673 Cicero hält die Rede für den Roscius 90, 10.

674 Q. Hortensius und C. Cotta vertheidigen den Cn. Dolabella 92, 3.

674-76 Cicero durchreiset Asien 91, 9 u. 13.

676 D. Brutus und M. Mamercus Css. 47, 6.

677 Cn. Octavius et C. Curio c. 55. 60, 3: Sicinius trib. pl.

678 Cotta Cs., Hortensius aedilis, Cicero Quästor 92, 5.

679 L. Lucullus Cs. 62, 4. Cethegus Praetor 48, 3.

I. J. R.

680 M. Lucullus Cs. 52, 4.

681 Cn. Lentulus *Clodianus* Cs. 66, 4.

682 P. Lentulus *Sura* Cs. 66, 6.

Q. Sertorius kommt um 48, 11.

683 M Crassus Cs. 66, 1. 90, 7.

Cn. Pompejus der Grosse, Cs. 68, 4.

Cicero klagt den Verres an 92, 9.

684 Q. Hortensius Cs. ebendas. vgl. Anm. zu c. 88.

Cicero aedilis 92, 9.

686 C. Piso Cs. 68, 1.

M? Glabrio Cs. 68, 2.

687 P. Autronius wird als consul designatus verurtheilt 68, 8.

Cicero Prätor 93, 6 verurtheilt den C. M. 67, 9.

Cicero hält die Rede für den Cluentius 78, 2.

C. Memmius Gegner der Lukuller, 70, 7 Anm.

688 L. Torquatus Cs. 68, 3.

Cic. vertheidigt den C. Cornelius 78, 2.

689 Cic. vertheidigt den Q. Gallius 80, 4.

690 Cicero Cs. 94, 1.

691 D. Silanus Cs. 68, 6.

I. J. R.

692 M. Piso Cs. 67, 1.

M. Messalla Cs. 70, 4.

693 Q. Metellus Celer Cs. 70, 5.

M. Servilius Volkstribun 77, 8.

694 C. Julius Caesar, Cs. 60, 5, von dem c. 71.
72. 75.

M. Bibulus Cs. 77, 1.

Diodotus, ein Stoiker, Cicero's Lehrer in
der Logik, st. als ein blinder Greis
90, 3.

695 C. Stalenus Volkstribun 68, 9.

C. Memmius fordert von Cäsar Rechen-
schaft wegen Führung seines Consulats
70, 7. Anm.

696 Q. Metellus Nepos Cs. 70, 5.

P. Lentulus Spinther Cs. 77, 4.

T. Posthumius Prätor 77, 6.

C. Piso, Cicero's Schwiegersohn, st. 78, 4.

697 Cn. Lentulus Marcellinus Cs. 70, 6.

M. Calidius Prätor 79 und 80.

699 App. Claudius, L. Domitius Consuln 77,
2 und 3.

C. Memmius wird wegen unrechtmässiger
Bewerbung um Ehrenstellen verurtheilt
und flüchtet nach Athen, 70, 7.

I. J. R.

701 P. Scipio Cs. 58, 6.

Cn. Pompejus, Cs. III.69, 4. 94, 3.

M. Coelius Volkstribun, 79, 1.

. Cicero hält die Rede für den Milo 94, 3.

702 Ser. Sulpicius Cs. von dem c. 40-42.

M. Marcellus Cs. 71.

C. Triarius Volkstribun 76, 8.

Cicero Proconsul in Cilicien, 96, 1.

703 Q. Hortensius vertheidigt den Appius,
64, 8. st. in seinem 64sten Lebensjahre 1, 1. 64, 4.

704 L. Lentulus Cs. 77, 5.

L. Torquatus der Sohn (vom Vater s. bei
688) Prätor 76, 6.

704-8 Bürgerlicher Krieg.

707 Im Anfange dieses, oder am Ende des
vorigen Jahrs wurde dies Gespräch gehalten. s. Anm. vor. c. 1.

708 Cicero hält die Rede für den König Dejotarus beim Cäsar 5, 12. Anm., wie
im vorigen J. für den Marcell und Ligarius 96, 3. Anm.

709 Cäsar wird am 15ten März ermordet.

Cicero hält die vier ersten Philippischen
Reden.

710

L J. R.

710 Cicero hält die zehn letzten Philippischen
Reden.

Ser. Sulpicius st. 40, 8.

Unser Cicero wird den 7ten Dec. vom C.
Popillius Laenas, dessen Leben und dessen Freibeit er selbst einst vertheidigt
hatte, Valer. M. 5, 3. 4., auf Befehl des
Triumvirn M. Antonius ermordet, den
er, so wie er seinen Grossvater M. Antonius den Redner in diesem Buche c.
37 und 38 sehr rühmt, in seinen Philippischen Reden mit Lastern und Schand-
thaten allerlei Art brandmarkt, vgl.
Vell. 2, 64, 3 und c. 66.

X 3　　　　　　In-

Index historicus

in tres de oratore libros et Brutum.

not. tres numeri denotant librorum de oratore librum, caput, paragraphum; duo contra Bruti caput et paragraphum.

Academia, gymnasium, ubi Plato eiusque successores disputarunt 1, 21. 8 *Academici* inde dicti 3, 17. 1. c. 28, 1. in his Speusippus 3, 18. 6, Xenocrates 3, 17. 1, Polemo, Crantor 3, 18. 6; qui omnes *veteri* Academiae accensentur, nihil magnopere a Platone et Aristotele dissensi, ibid. *Arcesilas*, Polemonis auditor, *mediae* Ac. conditor 3, 18. 7: *Carneades* recentioris s. *novae* Ac. auctor 3, 18. 8: *Philo*, quartae Ac. conditor, rhetoricam cum philosophia coniungit 3, 28. 5; Academici Crasso adolescente florentes 1, 11. 2: *Antiochus, quintae* Ac. auctor, vid. in Ant.

Aca-

Academia in utramque partem disputans, omnibus in disputando adversans 1, 18. 10. 3, 36. 5. 3, 18. 7, quae quisque dicat, ea ipsa negare cogit 1, 16. 7 : hinc rhetores Academici Metrodorus et Philo 3, 20. 4. c. 28, 5; indidem apta Academicorum philosophia ad oratorem formandum. vid. *oratores Acad.*

T. Accius Pisaurensis, eques Rom., accusator Cluentii, qualis orator, 78, 2 — 3.

Accius v. Attius.

Achilles, cuius comes Phoenix 3, 15, 5, filius Pelei ibid., pater Neoptolemi 2, 63. 7.

Achivi 3, 41. 9.

L. Manlius Acidinus, Cs. 578, 2, 64. 9.

C. Aculeo, eques Rom., Ciceronis propinquus 2, 1. 3, acutissimo ingenio 1, 43. 1; Crassi familiaris eique plurimum dilectus 1, 43. L 2, 1. 3, ab eoque defensus 2, 65. 4, iuris peritus, 1, 43. L 76, 6; pater C. Visellii Varronis 76, 3 cl. 6.

Acusilas, historicus gr. antiquus, brevis nec ornatus 2, 12. 9.

L. Aelius Lamia, a Crasso in iudicio irrisus 2, 65. 4 cl. c. 67, L

Sex. Aelius Paetus, Cs. 554, iuris peritus et disertus 20, 1, civibus omnibus consilii sui co·

4 X piam

Aeschines rhetor Milesius 95, 3. -

Aeschylus, poeta tragicus summus, dissimilis tamen Sophocli et Euripidi 3, 7. 6.

Aeschylus, Cnidius, rhetor, Ciceronis in Asia praeceptor 91, 10 qualis 95, 3.

Aesopus, histrio 1, 61. 2.

Aetion, pictor 18, 4; sed vid. not.

L. Afranius, poeta, Titii imitator 45, 8.

Agesilaus, rex Spartae, summus imperator, indeque a rhetoribus laudari solitus 2, 84. 3: a Xenophonte institutus 3, 34. 4; quod tamen est falsum.

Aglaophon, pictor perfectus, dissimilis tamen Zeuxi et Apelll 3, 7. 4.

Aiax Oileus 2, 66. 4.

A. Albinus, Cs. 602, scripsit historiam graece, et literatus fuit et disertus 21, 2.

A. Albinus, Cs. 654, bene locutus est 35, 8.

Albinus, flamen, disertus 35, 9.

Sp. Albinus, Cs. 643, damnatur 34, 3: reliquit orationes 25, 2.

Albius 2, 70. 2.

T. Albucius accusat Scaevolam augurem de pecuniis repetundis 26, 12 cl. 2, 70. 2: qualis orator 35, 1; a Lucilio irrisus 3, 43. 6 — 8.

Alb-

Alcibiades, doctus et eloquens, Socraticis disputationibus eruditus 3, 34. 8: qualis orator
7, 7 cl. 2, 22, 8.

Alexander M., summus imperator, indeque
rhetoribus celebrari solitus 2, 84. 3, cursum
suum transcurrit 81, 11: ab Aristotele institutus 3, 35. 4: eius historia a Callisthene
scripta 2, 14. 1.

Anaxagoras, Clazomenius 3, 34. 6, totum se ad
cognitionem rerum transtulit 3, 15. 3, vir
summus in maximarum rerum scientia, Periclis praeceptor 3, 34. 6 cl. not. ad §. 2.

L. Anicius Gallus, Cs. 593. c. 83, 7.

T. Annius *Luscus*, Cs. 600, non indisertus 20, 5.

T. Annius *Velina*, qualis orator 48, 5.

Antigonidas, tibicen 50, 5.

Antimachus, Clarius, qualis poëta 51, 4.

Antiochus, rex Syriae, ad quem Hannibal exsul
venit 2, 18. 2.

Antiochus, philosophus Acad., a Cicerone Athenis auditus 91, 7.

L. Coelius Antipater, historicus, qualis 2, 12. 10
et c. 13, 1, L. Crassi oratoris magister 26, 13:
verba quaedam eius laudantur 3, 38. 3.

An-

Antipater, Sidonius, poëta ex tempore versus
fundere solitus 3, 50. 5.

Antiphon, Rhamnusius, locos quosdam communes habuit conscriptos 12, 7.

Antisthenes, Socratis discipulus, a quo Cynici
3, 17. 2.

Antistius, Pyrgensis, eques Rom., a Lepido censore notatus 2, 71. 4.

P. Antistius, trib. pl. a. 665, rabula 63, 2 — 8:
occiditur 90, 7.

M. Antonius v. exc. nr. 2,

Apelles, pictor perfectus 18, 4. 3, 7. 4.

Aphilia, qualis orator 48, 4.

Apollonius v. Molo.

Appius v. Claudius.

Apuleius v. Saturninus.

M? Aquilius, a L. Fufio accusatus 62, 3, ab Antonio oratore defensus 2, 45. 1 et c. 47.

C. Aquilius Gallus, Servii praeceptor 42, 2.

Aratus, poëta, de astronomia scripsit 1, 16. 1.

Arcesilas, mediae Academiae conditor, nihil
esse certi, quod aut sensibus aut animo per-
cipi possit, statuit 3, 18 7: hinc eius mos
contra omne, quod propositum sit, disserendi
3, 21. 6.

Archimedes, geometra 3, 33. 2.

Ar-.

Archytas, Tarentinus, praeceptor Philolai 3, 34i 11.

Argonautae 1, 38. 4.

Aristides, *Iustus*, inde a rhetoribus laudari solitus 2, 84. 3.

Aristippus, Cyrenaeus, Socratis discipulus, a quo Cyrenaici 3, 17. 3.

Aristophanes, grammaticus 3, 33. 2.

Aristoteles, discipulus Platonis 3, 18. 6, conditor disciplinae Peripateticorum 3, 17. 1, docuit in Lyceo 1, 21. 8, praeceptor Alexandri 3, 35. 4 et Callisthenis historici 2, 14. 1: philosophiam et rhetoricen docet 3, 35. scripsit de ornamentis dicendi 1, 10 8 cl. c. 13 1 eaque maxime illustravit 2, 10. 9; quem Catulus maxime in his admiratur 2, 36. 2. et in iisdem Antonius sequitur, ibid. cl. c. 38, 8. Scripsit autem et librum, in quo exposuit dicendi artes omnium superiorum (ex quo locus laudatur 12, 4), et libros, in quibus ipse sua quaedam de eadem arte dixit 2, 38. 8: praecipit de laudationibus 2, 10. 9 — 10, de numeris 2, 47. 1 cl. c. 50, 3: ipse est eloquens, in dicendo suavis atque ornatus 1, 11. 14, maxime nervosus in dicendo 31, 12, in

L.

T. Attius, poëta Ennio et Pacuvio non similis 3, 7. 6, quando vixerit 64, 6: D. Bruti familiaris 28, L: eius error chronologicus notatur 18, 9.

T. Aufidius, qualis vir et orator 48, 8.

L. Aurifex 2, 60. 7.

P. Autronius, orator et civis contemnendus 68, 8 cl. 69, 7. 72, L.

B.

Balbus v. Lucilius.

L. Bestia, Cs. 642, vir acer ac disertus, damnatur 34, 3, a L. Memmio accusatus, a Scauro defensus 2, 70. 4.

T. Betucius Barrus, Asculanus, eloquentissimus 46, 2.

M. Bibulus, Cs. 694, qualis orator 77, L.

C. Bilienus 47, 8.

M. Antius Briso, trib. pl. 616 resistit collegae L. Cassio legem tabellariam ferenti 25, 10.

Brulla delectatur talis 2, 23. 10.

L. Junius Brutus, primus post reges a se exactos populumque a dominatu regio liberatum 2, 55. 10 Consul. Ex iis, quae egit, eloquentem eum fuisse, colligitur 14, 1; quamquam

men-

mente eius, non lingua illud perfectum esse
statuit Scăvola 1, 9. 6.

D. Junius Brutus, Cs. 676, qualis orator 47, 6.

M. Iunius Brutus, Iurisconsultus 47, 8. 34, 9
Or. 2, 55. 4 et 7 libros de iure reliquit 2,
33. 3. :

Eius filius accusationem factivavit 34, 9, ipse homo perditae luxuriae, indeque salse et
acerbe a Crasso agitatus 2, 55. 1 — 11, cl.
c. 54, 10.

M. Junius Brutus, eius, qui sequitur, pater
62, 4.

M. Junius Brutus, quo praesente Cicero in Bruto de oratoribns exponit, natus a. 668 c. 94, 4:
in Asia fuit cum Caesare, unde mittit epi-
stolam consolatoriam ad Ciceronem 3, 6. 96,
9: in eo est, ut proficiscatur in Galliam Cis-
alpinam 46, 6: est in collegio pontificum 42,
5. 58, 6: eius ingenium admirabile, exquisi-
ta doctrina et singularis industria laudatur
6, 2: operam dedit philosophiae Academicae
31, 9. 40, 7. cl. 97, 7. audiitque Aristum 97, 7: exercetur apud Pammenem rhetorem 97, 7: inprimis delectatur eloquentia 6, 4. 97, 1: maximis in causis versatus est 6, 3. 94, 3; in his
Deiotari causam apud Caesarem egit 5, 12;

Ap-

Appium sócerum defendit 94, 4. Ipse indi-
cat de oratoribus Stoicis 31, 4 — 5; laudat
Ser. Sulpicium, comparans eum et Ciceronem
cum Crasso et Scaevola 40, 8 - 9. 42, 5 - 7;
iudicat de Scipione 58, 6; de M. Marcello 71;
de Caesaris orationibus 75, 6: luget perdita
reipublicae tempora 76, 9. 42, 7. Eius genus 14, 1. 97, 2.

M. Bucculeius 1, 39. 5.

Byzantii imprimis faceti 2, 54. 4.

C.

Caecilius Statius, poëta, Scipionis et Laelii aequalis, male est locutus 74, 3; eius verba laudantur 2, 10. 4. 2, 64. 2.

C. et L. Caepasii, fratres, quales oratores 69, 1.

Cn. Servilius Caepio, Cs. 583 c. 20, 3.

Cn. et Q. Caepiones, Africani iunioris aequa-
les, quales oratores 25, 11.

Q. Servilius Caepio. legem ab eo consule 647
de iudiciis latam suasit L. Crassus orator 43,
10. 2, 55. 4. accusatus a Norbano defenditur
a Crasso a. 658 c. 44, 2; damnatur 35, 10.
qualis vir, ibid. cl. not. ad 62, 5.

Q. Servilius Caepio, longe illo iunior 62. 5, ubi
vid. not.

Caesar vid. Iulius.   L.

L. Caesulenus, accusator de plebe 34, 11.

Calamis, eius signa qualia 18, 3.

M. Calidius, praetor a. 697. Plura de eo c. 79, 4 — c. 80.

Callimachus, grammaticus 3, 33 2.

Callisthenes, Aristotelis d scipulus, Alexandri comes, huius historiam scripsit 2, 14. 1.

Calvinus, claudicans 2, 61.5. vid. in C. Sextius.

Calvus 2, 61. 9.

Canachus. eius signa qualia 18, 2.

C. Canius, eques Rom., homo facetus 2, 69. 7.

Cannensis calamitas 3, 8.

M. Canuleius 92, 3.

P. Canutius 56, 4.

Capitolium 3, 46. 3. 2, 47. 2.

C. Carbo, trib. pl. a. 622; Cs 633 defendit Opimium 2, 25 4 cl. c. 39, 7. 4p, 6 et 8: Africani necis socius fuisse arguitur a Crasso 2, 40. 8, et ab hoc accusatur 1, 10. 2. c. 34, L. adolescens ingeniosissimus 25, 8: summus orator 27, 3, eloquentissimus 43, 4 cl 62, 1 86, 3 et Or. 1, 10. 2. 2, 2. 6; 3, 20. 3: qui profluens quiddam habuit 3, 7. 9: idem tamen ignarus legum, haesitans in maiorum institutis, rudis in iure civili 1, 10, 2; exercitatio

viri ornamenta in eo laudantur etiam 3. 33. 6
cl. 3, 15. 2 et not. ad 1, 48. 7 nec non impe-
ratoriae virtutes omniumque doctrinarum sc en-
tia ab ipso culta et literis prodita: multos accusavit, in his Galbam 1, 53. 2: scripsit Origines 1, 53. 2 breviter nec ornate 2, 12. 6 et
9 cl. Brut. 85, 9. reliquit de iure commentarios 2, 33. 3 et apophthegmata 2, 67. 6: qualis scriptor et orator 16, 5. 18, 1 cl. 85, 6 - 9
et 87, 2: iocatur 2, 63. 6. c. 69, 5: annos natus 85 moritur 20, 6 c. 23, 2 a. 604. c. 15, 10.
Magnam sane in eo respublica fecit iacturam
3, 41. 6.

C. Cato, *Censorii* nepos, orator mediocris 28, 7:
damnatur 34, 3.

M. Cato, *Vticensis* pater, orator foro non par
62, 4.

M. Cato *Vticensis*, perfectissimus. Stoicus, summa eloquentia 31, 4.

Q. Lutatius Catulus, *pater*, qualis orator 35, 2 - 6;
Or. 2, 18. 1 : ipse se occidit 89, 11. 3, 3. 2. a.
666. adde exc. nr. 7.

Q. Catulus, *filius*, 35, 5 cl. 62, 4. 74, 7.
Censorinus vid. Marcius.

C. Censorinus, qualis orator 67, 6. 90, 7.

depingitur, 1, 13, 8. c. 15, 1. 16, 7. 26, 1.
28, 3; eiusque vis 1, 8. 3. c. 46, 4: Caesaris
de eo iudicium ut paene principe copiae dicendi atque inventore, qui bene de nomine
ac dignitate populi Romani meritus esse exi-
stimandus sit 72, 5, et ipsius de se 32, 6. 73,
3. 93, 7 — 11 et de Caesaris commentariis
75, 6 — 8: Hortensii aemulus 64, 8. 92, 1-2:
socius tamen potius et consors laboris, quam
adversarius 1, 4, cui Hortensius facile cede-
bat 51, 1 — 2 cl. 94, 1 — 3. 68, 7: augur 1,
1 — 2: consul a. 690 c. 15, 10.

M. Cincius legem fert de muneribus et donis 2,
71. 2.

App. Claudius *Coecus*, senatum a Pyrrhi pace
revocat, unde disertum eum fuisse suspicari
licet 14, 4 et 5. 16. 1.

C. Claudius *Cento*, Coeci filius, Cs. 513. c. 18, 8.

P. Claudius, Cs. 568 c. 15, 9.

App. Claudius Pulcher, Cs. 610, qualis orator
28, 6.

App. Claudius Pulcher, Cs. 699, Bruti socer 94,
4, qualis orator 77, 2.

C. Clodius, Cs. 661, mediocris orator 45, 4.
Eius filius

Ap-

C.

C. Cornelius a Cicerone defensus 78, 2.

Ti. Coruncanius, plurimum ingenio valuit, et, ut veri est simile, disertus fuit 14, 5, vir prudens, omnibus consulens, Pontifex M. 3, 33. 5: sapiens 3, 15. 2.

C. Cosconius Calidianus, qualis orator 69, 2.

Cossi fratres 2, 23. 12.

L. Cotta, Cs. 609, accusatus ab Africano defenditur a Q. Metello Macedonico 21, 4: veterator habitus 21, 5.

C. Cotta, *orator*. vid. exc. nr. 4.

L. Cotta, praetorius, orator mediocris 36, 4: valde dilatat literas sono subrustico ibid. cl. 74, 8. Or. 3, 11. 5: forsan idem, qui trib. pl. a. 658 fuerat 2, 47. 7.

Crantor, philosophus Academicus, Xenocratis auditor 3, 18. 6.

P. Crassus, Cs. 547 c. 19, 7, iurisperitus, de quavis re consuli solitus 3, 33. 5. a cuius filio P. Licinio Crasso, obscuro adoptatus.

P. Crassus *Mucianus*, Cs. 622, orator probatus et iuris peritus 33, 7. 1, 50. 2. 1, 37. 3 doctus ius civile a P. Scaevola fratre: inde consuli solitus 1, 56. 5, affinis Ser. Galbae 26, 1—3. 33, 7. 1, 56. 5.

L.

L. Crassus *orator* vid. exc. nr. 1.

L. Crassus, Scipionis filius, ab avo materno, L. Crasso oratore adoptatus 58, 5.

M. Crassus praetor 1, 36. 4 Triumviri *avus*.

P. Crassus, Triumviri *pater*, ipse se interficit 3, 3. 6,

M. Crassus, *Triumvir*, qualis orator 66, 1 - 2. 90, 2.

P. Crassus, Triumviri *filius* 81, 8 — 11.

Critias, qualis orator 7, 7 cl. 2, 22. 10: doctus atque eloquens, Socraticis disputationibus eruditus 3, 34 8.

Critolaus, philosophus Peripateticus 2, 38. 7 - 8, legatus Atheniensium Romam venit 2, 87. 4, Diodori praeceptor 1, 11. 4.

Ctesiphon 3, 56. 3.

C. Curio, *avus*, praetor a. 632, qualis orator 32, 3.

C. Curio, *pater*, trib. pl. a. 663 a concione relinquitur 89, 3. 51, 7; Cs. a. 677. c. 60, 3: qualis orator c. 58, 1. c. 59 — 61. cl. not. ad 2. 23 12.

C. Curio, de quo ad c. 81, 2 — 7.

M? Curius, trib. pl. cum Appio Coeco contendit 14, 5.

M? Curius, cuius causam agit L. Crassus orator 39, 1. 73, 5 cl. 1, 39. 8. c. 56, 3. 2, 32. 9.

Cy-

Cynici, quorum auctor Antisthenes 3, 17. 2.

Cyrenaici, quorum auctor Aristippus 3, 17. 3.

Cyrus, eius vita et disciplina (Cyropaedia Xenophontis) 29, 7 : fuum cursum transcurrit 81, 11.

D.

Daedalus, eius opera qualia 18, 7.

Damon, musicus 3, 33. 2.

P. Decius, qualis orator 28, 8: 2, 30. 7. acusa-
vit Opimium C. Gracchi interfectorem.

Deiotarus, Galatiae rex, socius Romanorum fi-
delissimus, a M. Bruto apud Caesarem defenditur 5, 2.

Demades, orator Atheniensis, Demosthenis aequalis 9, 4.

Demetrius *Phalereus*, Theophrasti auditor, orator suavis, sed parum vehemens 9, 6 — 8:
maxime Atticus et floridus 82, 9 — 10, politissimus 2, 23. 4.

Demetrius *Syrus*, rhetor, apud quem exercetur Cicero Athenis 91, 8.

Demochares, Demosthenis sororis filius, orator
et historicus 85, 1 cl. 2, 23. 4.

Democritus, *Abderita*, totum se ad cognitionem
rerum transtulit 3, 15. 3: physicus, ornate locutus est 1, 11, 13 cl. not. ad 1, 10. 5. sine

Y 5

in-

inflammatione animorum poëtam exsistere
posse negat 2, 46. 8: ridere solitus 2, 58. 4.
hinc

Democritici, physici, ornati homines in dicendo et graves 1, 10. 5.

Demosthenes, orator plane perfectus et per-
politus 9, 2 — 3. 1, 13. 6, qui vim habuit 3.
7. 8, et summum in dicendo existimat esse
actionem 38, 2 cl. 3. 56. 2: maximo hominum concursu audiri solitus 84, 2 et 6: quo
modo orator evaserit 1, 61. 6: Platonem lec-
titavit studiose et audivit 31, 12. 1, 20, 1: aequalis Hyperides, Lycurgi et Aeschinis 2, 23.
2: multas orationes reliquit 3, 19. 3.

T. Didius, trib. pl. a. 658. 2, 47. 7.

Dinarchus, orator Athen., Demosthenis aequalis 9, 4. 2, 23. 2.

Diodorus, Critolai discipulus, philosophus Peripateticus 1, 11, 4.

Diodotus, philosophus Stoicus, Ciceronis in dialectica praeceptor 90, 3.

Diogenes, philosophus Stoicus 2, 38. 1, legatus
Atheniensium Romam venit 2, 37. 4.

Dion, Syracusius, imperator, qui Dionysium
iuniorem regno pepulit, a Platone fuit eruditus 2, 34. 9.

Dio-

Dionysius, tyrannus Syracusarum, maior, cuius familiaris Philistus historicus 2, 13. 6.

Dionysius, *Magnes*, rhetor, assidue est cum Cicerone in Asia 91, 10.

Diophanes, Mitylenaeus, Ti. Gracchi praeceptor 27, 5.

Diphilus, Crassi oratoris scriba et lector 1, 30, 5.

Cn. Dolabella defenditur ab Hortensio et Cotta 92, 3.

Cn. Domitius, Cs. 631 o. 26, 4.

Cn. Domitius, Cs. 657, in censura 660 L. Crassi oratoris collega 44, 7. 2, 56. 1 et 10 cl. 2, 11, 3: qualis orator 45, 1 Huius filius (vid. Sueton. Ner. 2) est

L. Domitius, Cs. 699, qualis orator 77, 3.

Draco, Atheniensium legislator 1, 44. 4.

M. Drusus, C. F., trib. pl. a. 631, C. Gracchi collega, qualis orator 28, 9. Huius filius

M. Drusus, M. F., trib. pl. a. 662, Catonis Vticensis avunculus, M. Bruti avunculus magnus, qualis orator 62, 4: pro senatu invehitur in Philippum Cs. 662. 1, 7. 1. 3, L. 4: Crassi oratoris familiaris 1, 21, 6. Adde exc. nr. 8.

C. Drusus, prioris frater 28, 9.

M.

M. Duronius, postulat Antonium oratorem de ambitu 2, 68. L.

E.

Egilius, homo festivus 2, 68. 7.

Empedocles, physicus, egregium poëma fecit 1, 50. 3.

Ennius, nat. a. 514. c. 18, 8 obit a. 583. o. 20, 3: Annalibus carmine scriptis bella Romano-rum narravit et duces ornavit 19, 4 cl. Tusc. 1, 15: ex bis Cethegi encomium laudatur 15, 1 — 5: indidem depromtum ipsius de se elo-gium 18, 6. quam verum sit 19, 3 — 6: ipse dicti se studiosum esse gloriatur et Musarum scopulos superasse 18, 6, et est scriptor pro-batus 1, 34. 2, dissimilis tamen Pacuvii et Ac-cii 2, 7. 6; in translatione reprehenditur 2, 40. 5: comes M. Nobilioris in Aetolia 20, 5: a Q. Nobiliore, Marci filio, civitate donatur 20, 5: Nasicae familiaris 2, 68. 5 — 6.

Epaminondas, Thebanus. eum doctum hominem etiam oratorem fuisse, suspicari licet 13, 4: institutus a Lysi Pythagoreo 3, 34. 11: sum-mus vir unus omnis Graeciae 3, 34. 11, qui exemplum imperatoris possit proponi 1, 48. 6,

6, quique a rhetoribus laudari solitus est
2, 84 3.

Ephorus, Isocratis discipulus, a magistro impul-
sus se ad historiam contulit 2, 13 7 cl. c. 23,
1: historicus ingenio lenissimo 56, 3. 3, 9. 8,

Epicureorum philosophia non apta ad dicendum
35, 1 cl. 3, 17. 5.

Euclides, geometra 3, 33. 2.

Eupolis, eius de Pericle versus 9, 8.

Euripides poeta tragicus summus, dissimilis tamen Aeschyli et Sophoclis 3, 7. 6.

F.

Q. Fabius *Maximus* quintum Cs. a. 543. c. 18, 9
Tarentum recepit 2, 67. 9: habitus est orator
14, 9 cl. 19, 7: imperator summus 1, 48. 6.

Ser. Fabius *Pictor*, historicus, iurisconsultus et
literatus 21, 2: qualis historicus 2, 12. 9. cl.
§. 5 — 7.

Q. Fabius *Labeo*, Maximi nepos, iisdem fere,
quibus Pictor, laudibus ornatus 21, 3.

Q. Fabius Maximus, *Aemiliani* filius, Pauli nepos, Maximi pronepos, qualis orator 28, 2.

C. Fabricius ad Pyrrhum mittitur legatus: unde
disertum eum fuisse, suspicari licet 14, 4:
con-

continentissimus, indeque P. Cornelii, homi-
nis avari et furacis inimicus 2, 66, 12: *Sapiens*
cognominatus 3, 15, 2,

C. Fannius, C. F., reliquit unam orationem 26,
4 — 7. cl. 3, 47. 6.

C. Fannius, M. F., Laelii *Sapientis* gener, scripsit historiam s. Annales non ineleganter 26,
11, 21, 4, in quibus Africanum iuniorem *ηεωτα*
fuisse refert 87, 6, 2, 67. 3: Panaetii auditor,
et moribus et dicendi genere durus 26, 9 - 10.

C. Figulus, Cs. 597. c. 20, 5,

C. Fimbria, Cs. 649, qualis orator 34, 5 — 6. cl.
2, 22. 4: accusatus a Gratidio 45, 10,

C. Fimbria, M. Crassi *Triumviri* aequalis, homo
furiosus 66, 3.

M. Flaccus, inimicus Scipionis Nasicae Serapionis 2, 70. 6 cl. ad Brut. 28, 7.

C. Flaminius, trib. pl. a. 525 legem fert de agro
Gallico dividundo: unde disertum eum fuisse,
suspicari licet 14, 8. 19, 7: Cs. a. 534 apud
Trasimenum interficitur 14, 8,

T. Flamininus, Cs. 630 c. 28, 12: latine diligenter locutus literas nesciit 74, 6,

Cn. Flavius formulas legum primus vulgavit
1, 41. 4,

L.

L. Fufidius, quodam modo patronus 3o, ı : ad eum sunt tres M. Scauri de vita ipsius acta scripti libri 29, 7.

L. Fufius, M? Aquilium accusat 62, 3. 49, 6. 3, 13, 5: emit aedes Bucculeii ı, 39. 6.

M. Fulvius Nobilior *pater*, Cs. 563, literis deditus 20, 5.

Q. Fulvius Nobilior, *filius*, literis deditus, non indisertus, Ennium civitate donat 20, 5.

Ser. Fulvius, quodam modo disertus 2ı, 2: pro eo incestus reo dicit C. Curio 32, 4.

M. Fulvius Flaccus, Cs. 628, qualis orator 28, 7.

L. Furius Philus, qualis orator 28, 4: eruditorum ex Graecia familiaris 2, 37 3, et ipse, pariter ac Africanus iunior et Laelius, non minus humanitate politus, quam gloria clarus aut auctoritate gravis.

A. Furius: ei poëtae et familiari suo Q. Catulus pater librum de consulatu suo conscriptum inscribit 35, 2.

Numerius Furius, eques Rom., cantandi peritus 2, 23. 4.

G.

G.

Servius Galba, *pater*, summus aetatis suae orator 21, 6. 33, 7. cl. 86, 1, divinus homo in dicendo I. 10. 2, dicendi gloria praestitit 1, 13.
7. 2, 2. 6: quamquam orationes sunt exiliores 21, 7 cl. 23, 5 — c. 24, 1 — 7: inprimis
vehemens, in quo inest vis 22, 5. 23, I.
24, 5; lateribus et clamore contendens 1,
60. 6, qui habuit asperitatem 3, 7. 9: accusatus a Libone et Catone ipse pro se cum dixisset et iudicum misericordiam movisset, ab-
solvitur a. 604 c. 23, 2 — 3, et 20, 6, inprimis or. 1, 53 et c. 56, 5-9 cl. 2, 65. 8: dixit
a. 615 pro publicanis 22, 5-11: affinis P. Crassi Muciani 1, 56. 5. 26, 2.

C. Galba, *filius* 33, 7 - 10, ubi plura de eo.

Q. Gallius, a M. Claudio accusatus a Cicerone
defenditur 80, 4.

Ser. Gallus vid. Sulpicius.

L. Gellius, contubernalis C. Carbonis, familiaris Ciceronis 27, 7: qualis orator 47, 5.

M? Glabrio, Cs. a. 686, qualis orator 68, 2.

C. Servilius Glaucia 62, 8 — 10 ibique not. 3,
41. 3. 2, 61. 5. c. 65, 9.

Gorgias, Leontinus, sophista arrogans, rhetoricen profitetur 8, 1, seque ad omnia, de quibus quisque audire vellet, esse paratum de-
nunciat 1, 22. 11: et dicendi et faciendi
sapientiae doctorem se profitetur 3, 16. 1:
singularum rerum laudes vituperationesque
conscribit 12, 6: huius nominis dialogus Platonis 1, 11. 6. 3, 32. 6. c. 31, 1.

C. Gorgonius 48, 11.

Ti. Sempronius Gracchus, *pater*, bis consul et
censor: civis gravis 20, 4 et prudens 1, 9. 8.
ut exemplum reipublicae rectoris consillique
publici auctoris possit proponi 1, 48, 7: graece doctus et eloquens 20, 4, quod posterius
tamen ex instituto suo negat Scaevola 1, 9. 8.

Ti. Sempronius Gracchus, *filius* natu maior, in
sermone Corneliae matris educatus 58, 3. 27,
5, adolescens ingeniosissimus, eloquentissimus 1, 9. 8. 25, 8: a Scipione Nasica Sera-
pione perculsus 2, 70. 6, quod iure factum
esse profitetur Africanus 2, 25. 4. Plura de eo
c. 27 cl. 86, 4.

C. Sempronius Gracchus, *filius* natu minor, optime a matre educatus 58, 3. 27, 5, Menelao
Maratheno, rhetori Graeco operam dat 26, 7;

adolescens ingeniosissimus, eloquentissimus 1, 9. 8. cuius orationem proponere sibi solebat Crassus orator 1, 34. 2: in primisque actione valuit 3, 56. 5, cui diligentissime studuit 3, 60. 5. ab Opimio Cs. 632 inteeficitur 2, 25. 4 c. 30, 6. el. 2, 67. 2.

Graecia Magna, in qua floruerunt Pythagorei 2, 36. 2.

Q. Granius, praeco, Ciceronis et Crassi oratoris familiaris, homo dicax 46. 7. 43, 8. 2, 60. 4. c. 62, 7. c. 70, 3: ab Albio obiurgatur 2, 70. 2.

M. Gratidius, Ciceronis propinquus 45, 10.

Gratidianus 2, 65. 4.

M. Marius Gratidianus 1, 39. 4. Brut. 62, 5. 45, 10.

H.

Hannibal, exsul apud Antiochum, audit Phormionem de re militari disserentem, ipse summus imperator 2, 18. 2, qui exemplum imperatoris possit proponi 1, 48. 6.

Hecuba 3, 58. 8.

Hegesius, orator Atticus, qualis 83, 2.

Helena 3, 58. 8.

Hel-

Hellanicus, historicus antiquus graecus 2, 12. 9.

Helvius Mancia, irrisus a Caesare 2, 66. 8. .

Herillus, unde Herillii 3, 17. 4.

Hermagoras, rhetor 76, 1: qualia eius praecepta 78, 3.

Hermodorus 1, 14. 6.

Herodotus, prim*us* historiam ornate scripsit 2, 13. 3.

Hesiodus, ex cuius operibus versus laudatur 4, 2.

Hierocles, *Alabandeus*, rhetor Asiaticus 95, 2, ab Antonio oratore auditus 2, 23. 5.

Hippias, *Eleus*, sophista arrogans rhetoricem profitetur 8, 1 : nihil esse ulla in arte rerum omnium, quod ipse nesciat, gloriatur Olympiae 3, 32. 3.

Hippocrates, *Cous*, medicus 3, 33. 2.

Homerus, antiquissimus, cuius quidem exstant scripta, poëta: ante eum tamen quin poëtae fuerint, dubitari non debet 18, 5: poëta ornatus ac plane orator 10, 4 :quando vixerit 10, 5: eius libros confusos antea disposuisse dicitu^r Pisistratus 3, 34. 3: eius de Ulyssis, Nestoris, Menelai eloquentia testimonium 10,

I.

I.

Isocrates, eximie laudatur 8, 5 — 7, magnus orator, perfectus magister, doctor singularis 3,
9. 8, pater eloquentiae 2, 3. 2, quippe qui primus orationem numero cuidam adstrinxit 3,
44. 3 — 4, orator suavissimus 3, 7. 8; ipse in
republica non versatus, faciendi tamen et dicendi sapientiam docuit 3, 16. 1, cur ipse a
dicendo refugerit 2, 3. 2, ad quem ex cuncta
Graecia discipuli confluxerunt, quorum nobi-
litate floruit 3, 55. 2, in his Theopompus et
Ephorus, historici 56, 3. 2, 13. 7. cl. 3, 9. 8,
Timotheus, summus imperator 3, 34. 10, et
alii oratores summi, viri doctissimi 2, 22. 11 —
c. 23, 1 — 2; primum aliis orationes scribit,
deinde artem dicendi componit 12, 9.

Ithaca, Ulyssis patria 1, 44. 2.

C. Iulius Caesar *Strabo*, Q. Catuli frater 2, 3. 6,
orator facetissimus 48, 1 — 2, irridet C. Curionem 60, 2; interficitur a. 666 c. 89, 11. 3,
3. 5. Cf. 48, 1 — 2 et exc. nr. 3.

L. Iulius, antecedentis frater, una cum eo interfectus 3, 3. 5.

C.

C. Iulius Caesar, *dictator*, Cs. 694 c. 60, 5: Attici de eo iudicium c. 72 et 74, 1 — 2. c. 75, 3 — 5: Bruti de eius orationibus iudicium 75, 6: Ciceronis de eius commentariis iudicium 75, 6 — 8: ex eius de analogia libro ad Ciceronem misso affertur locus ab Attico 72, 5.

Iunia 2, 55. 9.

T. Iunius, L. F. 48, 12.

T. Iuventius 48, 6.

L.

C. Laelius *Sapiens*, Viriatum vicit 21, 10: inprimis eloquens 1, 19. 1, reliquit orationes 21, 5 et 8 — 12, in quibus spirat mens eius 24, 7, nempe elegantia, i. e. disputandi subtilitas 23, 1. 74, 3, et lenitas 3, 7. 9 cl. 1, 60 6; in his orationem de collegiis 21, 9. cl. 86, 2 — 3: dicit pro publicanis a. 615 c. 22, 3, et P. Tuberoni Africanum iuniorem laudanti scripsit laudationem 2, 84. 4: auditor Panaetii 26, 10: fuit igitur gloria clarissimus, auctoritate gravissimus, 1, 48, 7. humanitate politissimus 2, 37. 3: facete respondet 2, 71. 11 gener Scaevolae auguris et C. Fannii 26, 9-10. 1, 9. 1. 2, 6. 1. Laelia, eius filia, Scaevolae au-

auguris uxor 26, 10, filias habet Mucias, nep-
tes Licinias 58, 4: loquitur pure ibid. et
3, 12. 2.

Decimus Laelius, vir bonus, non illiteratus, Lu-
cilii tempore 2, 6. 7.

Lamia vid. Aelius L.

Largius Scribonius 2, 59. 6.

P. Cornelius Lentulus, Cs. 517 c. 19, 7.

P. Cornelius Lentulus, Cs. 591, qualis orator
28, 3: princeps senatus, vir gravis et prudens
1, 48. 7.

L. Cornelius Lentulus, Cs. 597. c. 20, 5.

Cn. Cornelius Lentulus *Clodianus*, Cs. 681, qualis orator 66, 4 — 5.

P. Cornelius Lentulus *Sura*, Cs. 682, qualis orator 66, 6. 64, 7. 90, 2.

P. Cornelius *Spinther*, Cs. 696, qualis orator
77, 4.

Cn. Cornelius Lentulus *Marcellinus*, Cs. 697, qualis orator 70, 6. cl. 36, 3. Alius P. Lentulus
Marcellinus obvius est 36, 3.

L. Cornelius Lentulus, Cs. 704, qualis orator
77, 5.

M. Aemilius Lepidus, censor 573. 2, 71. 4.

M.

quibus legi voluerit, ibid.: eius versus 2. 62.
6. 3, 23. 3; tres eius in Albucium versus 3,
43. 6 - 7; quid senserit de oratore 2, 16. 6 - 7.
vid. ad 1, 16. 6.

Lucilius, Appii maioris aequalis 2, 70. 5.

L. Lucilius Balbus, doctus Stoicus 3, 21. 2, Ser.
Sulpicii praeceptor 42, 2.

Q. Lucilius Balbus, antecedentis frater, doctus
Stoicus 3, 21. 2.

Q. Lucretius Vespillo 48, 4.

L. Lucullus, Cs. 602 c. 21, 2, avus Lucii eius,
qui sequitur.

L. Lucullus, Cs. 679, orator acutus, nec tamen
foro aptus 62, 4. Huius frater consobrinus est

M. Lucullus, Cs. 680, orator foro non par 62, 4.

Lutatius vid. Catulus.

Lyceum, gymnasium Athen., ubi Aristoteles
docuit eiusque successores 1, 21. 8.

Lycurgus, Lacedaemoniorum legislator 10, 5.
1, 13. 6. c. 44, 4. 3, 15. 2.

Lycurgus, orator Athen., Demostheni proximus 9, 4. Isocratis cum eodem discipulus,
eidem tamen dissimillimus 2, 23. 2: accusationem factitavit 34, 9.

Lysias, Atheniensis 16, 6, Critiae et Tharame-
nis aequalis 2, 22. 10: primo artem dicendi
profitetur, deinde orationes aliis scribit 12,
8, in his Socrati orationem scriptam attulit,
qua pro se in iudicio uteretur 1, 54. 2: quae
plurimae sunt 16, 5: disertissimus 1, 54. 2,
orator paene perfectus 9, 1; est enim acutus,
elegans, facetus, brevis ibid. et' 16, 7; Demostheni tamen dissimillimus 82, 7: compa-
ratur cum Catone Censorio 16,'7 cl. 85, 6:
scriptor maxime pictus 85, 6 cl. 9, 1, 16,
7 — 8, et subtilis 2, 7. 8.

Lysippus, praestantissimus in arte fingendi 3,
7. 3, Polycleti doryphorum magistrum sibi
fuisse dicit 86, 5.

Lysis, Pythagoreus, instituit Epaminondam 3,
34. 11.

M.

C. Macer vid. Licinius.

Maenia lex, lata a. 467. c. 14, 5.

P. Magius, trib. pl. a. 666. c. 48, 10.

Magius, praefectus Pisonis a Gallo accusatus 2,
66. 6.

Ma-

Mago, Carthaginiensis scripsit de agricultura 1, 58. 9.

M. Aemilius Mamercus Cs. a. 676. c. 47, 6.

Mamilia rogatio 33, 8. 34, 2.

Mancia, ab eo facete dictum 2, 68. 1.

Mancinus vid. Hostilius.

M? Manilius Cs. 604. c. 15, 10. 27, 9 : iuris peritissimus 1, 48. 8, omnibus consilii sui copiam facere solitus 3, 33. 4. cl. Brut. 28, 5. eius leges venalium 1, 58. 2.

L. Manlius Acidinus, Cs. 573. 2, 64. 9.

Cn. Manlius, Cs. 647, ab Antonio defensus 2, 28, 10.

M. Claudius Marcellus, *Aesernini* et P. Lentuli *Marcellini* pater, qualis orator 36, 3.

M. Marcellus, aedilis curulis 662. 1, 13. 5.

M. Claudius Marcellus, Cs. 702, Ciceroni similis, Cratippi auditor, Mitylenis exulat 71, 4 — 9.

Q. Marcius Philippus, Cs. 583. c. 20, 3.

L. Marcius Censorinus Cs. 604. c. 15, 10. 27, 9.

C. Marius, septies consul, 47, 8. c. M? Aquilio 652. 2, 47. 4, cum Flacco a. 653. 62, 70: impe-

perator summus 1, 15. 4: a Sulla pulsus fugit.
5, 2. 8 et post reditum caedem civium facit
crudelissimam ibid.

M. Marius, vid. Gratidianus.

Maximus 1, 48, 6. vid. Fabius.

Megarici philosophi 3, 17. 4.

C. Memmius, orator mediocris, accusator aeer-
bus 36, 1, a Crasso oratore irrisus 2, 59. 6 - 7.
2, 66. 10: mordax in Scaurum 2, 70. 4.

L. Memmius ibid. et 89, 1.

C. Memmius, L. F., qualis orator 70, 7.

Menecles, rhetor Asiaticus 95, 2 et 5, Hieroclis
frater, quem tota Asia imitatur 2, 73. 5.

Menedemus, disertus et in republica causisque
versatus 1, 19. 1 et 6.

Menelaus, orator dulcis breviter dicit apud Homerum 13, 6.

Menelaus, *Marathenus*, rhetor C. Gracchi praeceptor 26, 7.

Menippus, *Stratonicensis*, rhetor, apud quem
exercetur Cicero in Asia 91, 9.

M. Messala, Cs. 692, qualis orator 70, 4.

N. Messala, Cs. 700, pro quo dicit Hortensius
96, 1.

Q. Caecilius Metellus, Cs. 546, habitus est orator 14, 9. cl. 19, 7.

                                                Q.

Q. Caecilius Metellus, *Macedonicus*, Cs. 610, quatuor vidit filios consulares, inprimis eloquens 21, 4; vir summa dignitate et auctoritate, ut exemplum rectoris reip. possit proponi 1, 48. 7 cl. c. 49. 6.

Q. Caecilius Metellus, *Balearicus*, Macedonici filius, Cs. 630, c. 74, 6.

C. Caecilius Metellus, *Caprarius*, Macedonici filius quartus, Cs. 640, ab Africano iuniore acerbe reprehensus 2, 66. 11.

Q. Caecilius Metellus, *Numidicus*, Cs. 644, quomodo dixerit 35, 7: adolescens Athenis audit Carneadem senem 3, 18. 8.

Q. Caecilius Metellus, *Pius*, Numidici filius 2, 40. 1.

Q. Caecilius Metellus, *Nepos*, Cs. 655. c. 56, 10: forsan idem, qui 2, 68. 4.

Q. Caecilius Metellus, *Celer*, trib. pl. 663. c. 89, 4. Huius duo filii Q. Metellus Celer, Q. Metellus *Nepos*, quomodo dixerint 70, 5.

Metrodorus, philosophus Academicus, Carneadis auditor (et Charmadae) 1, 11. 4; Scepsius, singulari memoria 2, 88. 4 cl. c. 90, 2 et 3, 10. 4.

Q.

N.

Naevius, aut potius Novius 2, 63. 2. c. 69, 4.
c. 70, 9.

Naevius. lusus in nomine 2, 61. 6.

Ser. Naevius, pro quo Curio dicit contra Ciceronem 60, 4.

Nasica 2, 68. 5 vid. Scipio.

Naucrates, Isocratis discipulus 2, 23· 1. 3, 44. 4.

Neoptolemus, Achillis filius, unde nomen in-
venerit 2, 63. 7 : apud Ennium 2, 37. 6.

Nero. eius de servo furace dictum 2, 61. 4.

C. Licinius Nerva vid. Licinius,

Nestor, orator suavis apud Homerum 10, 4.

Nicander, poëta de rebus rusticis scripsit 1,
16. 1.

Nicomachus, pictor perfectus 18, 4.

Norbanus, ab Antonio defensus. vid. exc. nr. 2.

Nucula, in cuius nomine luditur 2, 62. 6.

Numa Pompilius, constituit temp. 1, 9. 4; instituit pontifices 3, 19. 5 et Salios 3, 51. 3:
falso Pythagoreus fuisse traditur 2, 37, 2.

Numantia: Numantinum foedus 1, 40. 2: oppug-
natur ab Africano iuniore 2, 66. 11.

Numerius Furius vid. Furius.

Nummius, in cuius nomine ludit Caesar 2, 63. 7.

O.

O.

M. Octavius, Ti. Gracchi in tribunatu a. 620 collega, eleganter dixit 25, 5.

Cn. Octavius, Cs. 625, orator legum ignarus 1, 36. 4.

Cn. Octavius, Cs. 666, Cinnae collega, qualis orator 47, 9 : interficitur 89, 11.

Cn. Octavius, M. F., Cs. 677, c. 60, 3 : orator foro non par 62, 4.

M. Octavius, Cn. F., orator foro impar 62, 4.

L. Octavius Reatinus, qualis orator 68, 8.

Olympia 3, 32. 3.

L. Opimius, Cs. 632 c. 83, 7, C. Gracchi interfector, a Carbone defenditur 2, 25. 4. c, 30, 6 v. 39, 7 c. 40, 6 et 8 : damnatur 34, 3.

Q. Opimius, Cs. 699. 2, 68. 7.

Oratores Asiatici, Attici, Rhodii, Stoici vid. in As., Att., Rhod. et St.

Oratores Peripatetici et Academici probantur 3, 18. 6. es 19, 3. c. 28, 1 et Brut. 31, 9 - 13.

Oratores Epicurei minime apti ad dicendum 35, 1. or. 3, 17. 5 cl. 3.

P. Orbius 48, 7.

L.

L. et C. Aurelii Orestae, quodam mcdo oratores orationes reliquerunt 25, 2.

L. Orestes, Cs. 627 c. 28, 11.

P.

Pacuvius, quando vixerit 64, 6: fuit autem Scipionis et Laelii aequalis 74, 3: male est locutus ibid.: eius Teucer 1, 58. 2 et 2, 46. 4-7:
eius Amphion s. Antiope 2, 37. 5: dissimilis
· Ennio et Attio 3, 7. 6.

Pamphilus, pictor et rhetor 3, 2. 8.

Panaetius, philosophus Stoicus, praeceptor Mne-
sarchi 1, 11. 4; Laelii Sapientis 26, 10; Scaevolae auguris 1, 17. 2, Fannii 26, 9 — 10;
Vigellii 2, 21. 2; Rutilii Rufi 30, 3, nec non
Africani minoris (Vell. 1, 13. 3. cl. not. ad 2,
37. 3).

L. Papirius, *Fregellanus*, orator, quando vixerit
46, 3.

Paris 3, 58. 8.

L. Aemilius Paulus, *Macedonicus*, Africani iunioris pater, princeps senatus, non indisertus 19,
8. 20, 6.

Peleus, Achillis pater 3, 15. 5.

Pelias 3, 58. 3.

M. Iunius Pennus, Cs. 585. c. 28, 11,

M. Iunius Pennus, eius filius, paulo C. Graccho senior eiusque adversarius: trib. pl. 627. c. 28, 10 — 11.

Pericles, ab Anaxagora Physico eruditus doctrinam ad eloquentiam attulit 11, 6. 3, 34. 6: omni virtutis genere floruit (doctrina, consilio excelluit 3, 34. 7), maxime eloquentia 7, 5, plurimosque annos Athenis princeps consilii publici fuit 1, 50. 2. cl. 3, 16. 1 ; et quidem quadraginta annos praefuit et urbanis et bellicis rebus 3, 34. 7: orator suavissimus idemque vehementissimus 11, 7. 9, 8. 15, 5; subtilis, acutus, brevis, sententiis magis quam verbis abundans 2, 22. 8: maxima cum admiratione audiri solitus 84, 6: eius scripta aliquot feruntur 7, 3.

Peripatetici, quorum auctor Aristoteles 3, 17. 1, optimi ad oratorem formandum 3, 18. 6. cl. 1, 10. 8. Brut. 31, 9 — 13.

M. Perperna 2, 65. 4.

Pherecydes, historicus graecus antiquus 2, 12. 9.

Phidias, Minervae signum effecit 2., 17. 9. 73, 7. cl. 64, 3.

Phi-

Philippus, Alexandri M. pater, rex sapientissi-
mus 3, 35. 4 et imperator summus, indeque
ut filius a rhetoribus laudari solitus 2, 84, 3:
Aristotelem filio acciit doctorem 3, 35. 4.

L. Martius Philippus, Cs. 662. c. 45, 3, adversa-
tur senatui 1, 7. 1. 3., 1. 3 — 4. et Crassum
coërcet §. 7: vehemens et fortis ad resisten-
dum 3, 1. 7: dicax in Q. Catulum 2, 54. 9;
in testem 2, 60. 5: in male olentem 2; 61. 6:
orator proximus Crasso et Antonio, i. e. sum-
mis aetatis suae oratoribus 47, 1 — 4. 45, 3.
50, 3. 89, 1. 2, 78. 3: quomodo surgere so-
leat 2, 78. 3.

Philistus, Syracusanus, Dionysii tyranni familiaris 2, 13. 6, historicus, Isocratis discipulus 2,
23. 1, Thucydidis imitator, hinc a paucis lectus ibid. et 17, 4. cl. 85, 9.

Philo, philosophus Academicus, Ciceroni Romae a. 666 auditus 89, 10, rhetoricam cum
philosophia coniungit 3, 28. 5.

Philo, architectus 1, 14. 5.

Philoctetes, fabula Euripidis 3, 35. 2.

Philolaus, institutus ab Archyta 3, 34. 11.

Phoenix, Achillis comes 3, 15. 5.

Phor-

Phormio, philosophus Peripateticus, de re militari disserit coram Hannibale 2, 18. 2.

Pictor vid. Fabius Pictor.

Pisistratus. multum eum valuisse dicendo, opinio est 7, 4. 3, 33. 3 : ipse et Solon antiquissimi oratores 10, 1, quando viguerint 10, 3 : Homeri libros ante confusos disposuit 3, 34. 3.

L. Piso, trib. pl. a. 604 legem fert de pecuniis repetundis 27, 9 : orator industrius orationes reliquit et Annales scripsit 27, 9 et 10 : qualis historicus 2, 12. 9. el. §, 5 — 7.

C. Piso Cs. 686, qualis orator 68, 1.

M. Piso, Cs. 592, eruditus a Stasea Peripatetico 1, 22. 14 : qualis orator 67, 1 — 4. cl. 64, 7 : exercetur cum Cicerone 90, 6 cl. 68, 7.

C. Piso, Ciceronis gener, eximie laudatur 78, 4 — 6.

Pittacus, Sapiens 3, 15. 2.

Cn. Plancus a Crasso oratore contra Brutum defensus 2, 54. 10.

Plato, discipulus Socratis, praeceptor Speusippi, Xenocratis, Aristotelis 3, 17. 1. c. 18, 6; Demosthenis 31, 12. 1, 20. 1 : Dionis 3, 34. 9 : uberrimus in dicendo, summus orator, divinitus locutus 31, 11 — 12. 1, 11. 6 et 14; Antima-

timachi de eo adolescente iudicium 51, 4:
eius Phaedrus 1, 7. 6; Gorgias c. 11, 6. 3,
32. 6; scripsit de republica 1, 52. 1. c. 53, 9:
eius libri mirabiliter sunt scripti, in quibus
omnibus fere Socrates exprimitur 3, 4. 3 cl.
3, 16. 4, et quidem περὶ 85, 3: ipse in geo-
metria et musica praestantissimus 1, 50. 4:
poëtam sine inflammatione animorum exsistere posse negat 2, 46. 8: non linguae solum,
verum etiam animi atque virtutis magister 3,
34. 9: quid statuat de omnium doctrinarum
societate 3, 6. 1.

Plautus, moritur a. 568. c. 15, 9 cl. 3. 12. 2.

Polemo, Xenocratis discipulus 3, 18. 6.

Pollux 2, 86. 4.

Polycletus, eius Hercules 2, 16. 5: eius signa
perfecta 18, 3. 86, 5. 3, 7. 3.

Polydorus 3, 58. 8.

Polygnotus, pictor, laudatur 18, 4.

Phrygio Pompeius 2, 70. 4.

Q. Pompeius Nepos, Cs. 612, qualis orator 25,
9: eius scripta qualia 25, 11.

Q. Pompeius, praetor urbanus a. 662. 1, 37. 1.

C.

C. Popillius, huius filius, disertus 25, 3.

Popilia, Catuli mater 2, 11. 1.

L. Porcius Cs. 568 c. 15, 9.

T. Posthumius, praetor .696, qualis orator 77, 6.

Priamus 3, 58. 4.

Prodicus, *Ceus*,
Protagoras, *Abderites*} sophistae arrogantes rhetoricen profitentur 8, 1. quacum coniungunt
philosophiam 3, 32. 5: hic communes locos
conscribit 12, 5.

Protogenes, pictor perfectus 18, 4.

Prytaneum, 1, 54. 4.

C. Publicius 2, 67. 6.

Pyrrho, a quo Pyrrhonei 3, 17. 4.

Pythagorss, quando vixerit 2, 37. 2: totum se
ad cognitionem rerum transtulit 3, 15. 3:
magnam Graeciam erudivit 3, 34. 11. cl. 2,
37. 2: unde

Pythagorei, physici 1, 10. 4: in Italia floruerunt 2, 37. 2.

Q.

L. Quincius, orator turbulentus 62, 6.

Quintius Rex vid. Rex.

R.

R.

Q. **Rex,** ab Antonio oratore defensus 2, 28. 10.

Rhodii, faceti 2, 54. 4: oratores, quibus ori‑
ginem dedit Aeschines 3, 56. 3, et docti 2, 1.
5 cl. Brut. 13, 9. 70, 1. in his Apollonius
1, 17. 2.

Romulus 1, 9. 4.

Sex. **Roscius,** cuius causam agit Cicero 90, 10.

Roscius, actor personatus 3, 59 3, longe per‑
fectissimus 1, 28. 6 - 9 cl. c. 61, 1 et 27, 3:
decori maxime studiosus 1, 29. 4; adeo ut
sit ipsius gestus venustissimus 1, 59. 3, ae‑
tati ipsius conveniens c. 60, 3, et ex animae
ratione actio temperata 3, 26. 2, personae
cuique, quam agit, accommodata 2, 59. 12:
nec minus acutus est in aliorum vitiis 2, 57.
7. 1, 28. 6.

Q. **Rubrius Varro,** accusator vehemens, hostis
cum C. Mario a senatu iudicatus 45, 9.

Rudini 3, 42. 9.

Rusca 2, 65. 2.

C. **Rusticellus,** *Bononiensis,* qualis orator 46, 1.

C. **Rutilius** 40, 1.

P.

P. Rutilius Rufus, cum Scauro consulatum pe-
tens repulsam fert 2, 69. 7. Brut. 30, 2.:
deinde Cs. fit 648: damnatus cum dixisset pro
se, secessit Smyrnam 30 cl. 22, 1 et inprimis 1, 53: Panaetii auditor, graece doctus
30, 3: an idem esse possit, qui a. 616 tribunus plebis fuit 1, 40. 2, nescio; esse tamen
videtur cl. 22, 1 et 7.

S.

L. Sabellius, a Caesuleno accusatus 34, 11.

Salamis 2, 46. 4.

Salii a Numa instituti 3, 51. 3.

Salinator vid. in Livius.

Samnites 3, 23. 3.

L. Apuleius Saturninus, trib. pl. 653 interfectus,
qualis orator 62, 7 et 10: 'eius lex de maiestate 2, 25. 6. c. 49, 4.

P. Mucius Scaevola, Cs. 620, pontifex maximus 2, 12. 7: iuris peritissimus 1, 48. 8, reliquit de iure commentarios 1, 56. 9 cl. Brut.
52, 5: P. Crassi Muciani frater, qualis orator
26, 2. 28, 5: eieratus iudex a Scipione Sera-
pione 2, 70. 6: duodecim scriptis optime lu-
sit 1, 50. 3. Huius filius est (1, 37. 3)

P.

P. Cornelius Scipio, *Africani* filius, corpore minus validus, inprimis habitus est disertus et
reliquit orationes et historiam graece scriptam 19, 8.

P. Cornelius Scipio *Africanus* minor, ab antece-
dente adoptatus, filius L. Aemilii Pauli *Macedonici*, hinc *Aemilianus* dictus, 19, 8. 20, 6.
vir summus bello 21, 10, idemque ingenii,
literarum, eloquentiae, sapientiae denique
primas tenuit 21, 10 cl. 1, 49. 6. not. ad 1,
48. 7. et 2, 37. 3, ubi hunc pariter ac Lae-
lium Sapientem et L. Furium praedicat non
minus humanitate politum, quam gloria clarum et auctoritate gravem: Terentii familiaris et adiutor 20, 2 not., et diligens auditor
trium illorum philosophorum, qui Atheniensium legati Romam venerant 2, 37. 4 – 5;
omnino autem ita philosophiae operam dat, ut
vix id agere intelligatur 3, 23. 6. de eloquentia plura 21, 5 et 8 - 12: orator gravis 3, 7. 9,
minus tamen vehemens quam Galba 1, 60. 6:
latine est locutus 74, 3: ηεωι dictus a Fannio
87, 6. 2, 67. 3: reliquit orationes 21, 4: eius
auctoritate Briso de sententia deductus Cassio
non resistit 25, 10; eiusdemque auctoritate
C.

P. Cornelius Scipio, Serapionis filius, in consulatu 642. mortuus, qualis orator 34, 1.

P. Cornelius Scipio, Serapionis nepos, L. Crassi oratoris gener 58, 4.

P. Cornelius Scipio, antecedentis filius, a Q. Metello Pio adoptatus, Pompeii Magni socer, Cs. 701, bene loquitur et dicit 58, 6: eius stirps et paterna et materna generosa et oratorum proventu celebrata 58, 7 — 9.

P. Scipio Maluginensis 2, 64. 9 (praetor 576).

Scopas, Thessalus 2, 86. 4.

Scribonius vid. Libo.

Sempronius vid. Gracchus.

A. et M. Sempronii fratres 2, 60. 12.

Septumuleius, C. Gracchi interfector 2, 67. 2.

C. Sergius Aurata 1, 39. 3.

Cn. Servilius vid. Caepio.

Servilia lex vid. in Q. Servilius Caepio.

M. Servilius maledicit Ruscae trib. pl. 622. 2, 65. 2.

C. Servilius vid. Glaucia.

M. Servilius, trib. pl. 693, orator et civis de plebe 77, 8.

Serv. Tullius vid. Tullius.

dentes et inter se dissentientes 3 , 16. 6 — 17,
1 — 4: primus doctrinam de moribus exco-
luit 8 , 3 cl. 1, 10. 6. 1 , 47. 1. 3, 19. 4: quid
de eloquentia senserit 1 , 14. 8: ipse nihil
scripsit, exprimitur autem in libris Platonis
divinitus loquens 3 , 4. 3: apud quem collo-
quitur cum Phaedro 1 , 7. 6; cum Gorgia 3,
31. 1. c.32, 6: damnatus reiicit orationem a
Lysia sibi oblatam 1, 54. 2.

Solon. multum eum valuisse dicendo, opinio est
7, 4: hinc antiquissimus orator 10, 1 cl. 1,
13. 6: vir sapiens et reipublicae constituendae
peritus 1, 13. 6. 3, 15. 2: Atheniensium legislator 1, 44. 4.

Sophacles, poëta tragicus graecus 3, 7. 6.

Speusippus, Platonis sororis filius eiusque in Academia successor 3, 18. 6.

C. Stalenus, trib. pl. 695, qualis orator 68, 9.

Staseas, Peripateticus, apud quem exercetur
M. Piso 1, 22. 14.

Statius vid. Caecilius.

Stoici, orti a Cynicis 3, 17. 2, oratores quanti
sint aestimandi c. 31 et 30, 3 — 4. Ex his
commemorantur Laelius Sapiens, eiusque ge-
neri C. Fannius et Q. Scaevola 26, 9 — 12 cl.

1,

1, 17. 2; Q. Aelius Tubero c. 31; Sp. Mummius c. 25, 1; P. Rutilius 30, 3 cl. or. 1, 53;
Cato Vticensis 31, 5 — 7; magni sunt aesti-
mandi in dialectica 1, 10. 7.|2, 38. 1, Brut. 31,
4 et 6. 90, 4. in qua exercetur Cicero apud
Diodotum 90, 3; Sulpicius apud Balbum 42,
1 — 2 cl. 41, 4: eorundem tamen philosophia
non apta ad oratorem formandum 3, 18. 1-5
cl. 2, 38. 1 — 5. Brut. 30, 3.

Stratocles quid de Themistoclis morte finxerit
11, 1 — 2.

L. Cornelius Sulla, Cs. 665 c. 89, 9, dictator -
671 - 73 c. 90, 9.

C. Sulpicius Gallus, vir graece doctus et orator
20, 2: praetor 583 ludos Apollini facit 20, 3:
eius filius tutelae Serv. Galbae relictus 23,
3 cl. 1, 53. 3.

P. Sulpicius Rufus, nat. 629 c. 88, 2: trib. pl.
665 interficitur 89, 11. 63, 8: optimo ingenio
1, 22. 3; summus aetatis suae orator 49, 7.
55, 8. 56, 2. 57, 1. Plura de eo c. 55, 6 —
c. 56. et in exc. nr. 5.

Serv. Sulpicius Rufus, eximie laudatur eius iuris peritia, dialectica et eloquentia 40 — 42
cl.

cl. not. ad 40, 8 et praef. ad Cic. epist. ad
Div. lib. iv. nr. 1 nec non or. pro Muraena.

T.

Tauriscus Theophrasto laudatus 3, 59. 5.

Telamon apud Attium 2, 46. 5.

Terentius, poëta comicus, in Andria 2, 40.
12. 2, 80. 6.

Terentius Vespa 2, 62. 5.

Teucer, fabula Pacuvii 1, 58. 2. 2, 46. 4 — 7.

Thales, Milesius, sapiens, remp. non attigit
3, 34. 2.

Themistocles, prudentia praestitit et eloquentia
7, 5, s. faciendi dicendique sapientia floruit 3,
16. 1: eximia animi et ingenii fuit magnitu-
dine, singulari memoria 2, 74. 3. cl. c. 86,
3: summus imperator, indeque a rhetoribus
laudari solitus 2, 84. 3: de mortis eius genere disputatur 10, 7 — c. 11, 1 — 5.

Theodorus, qualis rhetor 12, 8.

Theophrastus, Peripateticus, Aristotelis discipulus, doctissimus homo, Demetrii Phalerei
praeceptor 9, 7: scriptor dulcissimus 31, 12;
eloquens, suavis in dicendo et ornatus 1, 11.

14: de orationis ornamentis scripsit 1, 10. 8.
cl. c. 13, 1 ; quo ex libro eius de numero orationis sententia laudatur 3, 48. 3, et de actione 59, 5: optime ipse locutus, peregrini tamen aliquid sonans, cum Lesbius esset 46, 9.

Theopompus, Isocratis discipulus, praestanti et
acerrimo ingenio 56, 3. 2, 13. 7. 2, 23. 1;
in quo frenis uti se solere, dicere solitus erat
Isocrates 3, 9. 8.

Theramenes, qualis orator 7, 7 cl. 2, 22. 10:
eloquens et in rep. versatus 3, 16. 1.

Sp. Thorius, qualis orator 36, 2: eius lex agra-
ria ibid. et 2, 70. 5.

Thrasymachus, Chalcedonius sophista, rhetoricen profitetur 8, 1: dicendi faciendique sapientiae doctor 3, 16. 1 s. sapientiam cum eloquentia coniunxit 3, 32. 5.

Thucydides, primus, cuius scripta ornatum aliquem habent 7, 3: qualis scriptor 7, 7 cl. 11,
2. 17, 4. 83, 5. 2, 13. 4 et c. 22, 8: eius orationes quales 83, 6 — 9: quid de Themistoclis
morte narraverit 14, 2: eius de Antiphonte
Rhamnusio testimonium 12, 7.

Thyestes, fabula Ennii 20, 3. 3, 58. 6.

Timaeus, historicus Siculus 16, 6: qualis 95, 2
cl. 2, :4. 2.

Timantes, pictor, laudatur 18, 4.

Timotheus, Cononis filius, Isocratis discipulus,
summus imperator 3, 34. 10.

T. Tincas, Placentinus, homo facetus 46, 3.

Tisias, primus cum Corace apud Siculos rhetor
12, 4. cl. 1, 20. 3.

Titinia, Cottae uxor, pro qua Cicero dicit 60, 4.

Sex. Titius 62, 11, ubi vid. not.: idem, ut videtur, qui 2, 62. 5, ubi, ut 3, 23. 10, pila delec-
tatus esse dicitur.

C. Titius, circa a. 660, qualis orator et poëta
tragicus 45, 5 — 6.

L. Torquatus, *pater*, Cs. 688, qualis orator 68, 3.

L. Torquatus *filius*, praetor 704, qualis orator
76, 6 — 7, Bruti amicus §. 9.

T. Torquatus, T. F., Molonis discipulus, qualis
orator 70, 1.

C. Triarius, trib. pl. 702, orator gravis et literatus 76, 8.

Tubero vid. Aelius.

M.

Q.

Q. Varius, qualis orator 62, 2 cl. 1, 25. 10: lege sua (56, 6. 89, 1) damnatur 89, 2.

C. Terentius Varro, Ds. 536 c. 19, 7.

M. Terentius Varro, doctissimus illa πολυγραφοτ 56, 8 cl. §. 7. c. 15. 8.

Q. Rubrius Varro vid. Rubrius.

C. Visellius Varro, qualis orator 76, 3.

C. Velleius, Epicureus, Crassi familiaris 3, 21, 1.

Q. Velocius, puer didicit arma tractare 3 23. 3.

C. Verres, a Cicerone accusatur 92, 9. not.

Vettius Vettianus, Marsus, habitus est orator 46, 1.

L. Veturius Philo, Cs 546 c. 14, 9.

M. Vigellius Panaetii auditor, Stoicus 3, 21. 2.

M. Virgilius, trib. pl. 666 c. 48, 9.

X.

Xenocles Adramytenus, rhetor, Ciceronis in Asia praeceptor 91, 10.

Xenocrates, Platonis post Speusippum in Academia successor 3, 17. 1, Polemonis et Crantoris praeceptor 3, 18. 6.

Xene-

Errata

im Brutus.

Seite 5 Z. 11 l. potero st. potuero.

- 13 Z. 2 l. multa.
- 14 Z. 2 l. M'. st. M.
- 15 Z. 3 streiche das Comma hinter *dictus* weg.
- 31 Z. 1 streiche das Punkt hinter *minus* weg.
- 34 Z. 5 l. truculentus st. luculentus.
- 37 Z. 4 l. id st. ut.
- 67 Z. 10 l. probabatur st. probatur,
- 74 Z. 4 l. vetustas.
